Para Muaina,
con la alegría de compartir
un mismo amor por la poesía
española.

Mi amistad y gratitud,

Laura

Kansas University
Lawrence

desde Mar del Plata,
Argentina
30/X/96

La voz diseminada

Hacia una teoría del sujeto en la poesía española

LAURA SCARANO
MARCELA ROMANO
MARTA FERRARI

Editorial Biblos

Universidad Nacional de Mar del Plata

LAURA SCARANO
MARCELA ROMANO
MARTA FERRARI

La voz diseminada

Hacia una teoría del sujeto en la poesía española

Editorial Biblos

Universidad Nacional de Mar del Plata

860.09   Scarano, Laura
SCA   La voz diseminada. Hacia una teoría del sujeto en
            la poesía española. 1a. ed. - Buenos Aires: Biblos,
            1994. 180 pp.: 23x16 cm. - (Estudios literarios)

            ISBN 950-786-070-3

            I. Título - 1. Análisis literario

Diseño de tapa: *Horacio Ossani.*
Composición y armado: *Mauricio Poyastro.*
Coordinación: *Mónica Urrestarazu.*

ÍNDICE

PRESENTACIÓN

*El libro que hoy presentamos reúne una serie de conclusiones prelimi-
nares de un proyecto en curso que realiza el grupo de investigación
"Semiótica del Discurso" inserto institucionalmente en el CELEHIS (Centro
de Letras Hispanoamericanas) de la Facultad de Humanidades de la
Universidad Nacional de Mar del Plata (Argentina), y que gracias a un
subsidio de la Secretaría de Ciencia y Técnica de la universidad hoy
vemos concretado en este volumen. Queremos agradecer pues especialmente a la Universidad Nacional de Mar del Plata y a sus distintas
autoridades por el constante apoyo brindado a nuestra investigación,
apostando no sólo con palabras sino con gestos y recursos a la
consolidación de áreas de excelencia en el campo de las ciencias
humanas y sociales.*

*Asimismo, quiero hacer público mi personal reconocimiento a la
Fundación Antorchas (Argentina), que me ha otorgado consecutivamente
dos Subsidios a Científicos Jóvenes (1991 y 1992), permitiéndome
comenzar a desarrollar con amplitud mis investigaciones mediante la
adquisición de equipamiento y bibliografía imprescindible para la consecución de los objetivos planteados.*

*Por último, no queremos dejar de expresar nuestra sincera gratitud
a los integrantes del Centro de Letras de nuestra Facultad (CELEHIS), a
nuestros colegas y amigos, que comparten cotidianamente entre entu-
siasmos y sinsabores la vocación universitaria, aspirando no sólo a
reproducir (con rigor y erudición) sino esencialmente a crear el conocimiento
que transmitimos (y viceversa).*

*Hacer posible esta publicación fue tarea de muchos, no sólo de sus
autoras. Y en este gesto la universidad quiere garantizar y preservar la
legitimidad de la investigación mediante la imprescindible comunicación
de sus resultados, puestos a circular en el marco científico nacional e
internacional. Abrir este espacio de encuentro en el seno del lenguaje
significa también apostar a fundar un ámbito donde a pesar de nuestras
diferencias podamos reconocernos: un espacio de debate y polémica,
acuerdos y disensos que reinstale el hoy devaluado valor de la esperanza,*

a medio camino entre la utopía y la resignación. Abogamos por un discurso crítico en tránsito hacia una escritura que nos represente desde sus contradicciones y expectativas, que nos interrogue y movilice desafiando las falsas profecías de disolución. O para decirlo con las palabras de un argentino que sin duda signó el pensamiento de muchas generaciones: "Cuando lo real es la destrucción, la escritura no puede ser sino la construcción de una nueva fe" *(Ernesto Sábato).*

LAURA SCARANO
Mar del Plata, Argentina
Mayo de 1994

HACIA UNA TEORÍA DEL SUJETO EN LA POESÍA ESPAÑOLA

Laura Scarano

> *Lo subjetivo no puede eludirse (no se puede no decir "yo"), pero tampoco ser dicho (el "yo" no puede decirse). Sólo queda construir un lugar donde el yo, es decir, la falacia que lo constituye, no tenga cabida.*
>
> Jenaro Talens

Este libro reúne una serie de planteos e interrogaciones, emergentes del desarrollo de un proyecto en curso[1] como decíamos en la presentación, y que propone una lectura diferente del discurso poético en España, especialmente a partir de la guerra civil, replanteando de otro modo un problema central de los estudios literarios, el de la periodización historiográfica (habida cuenta de la necesidad de una revisión y superación de la comprensión tradicional de los procesos artísticos mediante generaciones, escuelas o movimientos más o menos difusos). El objetivo general -un armado teórico de modelos discursivos- busca comprender dichos procesos a partir de sus textos y en conexión con las otras series y sistemas, para dar cuenta del proceso de semiosis textual integrado a una práctica cultural y social más compleja.

Aquí esbozaremos una teoría del sujeto en la poesía española a partir de la posguerra, analizando los procesos de diseminación de la voz escritural y tomando como eje las escrituras de poetas representativos

---

1.   El proyecto mencionado (titulado "La constitución de modelos poéticos en el discurso literario español contemporáneo") se inserta institucionalmente en el Centro de Letras Hispanoamericanas (CELEHIS) de la Facultad de Humanidades de la Universidad Nacional de Mar del Plata, Argentina, y es dirigido por Laura Scarano desde 1991. Está integrado por Marcela Romano, Marta Ferrari y Marta Ferreyra, cumpliendo cada una de ellas planes que constituyen secciones específicas de dicho proyecto general. Cuenta con la asesoría académica en calidad de consultor externo de Juan Oleza de la Universidad de Valencia, España, a quien agradecemos sus lúcidas orientaciones.

de diferentes flexiones de un modelo poético claramente desmitificador. Flexiones que la crítica tradicional ha persistido en leer como generaciones o sucesivas promociones, que habrían producido rupturas estéticas lo suficientemente profundas para inaugurar tres diferentes "hornadas": los poetas de los años 40 (los llamados "sociales"), los poetas del 50 (o del medio siglo, a "medio camino" entre una poesía "social" y otra ¿personal?) y los poetas del 70 (bautizados por algunos críticos como novísimos "incuestionablemente rupturistas",[2] y por otros como definitivamente bifrontes).[3]

Buscaremos articular además una cuestión central del discurso poético contemporáneo, las alternativas de constitución de la voz en la escritura. El interrogante que desenvuelve el poema ante el lector -¿quién habla?- busca disolver una incógnita que la crítica de poesía pareció resolver siempre con una única respuesta indiscutible: el poeta. El estatuto primariamente incuestionable de esta figura y su no menos aparente naturalidad no ha contribuido a fomentar la reflexión teórica en torno a una de las matrices discursivas más decisivas del poema. Por otro lado, no hay duda de que la llamada "cuestión del sujeto" se ha convertido, en el terreno de las teorías y prácticas críticas, en una de las llaves de acceso al desenvolvimiento de la semiosis textual.

I. EL DISCURSO DE LA SUBJETIVIDAD

I.1. *La voz en la escritura. Sujeto y enunciación*

Por diversas vías, la constitución de una enunciación específica configura un sujeto textual que establece correspondencias con su lector implícito e instala en el texto una red de relaciones que constituyen su referente. Señala atinadamente Francine Masiello que "el sujeto no es un concepto fijo definido dentro de límites y fronteras que no cambian, sino un ser que toma su identidad de discursos que se hallan en constante desplazamiento en el texto".[4]

Los infinitos recorridos por los que se plasma la subjetividad en el discurso construyen a su vez un "discurso de la subjetividad", donde el

2.   José María Castellet, "Nueve novísimos poetas españoles", prólogo a la antología *Nueve novísimos*, Barcelona, Barral, 1970, pp. 38-47.

3.   Luis Antonio de Villena, Introducción a su antología *Postnovísimos*, Madrid, Visor, 1986, p. 9-32. Véase también la continuidad de su tesis generacional en la siguiente antología que edita: *Fin de siglo* (Madrid, Visor, 1992, pp. 9-34) y mi artículo referido a ambos prólogos "Las huellas de *Postnovísimos* en *Fin de siglo*: A propósito de una conflictiva periodización", en *DiabloTexto*, Universidad de Valencia, España (en prensa).

4.   Francine Masiello, *Lenguaje e ideología. Las escuelas argentinas de vanguardia*. Buenos Aires, Hachette, 1986, p. 15.

pronombre yo es una "realidad de discurso". Émile Benveniste, a partir de su estudio sobre la estructura de la enunciación, define la formación del concepto: "A través del lenguaje el hombre se constituye como sujeto, porque sólo el lenguaje establece [...] el concepto de ego"; "El yo no puede ser definido más que en términos de locución, no en términos de objetos, como lo es un signo nominal. *Yo* significa la persona que enuncia la presente instancia de discurso que contiene *yo*".[5] Asistimos así a la "conversión del lenguaje en discurso", cuando un individuo se lo apropia en función de *locutor*, "signo único pero móvil" "ligado al ejercicio del lenguaje" (Benveniste, 176).

Es a través del discurso que el sujeto construye el mundo como objeto y se construye a sí mismo.[6] Esta duplicidad de su estatuto como productor y producto del discurso, dentro de una teoría de la comunicación literaria, articula dos esferas: la de la "acción discursiva" del emisor/autor y la de la "acción enunciativa" del enunciador.[7] No obstante distinguir dicha articulación, desde esta perspectiva nos interesa "el discurso y su sujeto, un sujeto que sólo podemos conocer por su discurso" (Lozano, 89) y para cuya reconstrucción contamos "única y exclusivamente con las representaciones textuales del sujeto, que se representa y se constituye como tal sujeto textual precisamente por lo que el texto hace, y por lo que en el texto se va determinando como el *ser de su hacer*: su competencia semántica y modal" (Lozano, 252).

El sujeto se constituye pues como "un sistema dinámico de unidades culturales que se configuran semióticamente. En el interior del texto el sujeto se hace cultura (adviene en la forma de un *yo*) porque sólo así puede incorporarse a la semiosis".[8] El sujeto ya no es abordado pues como el dador de sentido esencialista al discurso, sino producto del mismo en su heterogénea variedad: "Desde el psicoanálisis, la lingüística, la semiótica, la estabilidad mítica del sujeto unificado se objeta rigurosamente hasta hacerla desaparecer" (Masiello, 16).

I.2. *La voz de la escritura. Sujeto y ficcionalización*

Entenderemos aquí por sujeto textual a aquel yo que emerge de la escritura y hace "ese doble movimiento de constituir el lenguaje que lo

---

5.   Émile Benveniste, *Problemas de lingüística general*, México, Siglo XXI, 1971, pp. 175-176. Trad. Juan Almela.

6.   A. J. Greimas y J. Courtés, *Sémiotique. Dictionnaire raisonné de la théorie du language*, París, Hachette, 1979.

7.   Jorge Lozano, Cristina Peña-Marín y Gonzalo Abril, *Análisis del discurso. Hacia una semiótica de la interacción textual*, Madrid, Cátedra, 1989, p. 93.

8.   José Manuel Cuesta Abad, *Teoría hermenéutica y literatura*. Madrid, Visor, 1991, p. 239.

constituye".[9] En este sentido hablaremos de procesos de ficcionalización del sujeto, en tanto el yo asume actitudes determinadas para representarse en el lenguaje.[10]

"Rol textual" y "rol social" definen para Walter Mignolo el estatuto de la enunciación poética, confirmando la tendencia social e institucional de la lírica (que arriba mencionáramos) a homologar la imagen del poeta con la imagen del autor, "intuición que no parece provenir de la estructura del lenguaje sino de la configuración de la institución literaria misma".[11] Aquella tendencia intuitiva a la homologación produce "la sensación de que estamos frente a un acto de habla",[12] como también reflexiona Susana Reisz, aunque ésta distingue enunciados ficcionales de "auténticos actos de habla del poeta", en los casos en que la "situación interna de enunciación" (locutor-destinatario) coincida con la "situación de enunciación externa al texto" (autor-lector).[13] Más atinadamente, la autora expresa en otro capítulo que los objetos de referencia de un texto ficcional se modifican funcionalmente y defiende la tesis expresada por Landwehr acerca del estatuto distintivo del sujeto: "No es un yo real el que se expresa sino un yo ficticio".[14] En un artículo posterior, la autora aclara que "uno se siente tentado a identificar esta instancia con el autor, pero ello sólo sería válido a condición de que no se establezca la ecuación autor = sujeto biográfico. [...] Propongo entenderla como el constructo teórico que resulta de la presuposición de la existencia de *alguien* que orquesta la polifonía del relato literario".[15]

En este sentido adquieren plena justificación las palabras de Jenaro Talens, preocupado más que por el *quién habla* en la escritura, por el "lugar desde donde se habla": "El sujeto es una función y precisamente por ello en él se inscribe la huella de una práctica social. [...] Por eso hablar de la función impersonal inherente a la escritura como práctica significante no es lo mismo que hacerlo de un supuesto e hipotético

9.   En palabras de Enrique Pezzoni (material inédito del autor impreso en cuadernillos de clases, de circulación interna, Universidad de Buenos Aires, 1988).

10.   Señala Pezzoni: "Por ficción entiendo la asunción de actitudes, muestras o elementos del mundo que se vuelven analógicos del sujeto y que son lenguaje, discurso. La ficción aparece como el modo central de manifestación del sujeto".

11.   Walter Mignolo, "La figura del poeta en la lírica de vanguardia", *Revista Iberoamericana*, 118-119 (enero-junio, 1982), pp. 131-148.

12.   Walter Mignolo, *Elementos para una teoría del texto literario*, Barcelona, Crítica, 1978, p. 237.

13.   Susana Reisz de Rivarola, "¿Quién habla en el poema?", *Filología*, XX (1985), p. 41-42 (41-60), incluido como capítulo en *Teoría y análisis del texto literario*, Buenos Aires: Hachette, 1989, pp. 201-223.

14.   J. Landwehr, *Text und Fiktion*, Munich, 1975, citado por Reisz, 1989, p. 182.

15.   Susana Reisz de Rivarola, "Voces y conciencias modelizantes en el relato literario-ficcional", en AA.VV., *La crisis de la literariedad*, Madrid, Taurus, 1987, p. 138.

sujeto impersonal inexistente, como productor de esa escritura [...] y entenderlo como ajeno a cualquier sobredeterminación".[16] Y en la misma dirección, años después afirmaría Talens: "La individualidad que parece asumir [la voz de la escritura] no es un *sujeto* sino un *lugar*, algo que expone la huella de un cruce de convenciones sociales y discursivas explicitadas como tales".[17]

Las teorías acerca de la ficcionalidad del discurso sostienen en términos generales que quien habla en el poema no es "un autor que finge hablar en serio", pues "la ficción escapa al sistema enunciativo de los enunciados de realidad. El yo-origen real desaparece y lo que emerge es un mundo con un yo-origen ficcional", como bien señala José María Pozuelo Yvancos,[18] retomando las tesis de Kate Hamburger,[19] para concluir: "Aceptar una obra de ficción no es aceptar o no una realidad, existente o no; previo a eso es aceptar un *hablar imaginario*, perfectamente serio y con toda su fuerza ilocutiva, pero representación de hablar, imagen y no cosa, signo y no objeto, aunque el lector perciba la imagen como objeto y el signo como mundo" (12) "Hablar imaginario" propuesto ya por Félix Martínez Bonati en su artículo de 1978,[20] como presupuesto de un pacto de lectura que constituye la regla fundamental de la especificidad comunicativa de la obra literaria. En palabras de S. Schmidt dicho pacto impone a todos los participantes en la comunicación estético-verbal la restricción de no admitir los objetos comunicados como interpretables en términos referenciales puros o confrontables con criterios verificadores.[21] De este modo, tanto el sujeto del discurso como los constituyentes semánticos son "fictivizados" de modo que "sus acciones no se admiten como aserciones verificables merced a una semántica referencial" (Cuesta Abad, 218). Esta "fictivización" (término acuñado por Landwehr que retoma Schmidt en su artículo citado) o "ficcionalización" de la instancia productora, así como de los "mundos

16.   Jenaro Talens, "Práctica artística y producción significante", en Talens *et al*, *Elementos para una semiótica del texto artístico*, Madrid, Cátedra, 1983, pp. 48-49.

17.   Jenaro Talens, "De poesía y su(b)versión", Introducción al libro de Leopoldo María Panero, *Agujero llamado Nevermore. (Selección poética 1968-1992)*, Madrid, Cátedra, 1992, p. 49.

18.   José María Pozuelo Yvancos, "La teoría literaria reencuentra la ficción", *Ínsula*, 552 (diciembre 1992), p. 12.

19.   Kate Hamburger, *The Logic of Literature*, Bloomington, Indiana University Press, 1957. Parecen atinadas las objeciones que desde distintos ángulos se le han hecho a las tesis de Hamburger, especialmente su proposición de la poesía lírica como género no ficcional por constituir "enunciados de realidad que expresan una experiencia directa del sujeto enunciativo", sin distinción de matices, como señala Cuesta Abad (245).

20.   Félix Martínez Bonati, "El acto de escribir ficciones", *Dispositio*, III, 7-8 (1978): 137-144. Volveremos a este artículo con más detenimiento en el capítulo 1 (sección I).

21.   Sigfried J. Schmidt, "La comunicación literaria", en José Mayoral (ed.), *Pragmática de la comunicación literaria*, Madrid, Arco, 1987, p. 203.

textuales", "debe ser reconocida por el receptor para que la comunicación se lleve a cabo con éxito", y constituye una regla (la regla F) "que normalmente todos los participantes han aprendido en el proceso de su socialización" (Schmidt, 204) y que activan mediante su entrada en la convención semiótico-literaria.

El sujeto enunciador es visto pues como "construcción simbólica", "simulacro presente en el texto y casi siempre enmascarado o desplazado en su superficie significante"; "productor y producto del texto, es el origen del discurso que se desarrolla, la fuente del saber que se transmite y el estratega de los recorridos de sentido que se realizan".[22]

I. 3. *La escritura de la voz. Sujeto e intencionalidad*

Si acordamos que en la escritura se construye una figuración, su enunciación y la subjetividad construida participan de esta naturaleza fictiva. No obstante, a la cuestión de "¿quién habla?" se han alzado respuestas disímiles dentro de esta indiscutida figuración. Roland Barthes respondió negativamente a tal pregunta a propósito de *Sarrasine*, en su difundido artículo "La muerte del autor" (1968): "Nunca lo sabremos, por la contundente razón de que la escritura es la destrucción de toda voz, de todo punto de origen. La escritura es ese espacio neutro, compuesto, oblicuo, donde desaparece nuestra personalidad; la negación donde toda identidad se pierde, empezando por la identidad misma de la escritura".[23] Cancelación de una identidad que David Lodge, entre otros, cuestiona con acierto sin reincidir por ello en posturas esencialistas o biografistas: "Por el hecho de que la frase de *Sarrasine* no se puede atribuir con seguridad a ninguna voz, Barthes concluye que debemos abandonar toda idea de que la escritura tenga un origen. Bakhtin diría que esta fusión de voces diferentes [...] en modo alguno nos impide inferir la existencia de una mente creadora que la produce [...]. Barthes dice: como el autor no coincide con el lenguaje del texto, no existe. Bakhtin dice: precisamente porque no coincide, debemos postular su existencia".[24]

A propósito de idéntica cuestión -¿quién habla?- Michel Foucault parece tender un puente entre ambas posturas (Bajtín-Barthes), a propósito de la función "autor" en el discurso literario: "«*No importa quién habla*», dijo Beckett [...]. Esta indiferencia no es tanto un rasgo que

22. Cfr. Gianfranco Bettettini, "El giro pragmático en las semióticas de la representación", en AA.VV., *La crisis de la literariedad*, p. 164.

23. Roland Barthes, "La muerte del autor" en *Image-Music-Text*, Londres, 1977, p. 142. Trad. Stephen Heath.

24. David Lodge, "Después de Bakhtin" en AA.VV., *La crisis de la literariedad*, p. 108.

caracteriza a la manera en la que se habla o escribe; ella es más bien una suerte de regla inmanente que se retoma sin interrupción, nunca aplicada completamente, un principio que no marca la escritura como resultado sino que la domina como práctica".[25] De ahí, su afirmación en el epígrafe que elegimos para encabezar este libro: "En la escritura [...] se trata de la abertura de un espacio en el que el sujeto que escribe no cesa de desaparecer" (90), disolución del individuo dialécticamente recuperada por las huellas que deja en su escritura su pertenencia a una formación social. Al cuestionar "el carácter absoluto y el papel fundador del sujeto", declara Foucault que lo hace "no para restaurar el tema de un sujeto imaginario, sino para comprender los puntos de inserción, los modos de funcionamiento y las dependencias del sujeto" (105).[26]

Interesa despejar entonces, dentro de la cuestión del sujeto como construcción discursiva, el estatuto del autor como figura, como función o rol, y no como entidad ontológica.[27] Proponemos una hermenéutica del sujeto basada en un "acuerdo pragmático" entre productor y receptor, espacio en el cual se debate la consistencia de este autor y su proyecto textual, su intencionalidad cristalizada en escritura.

En su conocido artículo "El poema lírico como signo" señala Fernando Lázaro Carreter que "el poema recibe su intención significativa del poeta y de que a éste lo ha movido un designio de comunicación". Autor no en tanto "hombre biografiable" sino como productor de "un sentido creado -producido- en una conciencia individual".[28] Esta reivindicación de la instancia productora retoma afirmaciones de Umberto Eco, para quien "en el origen de la comunicación está el emisor realizando un complejo trabajo de *manipulación de la expresión*, estimulando la capacidad interpretativa del destinatario, y forjando un texto que es «*una retícula de actos locutivos o comunicativos*»" (84). Este

---

25. Michel Foucault, "¿Qué es un autor?", en *Conjetural*, 1 (agosto 1989): 87-111.

26. En este artículo resulta muy interesante la polémica que se establece con Lucien Goldmann, quien resume el panorama teórico acerca de la cuestión del sujeto en dos posturas: la de lo que él denomina "estructuralismo no genético" que "niega al sujeto" y lo "reemplaza por las estructuras" y "no deja a los hombres y a su comportamiento más que el sitio de un papel, de una función en el interior de esas estructuras que constituyen el punto final de la búsqueda o de la explicación", donde alinea a Barthes, Althusser, Derrida y Foucault. Y la del polo contrario, el "estructuralismo genético", que también "rechaza al sujeto individual", pero "no por eso suprime la idea del sujeto sino que la reemplaza por la de sujeto transindividual" en la dimensión histórica y cultural (en la que se integraría él mismo) (105-6). (Alineamiento que Foucault rechaza en el debate transcripto a continuación de su exposición, reivindicando como pertinente el estudio de la función "sujeto" en el interior de la historicidad de los discursos.)

27. Cfr. Juan Oleza, "Discurso y espacialidad en el relato", *Cuadernos de Filología*, I, 1 (noviembre 1979), p. 57.

28. Fernando Lázaro Carreter, "El poema lírico como signo", en AA.VV., *La crisis de la literariedad*, p. 87.

"significado de la obra literaria objetivamente describible" y su identificación con la *intención* del autor busca superar "el enclaustramiento ontológico del texto" tanto como la "hipertrofia exclusiva del lector", para reivindicar "junto a la semiología del sentido en el lector o el crítico [...] el derecho a una *semiología del sentido en el poeta*, que apele a sus intenciones y prescinda de las causas biográficas" (97).

Más rigurosamente quizá Gottfried Gabriel distingue entre "historical author" y "primary speaker of a literary text", definiendo a este último como "not the narrator but the speaker of the whole text": "an assumed *intentional subject* of the text as distinct from the author" (el subrayado es mio).[29] Estas "intenciones" sólo se perciben como materialización en una escritura que construye recorridos de sentido y los propone al lector como proyecto. En palabras de Rafael Núñez: "El lector de un texto artístico atribuye a su emisor una intención ficticia, de manera que lo interpreta como si fuera un acto de habla asertivo que suspende las reglas [de veracidad] de las aserciones".[30]

En el marco de una teoría interaccional del discurso (como la que proponen en su libro Lozano, Peña-Marín y Abril) "la atribución (que no *reconocimiento*) de intenciones por parte del receptor es un hecho textual necesariamente involucrado en el proceso de interpretación" (251), "No son las intenciones del sujeto las que definen el acto y al propio sujeto en cuanto tal, sino su expresión como realizaciones abiertas y públicas (intersubjetivamente reconocibles) de programas de acción. Programas sólo reconstruibles *post facto*, al término del recorrido accional" (250).[31] Programas de acción que denominaremos *programas de escritura*,[32] y que suponen una suerte de "contrato enunciativo por el que el enunciador

29.   Gottfried Gabriel, "Fiction and Truth, Reconsidered", *Poetics*, 11 (1982): 541-551.
30.   Rafael Núñez, "El sentido del texto artístico: complejidad y originalidad", *Estudios semióticos* 10 (1987), p. 63, citado por Manuel Cáceres Sánchez, "Notas acerca de los sujetos de la comunicación literaria", *Discurso*. 3/4 (1989):29-41.
31.   A propósito de la utilización semiótica -no psicologista- del término *intención* resulta útil la reflexión de Jorge Lozano en su libro: "A un nivel teórico general, la propia noción de acción significativa entraña las de intención y norma de conducta. Como ha advertido Ricoeur, en general por 'intención' no se designa otra cosa que el carácter de las acciones precisamente en cuanto acciones (sociales), de forma que recurrir al calificativo de 'intencional' no es sino sustituir la explicación causal propia de las ciencias físicas por una explicación en términos de *motivos* (Ricoeur *et al.*, *La sémantique de l'action*, Paris, CNRS, 1977, p. 34). Las intenciones y motivos, observa Tyler, mantienen una relación reflexiva, es decir que las primeras se expresan necesariamente a través de los segundos y estos son necesariamente intencionales en un contexto dialógico. Y puesto que los signos son convencionales, no hay expresión de intenciones que no lo sea. Las intenciones y las convenciones se significan reflexivamente (S.R. Tyler, *The Said and the Unsaid*, Nueva York, Academic Press, 1978, p. 462)" (p. 191).
32.   Término de paternidad múltiple, pero que tomamos del uso que de él hizo Juan Oleza en sus conferencias dadas en la Facultad de Humanidades en setiembre de 1993 (Argentina).

articula una serie de programas de hacer (cognitivo, persuasivo, manipulador, etc.) tendentes a constituir a nivel semántico y modal al enunciatario y constituirse también a sí mismo" (Lozano, 114).

Gianfranco Bettettini define esta intencionalidad como "proyecto pragmático inmanente a un texto" que cristaliza el rol autoral y "comporta, junto a una organización de sentido y, por tanto, a la representación de un enunciado, una previsión de intercambio comunicativo, un proyecto de su enunciación y de la correspondiente mediación entre transmisor y destinatario" (167). Desde otro ángulo metodológico, el mismo Raymond Williams aboga por recuperar términos como "representación" e "intención" en el sentido de que "todo acto de composición en la escritura, en realidad todo enunciado" deben ser vistos como "actos que tienen necesariamente contenido e intención y pueden, de cualquier manera entre miles posibles, incluso representar".[33] Por otro lado, el problema del sentido y su relación con el rol autoral persiste, como bien afirma Martínez Bonati: si bien "la intencionalidad original del autor-emisor del presunto mensaje parece ser un supuesto cuestionable [...] es un hecho insoslayable que la obra es un producto deliberado de su autor y que su normal destino es su recepción por un lector que la vive como visión ficticia de la vida real. Subsiste pues un circuito de comunicación y sentido".[34]

I.4. *La escritura del autor/el autor como escritura.*
Sujeto y ficción autobiográfica

Nos interesa despejar brevemente también un estatuto que, en el marco de las poéticas neo-realistas y figurativas de nuestro siglo, ha suscitado encontradas opiniones. Se trata de la creación de una figura textual análoga al productor empírico del mensaje poético, verificable en el uso del nombre propio, de las circunstancias biográficas y de la situación de escritura, una estrategia discursiva por la cual quedan homologados hablante y autor real. En las poéticas llamadas "sociales" o "testimoniales" es frecuente este recurso del correlato autoral, como procedimiento privilegiado por el cual emerge un yo con nombre propio verificable, el del autor empírico, que se hace cargo de la voz enunciante a la vez que se apropia y explota la biografía real del autor. De este modo se construye en el texto una "representación verbal" análoga a la del autor empírico. Mignolo define el proceso como "una semiotización del

---

33.   Raymond Williams, "El lenguaje y la vanguardia", en AA.VV., *La crisis de la literariedad*, p. 51.
34.   Félix Martínez Bonati, "Mensaje y literatura", en AA.VV., *La crisis de la literariedad*, p. 72.

yo contextual de la enunciación", "figuración enunciativa propia del discurso autobiográfico" (Mignolo, 1978: 237).

Por nuestra parte, consideramos esta estrategia como un procedimiento de correlación que produce la ilusión de identificación de ambos sujetos: el de la situación discursiva y el de la situación contextual, buscado deliberadamente por el autor para producir un efecto de verosimilitud e historicidad (al que de ningún modo podemos aplicar sin embargo el principio de identidad propio de la convención de veracidad que rige los enunciados no ficcionales).[35]

Esta inmersión del autor en el discurso por un lado le otorga un estatuto ficticio convirtiéndolo en función textual y por el otro apela a una convención de lectura no ficcional que atribuye veracidad a los enunciados del hablante (discurso autobiográfico). El lector opera otorgando credibilidad a dichos enunciados, aunque sigue consciente de funcionar dentro de la convención de ficcionalidad que rige los textos literarios; sabe que está frente a un poema (no a un acto de habla del autor real), que ha ingresado en una convención semiótica (discurso literario) y que opera en tanto lector como integrante de una comunidad interpretativa.

El espacio autobiográfico que se abre en la escritura trabaja sobre una virtual "relación de semejanza": "la construcción del yo en conexión con algo previo" fuera del texto, el sujeto empírico,[36] como bien señala Nora Catelli. La crítica analiza las tesis de Paul de Man, Philipe Lejeune y Bajtín a propósito de la autobiografía, molde que para De Man condensa las características intrínsecas de todo lenguaje: la coexistencia metafórica de dos espacios irreductibles.[37] Así, la autobiografía "revela al sujeto tan sólo como retórica, como una figura, como una postulación de identidad entre dos sujetos" (16), "escenificación de un

35. Susana Reisz de Rivarola en su libro *Teoría y análisis del texto literario* (1989, pp. 201-233) señala que, en el caso de que "la relación entre la situación de enunciación y del enunciado sea de identidad el discurso es no ficcional [...], pudiendo considerarse como un auténtico acto de habla del poeta". Los problemas que pueda acarrear esta interpretación saltan a la vista ya que, si bien existe homología, no hay duda del diferente estatuto que posee el autor con respecto al sujeto escritural, por más que se insista en su identificación nominal (estrategia textual en el caso del correlato autoral que aquí analizamos). En otro capítulo del libro, la autora (citando a J. Landwehr) se rectifica al afirmar que tanto el autor como los componentes que ingresan al poema "se presentan como funcionalmente modificados por su inclusión en un texto como tal: son parte integrante del mundo ficcional" (p. 162). Con mayor acierto, Walter Mignolo se hace eco de las tesis de Barbara Herrestein Smith (*On the margin of discourse*, Chicago, CHUP, 1977) para sostener que el poema es un enunciado siempre ficcional por el "conjunto de convenciones compartidas por el poeta y la audiencia, según las cuales ciertas estructuras lingüísticas se aceptan no como actos verbales, sino como representaciones de tales actos" (1985, 30).

36. Nora Catelli, *El espacio autobiográfico*, Barcelona, Lumen, 1991, p. 11.

37. Paul de Man, "Autobiography as De-facement", *The Rethoric of Romanticism*, Nueva York, Columbia University Press, 1984, pp. 67-81.

fracaso", "dialéctica entre lo informe y la máscara" (22). De este modo, desde la perspectiva demaniana, el autor empírico y su materialidad extratextual son inaprehensibles por la dimensión lingüística y la escritura que los nombre sólo puede revelarse como su impostura, retórica vacua que escenifica la ausencia, la negación de lo real en el lenguaje.

Por el contrario, esta correspondencia y semejanza adopta para Philipe Lejeune una legalidad, por la suscripción de un pacto de lectura que otorga especificidad a la escritura autobiográfica, reproduciendo desde la lógica del género la categoría de autor real, hecho que "dentro de la crítica contemporánea es un auténtico acto contranatura", en palabras de Catelli. El margen de ambos órdenes (textual y extratextual) lo fija precisamente en la firma, el nombre propio: "Índice de lo real que se encuentra fuera del campo de problemas que plantean las personas gramaticales" (61). El nombre se erige así como "la enunciación de la referencia" por excelencia; marca textual de una identidad extratextual. Para evitar la falacia psicologista, Lejeune propone hablar de "discurso de la subjetividad", entendiendo por ésta "un haz de tendencias que buscan encarnarse en una máscara, una figura" (69).

De este modo, desde ambas perspectivas teóricas (De Man y Lejeune), arribamos a un núcleo coincidente que postula la autobiografía como enmascaramiento de lo real, no menos ficción que los otros múltiples desdoblamientos a que nos tiene acostumbrados la voz de la escritura en la poesía contemporánea.*

II. LAS POÉTICAS DE LA POSMODERNIDAD

II.1. *Desmitificación y crisis del paradigma moderno*

Partimos en nuestra investigación del análisis minucioso de las escrituras individuales de autores representativos de diversas flexiones del discurso poético español contemporáneo, remitiendo sus caracteres comunes a formaciones discursivas distintivas. La hipótesis central consiste en proponer la articulación de dos modelos discursivos alternativos y diferentes (no sólo desde el punto de vista artístico sino epistemológico) dentro de la secuencia diacrónica, tomando como eje central el punto de inflexión en que se produciría el giro o crisis

---

* Ya enviado el manuscrito a prensa, llega a mis manos el excelente estudio de José María Pozuelo Yvancos titulado *Poética de la ficción* (Madrid, Síntesis, 1993), que viene a llenar un notable vacío en cuanto a reflexión teórica vernácula sobre un tópico capital, como lo es el de la categoría ficcional. El último capítulo lo dedica a la autobiografía, revisando el estado de la cuestión y aportando su visión al debate, dentro de las perspectivas de fictividad del género.

(discontinuidad) por el que es posible advertir el desplazamiento de modelos. El tránsito de la vanguardia y la generación del 27 a los poetas "sociales" de la primera generación de posguerra los coloca en función de gozne o bisagra entre dos formaciones discursivas diferentes, es decir dos modos de concepción diferente del quehacer poético.

Es hacia los años 40 cuando se comienzan a cuestionar frontalmente los fundamentos del modelo poético hegemónico hasta el momento, el de la tradición poética moderna. Tal punto de inflexión estaría representado por la llamada "poesía social" (aunque tiene claros antecedentes en algunos poetas del 27). En términos generales, podríamos afirmar que las poéticas sociales emergen como un movimiento de ruptura que provocará una brecha o crisis en la secuencia, por un cambio evidente de función que moviliza la evolución de la serie provocando el desplazamiento de un modelo poético moderno hacia otro contramoderno (o "posmoderno"). Emerge así una nueva formación discursiva que vehiculiza un cambio de modelo basado en la liquidación virtual del modelo hegemónico (modernismo-simbo'ismo-vanguardia), constituido por tres matrices: concepción trascendentalista del arte, ideología carismática del artista y autonomía de la obra, con la consecuente postulación de un lector minoritario y la desvinculación de la praxis artística con respecto a la praxis vital. Dicho modelo se basaba en términos epistemológicos en una concepción simbólica del lenguaje que desde el programa romántico postulaba la unidad palabra/cosa. Tal función "demiúrgica" de la poesía (en palabras de Rubén Darío) permitiría por la palabra crear la (única) realidad y tal es el movimiento que preside la especulación poética desde el modernismo hasta el surrealismo.

Señala David Lodge que "hay un monologismo" en el discurso de la vanguardia "que parece extrañamente independiente de cualquier otra fuente de habla, que actúa por autoanulación más que por interacción: *«una voz junto con su propio discurso»*, por utilizar la expresión de Bajtín para referirse al poeta lírico" (87). La vanguardia representó precisamente la fase climática del modelo, en cuanto a la cristalización exacerbada de dichos ejes, pero también anticipó, a través del discurso "surrealista" de algunos de sus mejores textos, sus futuras grietas.[38] La emergencia de un modelo alternativo, basado en una concepción semiótica del lenguaje (transitiva), suspende la ideología moderna y trascendentalista del arte poético, cuestiona su valor demiúrgico y el rol carismático del artista, restablece los vínculos de la praxis artística con la praxis social/vital, naturaliza desde los textos la figura del poeta y la acerca al hombre,

---

38.   A propósito de esta cuestión una integrante del grupo, la profesora Marta Ferreyra, desarrolla con una beca de iniciación el plan de investigación titulado "La constitución de un discurso surrealista en la producción poética de Lorca, Aleixandre, Cernuda y Alberti", desde 1991 (Ciencia y Técnica, UNMdP).

relativizando por fin la función gnoseológica y problematizando en última instancia los vínculos entre las palabras y las cosas.

II.2. *La modificación del estatuto del sujeto.*
Colectivización y diseminación de la voz escritural

En cuanto a la figura del sujeto es posible verificar una modificación sustancial de las alternativas de construcción de la voz escritural. En la primera etapa de posguerra se constituye un discurso cuyo hablante poético manifiesta preocupación por la situación de los grupos no privilegiados de la sociedad, por el sector mayoritario que no detenta el poder y por el sector que lo resiste desde la clandestinidad política o el anonimato. Se trata de la creación de un sujeto con sentido de responsabilidad social, que proclama la necesidad de una poesía de denuncia y recorre el amplio registro que va desde la sola constatación de las injusticias y opresiones históricas hasta la proclamación de ideales de signo revolucionario:

> Pregunto, me pregunto: ¿Qué es España?
> ¿Una noche emergiendo entre la sangre?
> ....
> aventura truncada, orgullo hecho pedazos,
> lugar de lucha y días hermosos que se acercan
> colmados de claveles colorados, España.
>
> (Blas de Otero)[39]

La creación de esta figura textual, signada por el compromiso, era necesaria desde el sistema apreciativo implicado en el discurso global, para la eficacia del poema que con insistencia se proclamaba. No se trata de que la figura del poeta -en tanto hablante omnipresente en las poéticas de vanguardia- se traslade ahora del centro a la periferia del texto (siguiendo el esquema tinianoviano), sino que lo que se produce es su radical desarticulación. Aquel yo automagnificado no ejercerá más el monopolio absoluto de la voz textual y será desplazado por un sujeto en proceso de dispersión, disociación en otros y colectivización. Como ejemplo baste citar la repetida proclama "ser cualquiera, ser nadie, ser en otros" de Gabriel Celaya,[40] o recordar la efectiva desaparición del yo como marca en los poemas polifónicos de Blas de Otero donde los intertextos centralizan el texto confinando al poeta a mero introductor de otras voces, en su mayoría del cancionero anónimo y popular.

---

39. Blas de Otero, *Que trata de España*, Madrid, Visor, 1981, p. 121.
40. Véase la meditación explícita sobre la configuración de un sujeto colectivo en "Paz y concierto" de Gabriel Celaya, en *Poesía*, Madrid, Alianza, 1979.

El sujeto en tanto función textual ya no será exhibido en primer plano; estas poéticas buscarán ocultar su carácter de artificio, difuminar deliberadamente su convencionalidad semiótica mediante otro grado de retoricidad poética (ya no de desvío o ruptura de la norma, sino de asimilación e imitación del lenguaje oral), retórica pretendidamente neutra o de grado cero. Esta apertura del sujeto a otras figuras fuera de la convencional del poeta y su radical reducción desde el ámbito de lo solemne e intemporal a lo cotidiano e histórico se completa con un afán de desenmascaramiento de la "realidad inmediata". En esta dirección convergen procedimientos recurrentes como la utilización del correlato autoral, base de la ficción autobiográfica abundantemente explotada; las modulaciones colectivas de la enunciación; la hibridez discursiva y el collage que neutraliza la omnipresencia de la voz del yo lírico, reducido a veces a mero dispositivo que acciona la interpolación de discursos ajenos (periodístico, político, publicitario, científico); la marcada afluencia de personajes poemáticos, heterónimos y *alter ego* enmascarando posturas, clases e ideologías diversas.[41]

Dedico dos capítulos a esta fase titulados "Aproximaciones a una poética figurativa (En torno a una teoría de la referencia)" y "La voz *social* (Figuraciones de una enunciación en crisis)", enfocando la escritura de Blas de Otero, Gabriel Celaya y José Hierro. Como matrices discursivas de tal desplazamiento de modelos son analizadas la pretensión referencial, la desarticulación de aquellos pilares ideológicos como el de la autonomía de la obra, el poeta carismático, el trascendentalismo del arte, el lector minoritario e iniciado, la opacidad lingüística como ideal poético.

Paralelamente, se registra la modificación de las convenciones poéticas hegemónicas junto con un nuevo pacto de lectura replanteado a partir del deliberado ensanchamiento de la audiencia, no sólo en el nivel programático, sino efectivamente a partir de la propuesta de formas alternativas de circulación y consumo del género (del libro a la canción como formas de oralidad secundaria, según Walter Ong,[42] que vehiculizan los *mass media*). No sólo eso ya está en el programa poético de Gabriel Celaya en los 50 con su propuesta de una poesía-canción, sino también en estructuras discursivas de los textos (estructuración dialógica, intercalación intertextual de coplas y canciones populares, etc.). La emergencia del nuevo objeto "canción" como vía alternativa para el género es analizada por Marcela Romano en el capítulo titulado *"A voz en cuello. La canción 'de autor' en el cruce de escritura y oralidad"*.

41. Recuérdese como ejemplo la abundancia de heterónimos y *alter ego* de Celaya y la misma estructuración dramática de varios de sus libros, que le permite exponer esta dialéctica de voces y posturas.

42. Walter Ong, *Oralidad y escritura. Tecnologías de la palabra*, México, Fondo de Cultura Económica, 1987.

Indaga también las alternativas de constitución del sujeto en dos poetas centrales del medio siglo, en el capítulo titulado "La *media* voz: El tránsito del sujeto en dos poetas del 60: José Ángel Valente y Ángel González".

Finalmente, se agudiza en el discurso de los 70 el problema de la supuesta poeticidad y/o referencialidad de los enunciados, su correspondencia con el orden de lo real, la arbitrariedad del signo con respecto a su objeto, las conflictivas relaciones con la realidad histórica y empírica. La alucinada vorágine en la que se pierde el sujeto de esta escritura es analizada por Marta Ferrari en el capítulo titulado "El sujeto y sus máscaras: la mediación culturalista en dos poetas del 70", a partir de la obra en castellano de Pedro Gimferrer y Guillermo Carnero. Aflora allí el "foco semiótico" en la especulación poética influido por las nuevas corrientes de la filosofía del lenguaje y los aportes del posestructuralismo junto con las nuevas direcciones del debate científico y cultural occidental.

Todas estas líneas configuran lo que denominamos un paradigma programático y teórico que da cuenta efectivamente de las directrices estructurales y expresivas que permiten suponer la configuración de una nueva práctica poética basada en un modelo discursivo anticanónico con respecto al hegemónico hasta los años 30. La pertinencia e importancia de nuestro aporte reside quizá en la necesidad de efectuar al filo del milenio una relectura crítica del discurso poético emergente en España a partir de la posguerra y hasta la década del 70,[43] para advertir su conflictiva relación con el hegemónico de la primera mitad del siglo, superando las entradas convencionales al objeto, mayoritariamente abordado desde metodologías ajenas a la disciplina (con las consecuencias fatalmente reductivas que conllevan los métodos rotulista y generacional tan en boga en la crítica hispánica). Muchas de las afirmaciones de la crítica clásica,[44] dentro del llamado "canon gene-

---

43. La escritura de los 80 que parece retomar los lineamientos de las poéticas realistas y figurativas de los años 40 a 60 y, en términos generales, abandonando la "mediación culturalista" y neobarroca de los llamados "novísimos", constituye otro capítulo que no incluimos en el presente libro. El proyecto fue inicialmente circunscripto desde la poesía "social" a la "novísima", y reunimos aquí tales conclusiones. No se nos escapa sin embargo el registro diverso de la poesía de los 80 enfrentada a sus inmediatos precedentes, como los aquí elegidos (Gimferrer, Carnero), así como su sorpresiva alianza con otros poetas anteriores (Otero, Hierro, González). Queda pues pendiente su tratamiento como capítulo insoslayable de la articulación del sujeto en la poesía española actual.

44. En cuanto al estado de la cuestión, este intento de periodización supone un radical cuestionamiento de la línea hegemónica de la crítica vigente. Como antecedentes de este acercamiento a dos modos diferentes de ideología y práctica poética, cabe señalar la percepción de un proceso de sustitución a partir de la guerra civil, advertido en 1960 en *Veinte años de poesía española. Antología (1939-1959)* (Barcelona, Seix Barral, 1960), por *José* María Castellet (pasaje "de una poesía simbolista a una poesía realista"), quien

racional" (tanto la tesis rupturista como la continuista),[45] exigen una revisión dentro de un debate que hoy en los 90 nos exige un replanteo dentro de nuevos marcos teóricos.[46]

Precisamente, una de las razones del descuido al que se ha relegado el discurso poético en España es, según uno de sus críticos más reconocidos, Jan Lechner,[47] la insuficiencia crítica y el vacío teórico en el que ha caído la discusión académica. A las prácticas reductoras que

---

acertaba al sintonizar la poesía española con la realidad poética europea y ubicaba el eje del cambio en el concepto tinianoviano de *función*. Sin embargo el prólogo a su siguiente y polémica antología *Nueve novísimos poetas españoles* (1970) rectificaba dichas afirmaciones descalificando su propuesta anterior y postulando el renacimiento de un neosimbolismo experimental con la nueva hornada generacional que legitimaba su propia antología. Carlos Bousoño también observa en 1966 que este "reacomodamiento" del repertorio da comienzo a una "nueva época". El término que acuña para el nuevo modelo es el de "poscontemporánea" y se iniciaría en España hacia los 40 (*Teoría de la expresión poética*. Madrid, Gredos, 1966). Más tarde en su ensayo titulado *Poesía postcontemporánea* (Barcelona, Júcar, 1984) avanza un poco más ya que trata de reconocer una línea de continuidad en este segundo modelo: analiza las tres generaciones de posguerra como "*sucesivas embestidas contra la razón racionalista*", eje del proceso cultural de la literatura "contemporánea" en declive, si bien con diferentes articulaciones.

Tanto Philip Silver en su lectura deconstruccionista (*La casa de Anteo*, Madrid, Taurus, 1985) como Inman Fox (en su célebre artículo "Poesía social y la tradición simbolista", en Carlos Magis [ed.], *Actas del III Congreso Internacional de Hispanistas*, México, El Colegio de México, 1970, pp. 355-363) no reconocen tal ruptura más que como un retroceso temporario: se trataría de un repliegue de la estética simbolista plena que reaparecerá con los novísimos del 70. Resurrección que también profetizara Gustav Siebenmann en su tan citado libro de 1973 (*Los estilos poéticos en España desde 1900*, Madrid, Gredos, 1973), si bien no cae en el rechazo de Fox de lo social como una estética "reaccionaria" ni en el de Silver que la juzga como "mera desviación".

45.   Consideramos dentro del canon generacional dos posturas generales: la mayoritaria, "rupturista", que propone un corte dado por la guerra civil, inaugurando una nueva estética que, a excepción de las tesis señaladas del primer Castellet, Bousoño y Cañas (que no se adscribe sin embargo a tal canon), es vista como antesala de otras tantas fragmentaciones que originan a la vez sucesivas rupturas (dos, tres o más "generaciones de posguerra"). La postura contraria, "continuista", propone una línea directa desde el 27 a los poetas del 50 (Fox, Siebemann, Silver), entendiendo la "poesía social" como paréntesis, "desviación", retroceso en el eje continuo del simbolismo poético.

46.   Cabe destacar, entre los estudios más recientes, el aporte de Dionisio Cañas, solitario exponente de una postura claramente revisionista de la cuestión -inspiradora en más de un sentido de nuestros presupuestos críticos-. En un artículo de 1986 titulado "La posmodernidad cumple hoy cincuenta años en España" (*El País*, 28 de abril) remontaba el origen de la fractura a los inicios de la guerra civil. Idea que retomará en otro artículo más reciente titulado "El sujeto poético posmoderno", donde señala que "el largo camino que inició la poesía española posmoderna en 1935 ha seguido unas pautas hasta la formulación de un nuevo sujeto poético que ya no puede ser el de la modernidad" (*Ínsula* 512-13 [agosto-setiembre 1989], pp. 52-53).

47.   Jan Lechner, "Preliminares para un estudio de las poéticas de posguerra" en Francisco López de Abiada (ed.), *Entre la cruz y la espada: en torno a la España de posguerra.Homenaje a Eugenio de Nora*, Madrid, Gredos, 1984.

han hegemonizado tal discusión en el ámbito del hispanismo, queremos oponer modestamente nuestra voz para intentar comprender la articulación de las escrituras individuales en modelos estéticos más amplios, concibiendo la práctica literaria no sólo como diacronía sino como "convergencia en una tópica y en las bases de un sistema expresivo" (como bien afirma Víctor García de la Concha).[48] El desafío de abordar una serie suprageneracional con autores sucesivos (no sólo coetáneos) rompe con tales hábitos críticos, aun a riesgo de volver más compleja la aprehensión crítica. Finalmente, la elaboración de paradigmas conceptuales y categorías teóricas que expliquen las nuevas formaciones discursivas nos permite demostrar el carácter complejo de dichos modelos, naturalmente sometidos a sus propios vaivenes, ambigüedades y contradicciones.[49]

* * *

Afirmaba Bajtín: "¿No es siempre todo escritor (incluso el más puro poeta lírico) un *dramaturgo* en la medida en que distribuye todos los discursos entre voces ajenas, incluida la imagen del autor (así como las otras personas del autor)?". Como señala David Lodge, no creo que "invalide este extraordinario pasaje, que parece echar por tierra la distinción entre discurso dialógico y monológico, toda la teoría literaria anterior de Bajtín. Pero nos exhorta a aplicar la distinción en función de la dominancia u orientación y no como dos categorías excluyentes entre sí" (108). Visto desde este ángulo, el discurso de la subjetividad construido en la poesía que aquí les presentamos pone en escena este desplazamiento dialógico, la fuga hacia los márgenes de voces dispersas que volatilizan aquel sujeto unívoco y centrado de la tradición lírica moderna, acentuando sus máscaras e imposturas, sus silencios y sus fragmentaciones.[50]

48. Víctor García de la Concha, *La poesía española de 1935 a 1975*, Madrid, Cátedra, 1987.

49. Entre los autores no mencionados anteriormente no podemos eludir la referencia a críticos como Fanny Rubio, José Carlos Mainer, Amparo Amorós, Gustavo Correa, Jaime Siles, Paul Ilie, Eleanor Wright, Santiago Daydi-Tolson, Charles David Ley, Margaret Persin, y a los ya clásicos Emilio Alarcos Llorach, Carlos Blanco Aguinaga, José Olivio Jiménez, Leopoldo de Luis, Andrew Debicki, Félix Grande, José Luis Cano, Juan Cano Ballesta, Emilia Zuleta, Concha Zardoya, Biruté Ciplijauskaité, para nombrar sólo a algunos reconocidos especialistas. Sus referencias completas se encuentran en la amplia bibliografía de la tesis doctoral citada y de los artículos publicados e inéditos que se mencionan en las notas de los siguientes capítulos. La referencia a todos ellos excede con creces el modesto propósito de este libro.

50. En este sentido, describe bien René Jara este proceso en su estudio *La modernidad en litigio. La escritura poética de Jenaro Talens* (Sevilla, Alfar, 1989): "Negación y tachadura

Concluye Dionisio Cañas que "el largo camino que inició la poesía española posmoderna desde 1935 ha seguido unas pautas hacia la formulación de un nuevo sujeto que ya no puede ser el de la modernidad" (1989: 53). Y en similar dirección, Juan Oleza y José Luis Ángeles añaden que "la crisis del sujeto" en la poesía española actual "aunque viene de lejos se incrementa con la conciencia de la posmodernidad", que abunda precisamente "en la dispersión de la conciencia". Esta "pretensión de un sujeto poético disuelto en otredades" articula un proceso que los autores describen así: "El sujeto (su conciencia) interrelaciona con el mundo (la conciencia que se tiene de él) de modo que ambos estallan y se dispersan (algo así como el *big bang* que dio origen al universo) simultáneamente. La fragmentación de uno provoca la del otro y viceversa. Después viene el juego de componer y descomponer y el placer de la deconstrucción...".[51] Dicho con palabras de Jenaro Talens (a propósito de Leopoldo María Panero, pero podemos hacerlo extensivo a buena parte de la escritura poética actual): "No hay una voz que busque subrayar su centralidad, sino la asunción cada vez más explícita de su misma vacuidad, de su carácter mestizo, en tanto resultado de otras muchas voces, que se citan, resuenan, renacen y se anulan mutuamente, en un fluir tan consistente como esquizofrénico. Lo subjetivo no puede eludirse (no se puede decir no decir *yo*), pero tampoco ser dicho (el *yo* no puede decirse). Sólo queda construir un lugar donde el yo, es decir, la falacia que lo constituye, no tenga cabida" (1992: 47).

El espesor de esta voz refractada en otras múltiples y la deconstrucción de su andamiaje trascendentalista y monopólico nos enfrentan a un discurso de compleja factura que abreva de otros discursos y códigos disciplinares para constituirse en una escritura alternativa. El efecto de diseminación y cruce transtextual, permeabilidad y polifonía, construyen el espacio enunciativo de una(s) voz(ces) que se (nos) interroga desde su inestabilidad e incertidumbre, sin proponer respuestas (falsamente) totalizadoras sino permitiéndonos que en el juego incesante de su semiosis incorporemos nuestras inquisitivas lecturas, siempre tan precarias como provisionales.

---

del sujeto, impersonalidad, concepto de la realidad y la historia como alzaduras de lenguaje, inutilidad de las totalizaciones expectativas, crisis de los instrumentos de significación" (65). Coincide, pues, Jara con nuestra postulación de una crisis de la modernidad/modernismo en estas escrituras, anclada en la descomposición del sujeto, antes visto como "subjetividad unificada, libre y autónoma" (68), y cuya vigencia se extiende a la vanguardia (70-71).

51. Juan Oleza y José Luis Ángeles, "La recepción de Miguel Hernández en la poesía española de los años 70 y 80", en *Miguel Hernández, cincuenta años después*, Alicante, 1992, pp. 241-251.

CAPÍTULO I

APROXIMACIONES A UNA POÉTICA FIGURATIVA
(EN TORNO A UNA TEORÍA DE LA REFERENCIA)

Laura Scarano

> *Apenas se la inscribe, la palabra "ficcio-*
> *nalidad" designa una estirpe, la de la literatu-*
> *ra apropiándose de esa entidad más vasta*
> *que se suele denominar "realidad".*
>
> Noé Jitrik

La sola postulación de una alternativa diferente a las llamadas poéticas de desvío o antifigurativas nos enfrenta al problema nuclear de la referencia literaria, vinculada en muchas especulaciones recientes a una nueva teoría del realismo estético. No es casual el enlace, ya que son las poéticas que restauran la "ilusión referencial" las que agudizan los cuestionamientos acerca de los límites del llamado realismo artístico. Parece pertinente además introducir el género en el debate general sobre la categoría de ficcionalidad, restituyéndole al discurso poético sus legítimos derechos fictivos. Al poema le cabría entonces la aplicación plena de la convención de ficcionalidad desde la perspectiva de "fictivización" (Landwehr, Schmidt, Martínez Bonati, Mignolo), entendiendo el pacto de lectura interpuesto no sólo como la suspensión de la verificación sino también y simultáneamente como la aceptación de un "mundo fictivo" o "posible" y la reduplicación de sus agentes, sometidos a tal proceso de ficcionalización por su ingreso en la convención semiótica. Sería posible afirmar pues, como discutiremos en este capítulo, que la poesía es ficcional, pero no porque creamos que represente objetos, personas y acciones inexistentes e inventadas (y aun cuando así sea), sino porque consideramos como tal al acto mismo.

Nuestro objeto -las poéticas españolas de posguerra- puede ser abordado como un proyecto discursivo cuyo eje, un programa de escritura figurativo, vertebra las matrices fundamentales del modelo anticanónico que despuntaba hacia los años 40. Los textos más representativos de esta práctica construyen una verificable teoría de la referencia estética, postulando la adecuación del signo a su función representacional, no ya como reproducción mimética decimonónica o reflejo determinado fatalmente por las condiciones de la superestructura, sino como corporización lingüística de una función específica del lenguaje, la indicial y comunicativa, a partir no tanto de lo que la escritura puede decir, sino de lo que ésta *hace al decir*. Esta dimensión se instala como premisa fundamental en el proceso de semiosis de estos textos, generando una germinal teoría accional del lenguaje poético, orientada a su potencialidad perlocucionaria. Esta poesía intentará desautomatizar la *epojé* tradicional (el pacto de lectura ficcional) produciendo efectos de analogía o correspondencia que parecieran violar el contrato semiótico, obligando al lector a leer críticamente la realidad histórica a través del tamiz de una escritura que se niega como mera invención o juego verbal y se propone como discurso social emparentado con otros discursos y abierto a sus múltiples intersecciones. Todos estos problemas (referencia, ficcionalidad, realismo) los abordaremos a continuación, con el fin de establecer un marco teórico sólido que nos permita discutir el estatuto de las poéticas llamadas "sociales", "testimoniales" o "conversacionales" en España y sus continuadoras (poesía figurativa, de la experiencia, neorrealista, etcétera).

A propósito de esto cabe señalar que la delimitación de un objeto dentro de la serie literaria -por ejemplo el discurso canonizado como "literatura o poesía social" emergente en la posguerra española (1940-1960)- supone la postulación de ciertos presupuestos que conducen la lectura crítica de modo tal que la hermenéutica resultante "construya" el objeto en cuestión de acuerdo a la perspectiva adoptada. Este ensayo de reflexión teórica en torno a un objeto problemático y difícilmente catalogable con las categorías que la crítica ha utilizado tradicionalmente (periodización generacional, clasificación por rótulos temáticos o formales, afinidades cosmovisionarias) se inscribe en una propuesta que intenta superar las falacias a que nos ha conducido dicha crítica, prescindiendo de tales reductivos recortes para ensayar interpretaciones más atentas a los procesos culturales y a la inscripción de estas poéticas en el conjunto de discursos sociales de nuestra época.[1]

Lo sucedido con la llamada "poesía social" en el ámbito hispánico es, en este sentido, paradigmático. La mayoría de las aproximaciones críticas realizadas han construido tal objeto (con prejuicios ideológicos de diversa índole, ya sea en favor o en contra) acumulando índices, pruebas, marcas discursivas o bien posturas, manifestaciones programáticas o reflexiones de sus mismos practicantes para consolidar la

---

1. El presente artículo tiene vínculos con las investigaciones concretadas en mi tesis doctoral titulada "La poesía de Blas de Otero, Gabriel Celaya y José Hierro: una poesía en diagonal. (La constitución de una nueva práctica poética en la España de posguerra)", defendida en la Universidad de Buenos Aires en 1991.

afirmación de existencia del objeto así acotado. El binarismo resultante -una práctica literaria "social" opuesta a otras aparentemente "no sociales"- pretende despachar con ligereza una cuestión teórica importante y estigmatizar formas de producción discursiva de más compleja factura.

Como bien señalara Jenaro Talens "la construcción de todo canon historiográfico dirige, selecciona y construye a su vez su propio objeto y la perspectiva desde donde leerlo".[2] Parafraseándolo, no parece una ingenuidad afirmar que no hay crítica sobre poesía social porque ésta exista previamente sino que hay "poesía social" como objeto de estudio de una crítica que así la rotuló, reduciendo al marbete clasificador una formación discursiva más compleja y problemática que lo que dicha etiqueta intentó objetivar. Nuestra postura busca construir nuevas categorías que definan tal objeto poniendo de manifiesto simultáneamente las peligrosas reducciones del rótulo canonizado. Baste recordar para ello el aún vigente (y definitivamente estéril) debate terminológico: poesía prosística, narrativa, conversacional o bien testimonial, política, civil, de agitación y protesta, entre muchos, y asimismo la manifiesta reticencia de sus involuntarios representantes a dejarse encorsetar en tan estrecha y ambigua categorización.

Nuestro propósito será pues no ya añadir más argumentos a la ineficacia del marbete, sino más bien ensayar una aproximación teórica que nos acerque a la comprensión de tal práctica como modo de producción artística diferente de las poéticas de desvío tradicionalmente adscriptas a estéticas modernistas y vanguardistas. Para ello consideramos que debemos desbrozar previamente un campo teórico que resulta indispensable en la discusión en torno a poéticas de cuño realista. Se trata de la cuestión de la referencia literaria y, en segundo término, del estatuto distintivo de un programa de escritura figurativo.

I. LA CUESTIÓN DE LA REFERENCIA LITERARIA.
MÍMESIS Y FICCIONALIDAD.
REPRESENTACIÓN Y CONSTRUCCIÓN DE LO REAL

"Intuyo que el gran libro semiótico que se escribe en nuestros días está compuesto por tres capítulos que podemos titular así: '*Enunciar*', '*Estructurar*', '*Referir*' ", afirma Walter Mignolo.[3] Y si la fase formalista llevó a su límite el segundo problema, los restantes se han ido abriendo

2.   Jenaro Talens, "De poesía y su(b)versión", en Leopoldo María Panero, *Agujero llamado Nevermore*, Madrid, Cátedra, 1992, p. 38-39.
3.   Walter Mignolo, "Semiosis y universos de sentido", en AA.VV., *La crisis de la literariedad*, Madrid, Taurus, 1987, p. 48.

paso cada vez más en el debate teórico contemporáneo, si bien con dispar rigor y sistematicidad. Ya hemos abordado en la introducción la cuestión de la enunciación; aquí nos ocuparemos brevemente del problema del *referir*.

El concepto de "referencia" resulta ser uno de los menos acotados teóricamente y es evidente la insuficiencia sobre la cual se funda. Fredric Jameson sintetiza el estado de la cuestión, reconociendo que "ha sido particularmente desplazado y estigmatizado en la hegemonía de los diversos discursos estructuralistas (y junto con él cualquier cosa que huela a «realidad», «representación», «realismo»)".[4] No se trata aquí de restaurar una concepción epistemológica tradicional propia del realismo metafísico ni de "afirmar una teoría antigua del referente", en contra de "las diversas visiones del mundo de índole textualizadora" (227). Consideramos por el contrario que es posible reivindicar, aun desde la legitimidad de las perspectivas de textualización, una atención al problema del referente que no ignore su funcionamiento discursivo pero que tampoco cancele su operatividad contextual y social.

Según M.A.K. Halliday "la referencia es la función esencial del lenguaje" y significa "establecer un contacto con lo que está ahí afuera".[5] Sin embargo, su unidad -el signo- no es "signo *de* otra cosa", sino una *función*. Señala Derrida que "la llamada *cosa en sí* es siempre de por sí un *representamen* [...] que funciona únicamente dando lugar a un interpretante que a su vez se convierte en signo, y así sucesivamente".[6] El texto no mediatiza pues un conocimiento que *refleje* lo real, pues crearía un dilema insoluble por su imposible verificación. Con acierto alertaba Todorov acerca de los peligros de asimilar "referencia" a "correspondencia" o "verdad": "Las frases de que se compone el discurso literario no tienen referente. Se manifiestan como expresamente ficcionales y el problema de su verdad no tiene sentido [...] Investigar la verdad de un texto literario es operación no pertinente y equivale a leerlo como un texto no literario".[7]

Gottlob Frege rechazó de plano la pertinencia de la cuestión sobre la verdad o la falsedad de los enunciados literarios, distinguiendo entre "significado" (*sense*) y "referencia" (*reference*): "The normal condition is for a name to have both a sense and a reference", excepto en el contexto de lo que él denomina poesía y equipara a ficción, donde comprobamos

---

4.   Fredric Jameson, "Leer sin interpretar: la posmodernidad y el videotexto", en J. Culler, J. Derrida, Fish *et al.*, *La lingüística de la escritura*, Madrid, Visor, 1989, pp. 207-229.
5.   M. A. K. Halliday, "El lenguaje y el orden natural", en AA.VV., *La lingüística de la escritura*, Madrid, Visor, 1987, p. 147.
6.   Jacques Derrida, *De la gramatología*, México, Siglo XXI, 1974, p. 49.
7.   T. Todorov y O. Ducrot, *Diccionario enciclopédico de las ciencias del lenguaje*, Buenos Aires, Siglo XXI, 1974, p. 301.

que "names that normally refer have their referential function suspended and express only a sense", lo que lo lleva a concluir que "all declarative sentences in poetry have only a sense and make no truth claims". [8] Sin embargo, ya desde 1950 Strawson había advertido que la referencia no es algo que el enunciado hace sino algo que *alguien hace* mediante el empleo de un enunciado, introduciendo el complejo acto intencional que es aplicable no sólo a los actos de habla sino también a los enunciados ficcionales.[9]

Sin embargo, esta creencia de Frege y de muchos otros teóricos de que "la literatura no tiene referente o que si lo tiene éste es ficticio", según advierte Walter Mignolo, descansaría sobre una "falsa analogía": "¿Por qué podemos decir que el referente de un discurso ficcional es ficticio?". No porque sea ficticio "en sí mismo", sino "porque es un objeto o entidad nombrado o denotado en un discurso ficcional".[10]

El problema de la referencia se plantea entonces con mayor pertinencia dentro de un marco teórico más amplio: el de la cuestión de la ficcionalidad de los enunciados literarios. Si desplazamos el concepto de "ficcionalidad" desde la postura convencional que lo entiende como estatuto distintivo de los objetos denotados, hacia una postura semiótica, como estatuto distintivo del acto de habla literario, podemos reconocer dos posturas centrales. La encabezada por Searle se enmarca dentro de una teoría de los actos de habla y de la situación comunicativa.[11] La operación de referencia ficcional comprendería dos tipos de actos: actos de referencia "fingidos" ("seudorreferencias") y actos de referencia "reales"; la referencia funcionaría así bipolarmente, entretejiendo alusiones a objetos, eventos, lugares "reales" con otros "fingidos", y por ende, "inexistentes".[12] En un excelente capítulo denominado "Fenomenología y pragmática del realismo", Darío Villanueva repasa los aportes de de Richard Ohmann antes (1971) y Gottfried Gabriel después (1979) a la tesis searleana de ficción como "simulación". "A literary work purportedly imitates a series of speech acts, which in fact have no other existence. By doing so, it leads the reader to imagine a speaker, a

---

8.   Gottlob Frege, "On sense and reference" en P. Geach y M. Black (eds.), *Translation from the Philosophical Writings of G. Frege*, Oxford, Basil Blackwell, 1970.

9.   Peter Strawson, "Sobre el referir" [1950], en *Ensayos lógico-lingüísticos*, Madrid, Tecnos, 1983.

10.   Walter Mignolo, "Sobre las condiciones de la ficción literaria", *Escritura*,VI, 12 (julio-diciembre 1981), 263-280.

11.   Cfr. John Searle, *Actos de habla*, Madrid, Cátedra [1969], 1980; y su conocido estudio "The Logical Status of Fictional Discourse", *New Literary History*,VI (1975): 319-332.

12.   Véase el interesante estudio de María Coira, "Referencia y comunicación en textos narrativos de ficción", donde repasa las teorías de Austin, Searle, (los dos) Wittgenstein y Lyotard. En Elisa Calabrese *et al., Itinerarios entre la ficción y la historia. Transdiscursividad en la literatura hispanoamericana y argentina*, Buenos Aires, Grupo Editor Latinoamericano, 1994, pp. 137-170.

situation, a set of ancillary events and so on", señala Ohmann.[13] G. Gabriel, por su parte, confirma la naturaleza del discurso ficcional como un "speaking *as if* ", donde "the rules of reference [...], denotation [...], sincerity, argumentation, and consequence are out of place".[14] Gérard Genette en 1991 matizará esta tesis al considerar los "actos de ficción" o enunciados literarios ya no como "aserciones fingidas", sino como actos de lenguaje de índole declarativa.[15]

En oposición a la tesis searleana de ficción como "simulación", en 1978 Félix Martínez Bonati rechazaba la idea de los enunciados ficticios como semiafirmaciones o cuasijuicios; según sus palabras el pacto ficcional no consistiría en "aceptar una imagen ficticia del mundo, sino previo a eso, aceptar un hablar ficticio. Nótese bien: no un hablar fingido y no pleno del autor, sino un hablar pleno y auténtico, pero ficticio, de otro, de una fuente de lenguaje [...] que no es el autor y que, pues es fuente propia de un hablar ficticio, es también ficticia o meramente imaginaria".[16] Walter Mignolo recupera la perspectiva de Martínez Bonati, y manifiesta las ventajas de este principio que llamará "de no-correferencialidad" (entre autor y narrador ficticio) por sobre el principio de simulación, al distinguir la existencia de un doble discurso. Este concepto de duplicación es también utilizado por S. Schmidt (quien lo toma de J. Landwehr, que utiliza el término "fictivización") y reconoce la aplicación de lo que él denomina "la regla F" dentro de la convención del "Sistema-Literatura" por la cual "los papeles se han fictivizado [...] mediante una separación consciente de las instancias *persona real* y *papel adoptado*".[17]

Desde esta óptica, la distinción searleana entre actos de referencia "reales" y "ficticios" resultaría pues inoperante, ya que *todos los objetos referidos en un texto ficcional*, en palabras de Mignolo, "comparten la propiedad de ser objetos no existentes, si por ello queremos atrapar el hecho de que no tienen la misma propiedad existencial" que sus correlatos materiales o "reales".[18] Este proceso que él denomina de "semantización denotativa" supone una operación de "ficcionalización

<hr>

13. Richard Ohmann, "Speech Acts and the Definition of Literature", *Philosophy and Rhetoric*, 4 (1971): 1-19, cit. por Darío Villanueva, *Teorías del realismo literario*, Madrid, Espasa-Calpe, 1992, p. 93.

14. Gottfried Gabriel, "Fiction. A semantic approach", *Poetics* 8 (1979): 245-255, cit. por Villanueva, 94.

15. Gérard Genette, *Fiction et Diction*, París, Seuil, 1991, cit. por Villanueva, 96.

16. Félix Martínez Bonati, "El acto de escribir ficciones", *Dispositio*, III, 7-8 (1978): 137-144.

17. Siegfried Schmidt, "La comunicación literaria" en José Mayoral (ed.), *Pragmática de la comunicación literaria*, Madrid, Arco, 1987, p. 202.

18. Susana Reisz de Rivarola también advierte la inconsistencia de la distinción de Searle en su capítulo "Ficcionalidad, referencia y tipos de ficción literaria" de su libro *Teoría y análisis del texto literario*, Buenos Aires, Hachette, 1989, pp. 91 y ss.

del acto de denotar", por la cual "aceptamos que el acto mismo de denotar es ficticio": "El acto referencial o denotativo es, por lo tanto, independiente de la existencia o no existencia de los objetos denotados" (115),[19] pues "vivimos en un 'universo plural' en el cual los sistemas conceptuales configuran, cada uno de ellos, 'un mundo'. Ese mundo es autosuficiente y no está garantizado por algún 'referente' que se identifica con alguna 'realidad', sino que el referente es parte del 'mundo' configurado por el sistema conceptual".[20]

En esta dirección, también Teun van Dijk subsume "los enunciados ficcionales en la clase de las 'afirmaciones contrafácticas'", para las cuales postula un sistema referencial que "no existe en la realidad empírica sino tan sólo como imagen mental (representación imaginativa) o en términos más formales: quizá incluso como una mera representación semántica".[21]

Benjamin Harshaw contribuye a este debate sobre la operación de referencia fictiva, distinguiendo en el texto ficcional la existencia de *campos de referencia internos* conectados con *campos de referencia externos*, que construyen una doble naturaleza donde prevalecen los primeros sometiendo a los segundos al estatuto nuclear de la ficcionalidad.[22] Los primeros son definidos como una red de referentes interrelacionados de varios tipos ("personal names, times, places, scenes and episodes that are unique to this text and make no claims for external, factual existence"), mientras que los segundos son secciones referenciales existentes con independencia del texto de ficción.

También desde la teoría de los mundos posibles (heredera de la filosofía clásica -y de la idea de Leibniz sobre la infinidad de mundos posibles-) se ha reflexionado sobre el problema de la referencia fictiva. Señala José Manuel Cuesta Abad que con esta teoría "se pretende superar el concepto de autorreferencialidad del texto literario, si bien es evidente que los mundos de ficción no preexisten a las obras que los contienen y actualizan, de modo que toda creación literaria construye su propio dominio de referencia" (211).[23] En esta dirección resultan interesantes los aportes de la semántica literaria (Pavel, Dolezel)[24] "que no dirime los estatutos de mundo a partir de una lógica metafísica, sino

19.   Walter Mignolo, "Semantización de la ficción literaria", *Dispositio*, VI, 15-16 (1980): 85-127.

20.   Walter Mignolo, "Dominios borrosos y dominios teóricos: ensayo de elucidación conceptual", *Filología*, XX (1985): 21-40.

21.   Teun van Dijk, *Some Aspects of Text Grammars*, The Hague-Paris, 1972, p. 290, citado por Susana Reisz, 1989, p. 154.

22.   B. Harshaw, "Fictionality and fields of reference", *Poetics Today* 5, 2 (1984).

23.   José Manuel Cuesta Abad, *Teoría hermenéutica y literatura*, Madrid, Visor, 1991, p. 208.

24.   Cfr. S. Allen (ed.), *Possible Worlds in Humanities, Arts and Sciences*, Berlín, De Gruyter, 1989.

a partir de la experiencia con las obras de ficción en el juego posible de la literatura". De este modo, continúa J. M. Pozuelo Yvancos, "las obras literarias no son series de proposiciones sino instrumentos de un juego de representaciones imaginarias cuya verosimilitud y credibilidad no puede estar referida al mundo de la referencia, sino al mundo posible definido por las reglas de aquel juego" (13).[25] Se trata, como bien señala Villanueva al analizar estas teorías, de una *semántica constructivista* radicalmente no mimética, de mundos posibles y ficticios. Si en el mundo empíricamente observable ("actual world") rige el principio de la correspondencia con la realidad para acreditar los enunciados, en esta semántica de mundos posibles rige "el principio de la autoridad autentificadora": "Los mundos posibles construidos por las narraciones literarias son sistemas de hechos ficticios erigidos por actos de habla que proceden de una fuente de autoridad" (Villanueva, 100).

S. R. Levin, ya en el terreno específico del género lírico, retoma la cuestión de la supuesta "verdad" de los enunciados poéticos, despejando la cuestión de forma diferente al rechazo del problema por no pertinente por el que abogaban Frege y Todorov, según lo mencionábamos antes: "The claims made in a poem are the claims about a professed reality, a reality engendered by the poet's imagination. These claims are therefore not to be tested against conditions in the actual world. The relevant conditions are those that obtain in the world imagined by the poet, and that is a world we can know only on the poet's say-so".[26]

Este mundo construido por el poeta no es sin embargo creación *ex nihilo*; por el contrario, señala Walter Mignolo que esta inserción de los discursos en "universos de sentido" (equiparándolos a "juegos de lenguaje") se fundamentaría en "un sistema de intercomprensión que supone el conocimiento de la lengua (componente lingüístico), del contexto de situación (componente pragmático) y del universo de sentido en el cual se inscribe el discurso o el signo (componente cognoscitivo)" (1987: 50).

El desafío teórico lanzado por el constructivismo parece ofrecer un

---

25.   José María Pozuelo Yvancos traza un valioso estado de la cuestión sintetizando las tres líneas principales de la teoría de la ficcionalidad contemporánea: la filosofía analítica del lenguaje y su ampliación en la teoría de los actos de habla (Austin, Searle); las teorías de la ficcionalidad discursiva (Hamburger, Martínez Bonati, Mignolo); y la teoría de los mundos posibles (Pavel, Dolezel, Allen). Parece acertado su diagnóstico de la centralidad de este debate, ya que constituye "un punto de inflexión devenido tanto más importante cuanto se ha percibido sin retorno la llamada crisis de la literariedad" y advierte "el cambio de paradigma teórico que sustituye una poética del mensaje-texto por una poética de la comunicación literaria" (en "La teoría literaria reencuentra la ficción", *Ínsula*, 552 [diciembre 1992], pp. 11-13). Cabe destacar la importancia de su aporte en su reciente libro *Poéticas de la ficción* (Madrid, Síntesis, 1993), en especial su cuidadosa fundamentación de la categoría ficcional en el sentido en que la venimos aplicando aquí.

26.   S.R. Levin, "Meaning and Truth in the interpretation of Poetry", *Poetics*, 7 (1978): 339-350.

terreno sólido para debatir estas cuestiones: "Toda realidad es, en el sentido más directo, la construcción de quienes creen que descubren e investigan la realidad".[27] El supuesto peligro de una caída en un solipsismo radical (*ego solus ipsus*) es superado mediante la pertinente distinción entre *saber* (conocimiento de lo real) y *realidad*. El saber de lo real ha sido definido por las teorías de conocimiento tradicionales como una relación de "correspondencia gráfica (icónica)", mientras que el constructivismo, en palabras de Ernst von Glasersfeld, lo ve como una "adaptación o ajuste en el sentido funcional": "El constructivismo es pues radical porque rompe con las convenciones y desarrolla una teoría del conocimiento en la cual éste ya no se refiere a una realidad ontológica, objetiva, sino que se refiere exclusivamente al ordenamiento y organización de un mundo constituido por nuestras experiencias".[28]

S. Schmidt titula ingeniosamente uno de sus más conocidos artículos, "The Fiction is that Reality exists",[29] proponiendo como marco teórico el constructivismo. A partir de estos supuestos epistemológicos, establece un "dominio cognitivo" donde se confrontan "modelos de realidad": "World models are thus maps of reality, not reality itself" (258). El lenguaje, la cultura, la literatura, así como los textos y sus significados, son modelos de mundo producidos a partir de convenciones sociales institucionalizadas: "Reality is always a construction (whether in 'fiction' or in 'reality')" (267). Desde su perspectiva, la distinción entre discurso ficcional y no ficcional es resultado de un complejo proceso de socialización (no un concepto innato). "Ficcionalidad" (y por consiguiente "referencia") son conceptos que él denomina "dinámicos": "Where contextual factors have to be regarded in terms of semantic conventions pertaining to social groups of actors behaving in fictional discourses".[30]

Resulta interesante rescatar también el aporte de Thomas Lewis, quien en un minucioso estudio titulado "Notes toward a Theory of the Referent",[31] sintetiza dos posturas teóricas centrales: la semiótica (U. Eco) y la marxista (Althusser). Ambas coinciden en la noción de referente como construcción, ya sea en tanto "interpretante" o bien como "objeto

27.   Paul Watzlawick y otros, *La realidad inventada*, Barcelona, Gedisa, 1989, p. 15.
28.   Ernst von Glasersfeld, "Introducción al constructivismo radical", en Paul Watzlawick, ob. cit., pp. 20-37.
29. *Poetics Today* 5, 2 (1984), pp. 253-274.
30.   S. Schmidt, "Fictionality in Literary and Non-literary Discourse", *Poetics* 9 (1980): 525-546. En el mismo sentido, Mary Louise Pratt advierte la necesidad de formular una teoría de la representación lingüística que atienda un proceso simultáneo: "Fitting words to world and fitting world to words", sin olvidar que es precisamente "language and linguistic institutions [those which] in part construct or constitute the world for people in speech communities", en su artículo "Ideology and Speech-Act Theory", en *Poetics Today*, VII, 1 (1986), 71.
31.   Thomas Lewis, "Notes toward a Theory of the Referent", *PMLA* 94,3 (mayo 1979), pp. 459-475.

de conocimiento", rechazando toda metafísica referencial y proponiendo una "teoría de los referentes" como unidades culturales, socialmente producidas y en permanente expansión, que objetivan sistemas de representación (ideologías): "We must ultimately formulate a theory of the literary referent as a theory of multiple textual referents" (470).

Referente y referencia, mímesis y representación, son conceptos analizados con rigor en el libro de Tomás Albaladejo desde el marco teórico de la semántica extensional literaria, que busca superar el incipiente inmanentismo de la semántica intensional de la que ya hemos hablado. Señala allí que "la teoría literaria atiende al estudio del referente partiendo del concepto de representación como imprescindible pieza teórica en la constitución de la obra de arte verbal".[32] Prescindiendo de la sistematicidad manifiesta de su estudio, quiero rescatar para nuestra reflexión su consideración del referente como "componente imaginario imprescindible de la construcción discursiva" (22).

La noción de "representación" parece más pertinente en general que la de "reflejo" o "correspondencia" y resulta útil operar con ella al definir el funcionamiento textual del referente, entendido como operación discursiva de construcción. Antonio Risco define esta representación de la realidad como "figuración", "realidad simulada".[33] Y Paul Ricoeur teoriza sobre el concepto de "mímesis" como una de las formas de representación literaria, apartándose de la confusa concepción del reflejo. La mímesis no sería, desde su óptica, un desdoblamiento o una reduplicación en lo representado, sino un corte que separa la ficción de la realidad y que, por tanto, establece el área ficcional y la especificidad artística del texto, pues el autor construye por la mímesis referentes distintos de la realidad efectiva.[34]

Un programa de escritura supone la construcción determinada de un referente, así como de un sujeto específico y de su correspondiente lector. Las leyes que entran en juego en la construcción de tal referente responden a diseños poéticos diversos. Señala Cuesta Abad que "la obra literaria lleva siempre e inevitablemente impresa una estructura de representación de la realidad que se adscribe posteriormente a órdenes del sistema cultural específico" (mundo objetivo, mundo social y mundo subjetivo). Es "sobre esta trama de ejes representativos de las distintas estructuras del mundo [que] se conformarán semióticamente los dise-ños referenciales e imaginarios que constituyen los mundos ficticios de la obra literaria" (208); "la creación literaria se sirve siempre de

---

32. Tomás Albaladejo, *Semántica de la narración: la ficción realista*, Madrid, Taurus, 1992, p. 27.
33. Antonio Risco, *Literatura y figuración*, Madrid, Gredos, 1982, p. 174.
34. Cfr. Paul Ricoeur, *Temps et Recit*, París, Seuil, 1984.

mixturaciones semánticas de la realidad objetiva y de los universos posibles derivados" (209).

Por último, y a propósito del término "representación", quiero rescatar desde otro ángulo disciplinar las reflexiones de Roger Chartier en su libro sobre historia cultural, donde señala que "los individuos construyen una representación de ellos mismos, una comprehensión de lo social, una interpretación de su relación con el mundo natural y con lo sagrado".[35] En este sentido aflora una concepción problematizadora del lenguaje, ya no como "la expresión transparente de una realidad exterior o de un sentido dado previamente. Es en su funcionamiento mismo, en sus figuras y en sus acuerdos, como la significación se construye y la realidad es producida" (v). Así, los textos no funcionan como recipientes disponibles para alojar a posibles huéspedes (ideas, conceptos, mentalidades), ya que "es necesario reconocer los efectos de sentido implicados por las formas" (IX). Sin embargo, no se trata de considerar como impersonal y automática la producción de sentido ni se piensa la realidad social como un ente constituido por el lenguaje e independiente de toda referencia objetiva; si se recupera la "libertad del individuo" no lo es la de "un yo propio y separado, sino en su inscripción en el seno de las dependencias recíprocas que constituyen las configuraciones sociales a las que él pertenece" (x).

Para nuestra perspectiva resulta fundamental rescatar este concepto de representación para estudiar el funcionamiento mismo del referente como operación constructiva del texto inserto en la lógica misma de los discursos sociales. Sobre la probable "irreductibilidad de la experiencia al discurso" no podemos dar cuenta más que de su efectiva (y siempre parcial) configuración verbal en textos concretos. La relación del texto con la realidad quizá pueda definirse finalmente como "aquello que el texto mismo plantea como real al constituirlo en un referente fuera de sí mismo, y se construye según modelos discursivos y divisiones intelectuales propias a cada situación de escritura"(40).

En síntesis, la cuestión de la referencia y la ficción no se resuelve exclusivamente ni desde la filosofía del lenguaje y la teoría de los actos de habla ni desde la lógica, la semántica o la pragmática. Es en el cruce de todas ellas, enriquecidas con los aportes de otros enfoques teóricos y disciplinares, como mejor podemos comenzar a debatir y elaborar categorías operativas para acotar un objeto tan controvertido como resistente a enfoques unidireccionales. La entenderemos aquí como una *operación discursiva* que funciona como representación verbal de lo real, simulación pero con un espesor propio, que cancela la antigua sospecha de identidad. El propio Wittgenstein, en su última etapa, reconoce esta

---

35. Roger Chartier, *El mundo como representación. Estudios sobre historia cultural*, Barcelona, Gedisa, 1992, p. I.

diferencia de esferas de competencia entre lenguaje y realidad y "disuelve los problemas planteados por las teorías del significado *referencialistas*"
(Villanueva, 85), en el sentido genético. Esta noción "operacional" del
referente como producto y de la referencia como función desecha su
asimilación metafísica al objeto real, como bien lo deja definido Emilio
Garroni: "El referente no es la cosa misma, sino nuestro modo de operar
sobre las cosas, de manipularlas y configurarlas como el correlato
implícito del lenguaje".[36]

II. POESÍA Y FICCIONALIDAD.
UN PROGRAMA DE ESCRITURA FIGURATIVO
(LA "PRETENSIÓN REFERENCIAL")

Nuestro marco teórico, que recorta la poesía como objeto crítico en
la simultaneidad de los dos ejes -literatura y ficcionalidad- desde una
perspectiva semántica y pragmática,[37] se opone tanto a las soluciones
genéticas y ontológicas como a las puramente inmanentistas, así como
también a las que clausuran la semiosis en la recepción. En una línea
similar, Leopoldo Sánchez Torre afirma que el estudio de la poesía tiene
en cuenta tanto las convenciones y expectativas de la literatura como las
propias del género, advirtiendo "como verdadera expectativa-matriz,
generadora e integradora de las demás, la de la ficcionalidad [pues] la
no referencia de los enunciados del texto literario determina la constitución de un mundo imaginario, un universo de ficción en el que los
mismos sujetos de la comunicación (emisor y receptor) se han sometido
a un proceso de ficcionalización, imprescindible para el adecuado
discurrir del hecho literario".[38]

De la misma opinión parece ser Barbara Herrnstein Smith quien en
su artículo titulado "Poetry as Fiction" introduce el género en el debate
general sobre la categoría de ficcionalidad que hemos venido plantean-
do, restituyéndole al discurso poético sus legítimos derechos fictivos,
desde una concepción menos rígida y convencional que la tipología de
los géneros de la retórica clásica.[39] Si al poema le cabe la aplicación plena

36. Emilio Garroni, *Ricognizione della Semiotica*, Roma, Officina Edizioni, 1977, p. 61,
citado por Juan Miguel Company, *La realidad como sospecha*, Madrid, Hiperión, 1985, p. 78.
37. En esta misma línea, Gottfried Gabriel aboga por una resolución de la cuestión de
la ficcionalidad integrando ambas perspectivas, semántica y pragmática, en "Fiction and
Truth, reconsidered", *Poetics* 11 (1982): 541-551.
38. Leopoldo Sánchez Torre, *La poesía en el espejo del poema. La práctica metapoética en
la poesía española del siglo XX*, Oviedo, Departamento de Filología Española, 1993, p. 87.
39. Barbara Herrnstein Smith, "Poetry as Fiction", *New Literary History*, II, 2 (1971): 259-
281. Su libro *On th Margins of Discourse. The Relation of Literature to Language* (Chicago
University Press, 1968) es uno de los más tempranos aportes al debate sobre la
ficcionalidad del género lírico, concebido no de modo abstracto sino en relación dinámica
con el comportamiento verbal y las prácticas discursivas mismas.

de la convención de ficcionalidad desde esta perspectiva de "fictivización" (Landwher, Schmidt, Martínez Bonati, Mignolo) que antes señaláramos,[40] podemos acordar parafraseando a Mignolo, que cuando decimos que la poesía es ficcional no lo hacemos porque "represente objetos, personas y acciones que no han ocurrido" sino porque consideramos ficticio al acto mismo (1981: 265). Se trata de desplazar el concepto desde su aplicación a los objetos denotados ("ficción como invención") al estatuto distintivo del acto de habla literario-ficcional ("ficción como convención").

La postulación de una alternativa a las poéticas de la modernidad, entendidas como prácticas que operan sobre un código de desvío, nos enfrenta como decíamos al principio del capítulo no sólo a la cuestión de la referencia, sino también a sus necesarios vínculos con una teoría del realismo estético, ya que son las poéticas que buscan restaurar la "ilusión referencial" las que agudizan los cuestionamientos acerca de los límites del llamado realismo artístico. Fue Roman Ingarden (1931) quien en polémica con Kate Hamburger defendió la idea de que la lírica como género no es "menos mimética" que la narrativa o la dramaturgia (Villanueva, 184).

Las poéticas españolas de posguerra pueden ser abordadas como un proyecto discursivo cuyo eje, un programa de escritura figurativo, vertebra y articula las matrices fundamentales del modelo anticanónico que despuntaba hacia los años 40. Dicho eje, cuya propuesta semántica parece concentrarse en una figurada "pretensión referencial", consiste en construir tal "intencionalidad realista" (descartando por obvia la falacia intencional que atribuye a un inasible autor empírico intenciones, propósitos y deseos que el texto supuestamente traduce). Con nuestro uso del concepto de "intencionalidad" no propugnamos un retorno a posturas biografistas o de un realismo genético. Se trata más bien de la inscripción de un *programa de escritura*[41] (deliberadamente marcado aquí por la reflexión autorreferencial) que diseña un efecto de lectura específico, cuya verosimilitud y realismo historicista pueden ser construidos (y comprendidos) con eficacia desde la instancia pragmática de la lectura. El sentido propuesto por el emisor y producido por el lector construye un texto de inequívoca relación con la serie social, proyectando un sujeto de correspondencia verificable en muchas ocasiones con su autor empírico (correlato autobiográfico), borrando sus fronteras con otros discursos no literarios, definiendo en síntesis un estatuto mutante hacia formas híbridas, cuya catalogación convencional como ficticio (en términos de "invención") se vuelve problemática, ya que nos sumergi-

40. Señala Walter Mignolo, a propósito de lo que él llama "el doble carácter del discurso ficcional", que "quien produce un discurso ficcional literario semiotiza su acto de lenguaje inscribiéndolo en la convención de ficcionalidad y en las normas de la institución literaria. La semiotización corresponde a la dimensión pragmática" (1986, 88).
41. Véase nuestra definición del concepto de *programa de escritura* en Introducción I.3.

mos en un espacio escritural que construye la realidad con parámetros referenciales e históricos. Se trataría de un artificio constructivo que busca *aggiornar* el concepto (ficticio = no real) travestizando su significado tradicional, para resolver su adecuación a la hora de operar con tipos discursivos literarios como el de novela histórica, crónica o en este caso poéticas figurativas y realistas.[42]

Estos "enunciados que parecen objetivos", dice Edmond Cross, "son los que constituyen en el texto mismo la referencia alucinadora"[43] a la realidad, pero se trata sin duda de una construcción retórica. Del mismo modo, el coloquialismo conversacional o la traslación de modos del habla popular a la escritura producen una potenciación significativa que va dirigida precisamente a esa concentración verbal que analoga el texto poético al lenguaje oral (concretando de alguna forma la proclamada poética de Otero "Escribo/ hablando").

En *La realidad como sospecha* Juan Miguel Company estudia la constitución del discurso naturalista y su correlato en el lenguaje cinematográfico, y en sus reflexiones teóricas analiza los efectos de la "ilusión analógica" como simulación de realidad, apoyada en el sólido vínculo que se establece "entre el sujeto y el mundo, mediante la implantación de una escritura que hace perfectamente transitivo el encuentro entre el objeto y su expresión".[44] Estos "testimonios de certeza", acumulativamente ofrecidos al lector, se inscriben, como decíamos, en un programa escritural o "propuesta de sentido" construida en el espacio textual, "principio ordenador" o "gesto semántico" que pertenece al terreno del sujeto "y que al hacerlo implica en el sentido todo aquello que -consciente o inconscientemente-, atravesándolo, lo constituye como sujeto" (68).

Resulta interesante la aplicación del concepto de "marco" ("frame") de Uspensky para abordar el problema de los márgenes entre texto y extratexto: "Para percibir el mundo de la obra de arte como un sistema de signos es necesario señalar sus límites: ellos son precisamente los que crean la representación".[45] El marco funciona como límite entre ambas esferas; límite que, sin embargo, en palabras de Hans Enzensberger, "la literatura siempre ha intentado relativizar", ya sea

---

42.   Ana Ma. Amar Sánchez, a propósito del género de no-ficción, señala que "los hechos, la historia, no puede conocerse más que a través de narraciones que disponen de diferentes formas el material y lo ficcionalizan [...]. Por consiguiente, puede pensarse la ficción, más allá de la dicotomía verdad/mentira, como una *construcción*. Los dos términos funcionan claramente como *sinónimos*", en "Un género entre el testimonio y la ficción", *SyC* 3 (setiembre 1992): 23-33.

43.   Edmond Cross, *Literatura, ideología y sociedad*, Madrid, Gredos, 1986, p. 44.

44.   Juan Migual Company, *La realidad como sospecha*, Madrid, Hiperión, 1985, p. 69.

45.   B. U. Uspensky, *A Poetics of Composition. The Structure of the Artistic Text and Typology of a Compositional Form*, California University Press, 1973, p. 140.

reforzando "los márgenes de la obra" o bien tendiendo a "suprimirlos".[46] Esta disolución de los márgenes (o su efecto) se produce cuando se busca "romper el marco de la ficción para introducir en la obra fragmentos de la realidad", constituyendo lo que Enzensberger llama "laguna topológica" (9), y que analiza a propósito de la ficcionalización del mismo Ionesco en su pieza *L'Impromptu de l'Alma.*

Roland Barthes, en su conocido artículo "El efecto de realidad", entiende el realismo como "todo discurso que acepte enunciados acreditados simplemente por el referente", "en el que se haga de la notación el puro encuentro de un objeto y de su expresión".[47] "Efecto de superficie realista" que define Company como "escritura de la visibilidad" (113), la cual pone en marcha (a partir del "*incipit* naturalista") el *quién*, el *dónde* y el *cuándo*, "insertando la narración en una continuidad que da la impresión de haber comenzado ya antes del inicio material del relato" (98).

Este proyecto de escritura construye una "lógica de la presencia", por el hecho de "representar a menudo lo más fielmente posible las cosas, de actuar como si éstas estuviesen realmente ante los ojos y al alcance de otros órganos de los sentidos o incluso ofreciéndolas a la mirada y a los sentidos del espectador" o lector, como bien señala Gianfranco Bettettini.[48] Representación entendida literalmente como "puesta en escena", figuración de realidad potenciando el poder convocante del lenguaje, ya que "manifestándose sólo como representación, el discurso muestra su propio poder: se convierte en portavoz de una palabra 'plena', incluso en la ausencia de los objetos de los que habla"(157).

Susana Reisz admite que "las referencias a objetos y hechos de cuya existencia extratextual se tiene conciencia pueden favorecer, en combinación con otros recursos textuales -pero nunca independientemente de ellos- un tipo de recepción que K. Stierle llama *quasi-pragmática*, por la cual «el productor utiliza la lengua como simple medio para movilizar estereotipos de la imaginación y la emoción, para llevar la atención del receptor al otro lado del texto»" (1989: 102). Proceso que, si bien preside la literatura más consumible, representa el tipo de operación referencial que privilegia como efecto el reconocimiento y la remisión extratextual. El proceso de "verosimilización" consecuente se apoya en un pacto de credibilidad o consenso con el receptor: "Si por creíble, convincente o verosímil entendemos lo que está en conformidad con los criterios de realidad válidos para una determinada comunidad cultural en un

46.   Hans Enzensberger, "Estructuras topológicas en la literatura", *Sur*, 300 (mayo 1966), p. 6.

47.   Roland Barthes, "El efecto de realidad" en AA.VV., *Lo verosímil*. Buenos Aires, Tiempo Contemporáneo, 1970, pp. 95-101.

48.   Gianfranco Bettettini, "El giro pragmático en las semióticas de la representación", en AA.VV., *La crisis de la literariedad*, p. 158-159.

determinado momento histórico, puede decirse que las referencias, dentro de un texto ficcional, a hechos u objetos de cuya existencia no-ficcional se tiene conciencia [...] colaboran a verosimilizar la ficción" (101). Subyace un concepto de "realidad" como "facticidad", que renuncia "a todo tipo de definición ontológica" para basarse "en aquello que aceptamos cotidianamente como realidad": "los modelos interiores del mundo exterior puestos en juego por los comunicantes en el acto de comunicación"(110). De este modo "lo verosímil", como acuerdo pragmático de un diseño estético figurativo, será "lo que se adecua en amplia medida (y no como caso de excepción) a los criterios de realidad aceptados dentro de una comunidad cultural determinada" (117).

La especificidad de estas prácticas discursivas no reside entonces en una diferencia de naturaleza: ni en la sola persistencia de núcleos temáticos fijos ni en la regularidad de ciertos procedimientos formales de asimilación a la norma de la lengua hablada, sino en la saturación de todos esos índices desde una instancia de producción específica y con una deliberada proyección o "efecto de lectura realista".[49] Programa de escritura sustentado en un acuerdo pragmático por el cual se producen "textos referenciales" que, como afirma Nora Catelli a propósito del discurso autobiográfico, proveen de información histórica que "parte precisamente de una presunción de semejanza o analogía con algún segmento de lo real".[50] Estas poéticas figurativas parecen pues adquirir "un estatuto definitivo como modo de lectura a la vez que como tipo de escritura, ligados en el espacio de un efecto contractual históricamente variable" (73).

Parece pertinente pues postular este realismo desde la interacción de autor-texto-lector. La dimensión pragmática se ofrecería como un reaseguro de la funcionalidad de tal "intencionalidad realista" orientada a un efecto preciso. "Realismo intencional" denomina Villanueva a este efecto que él atribuye exclusivamente al acto de lectura: "Nos acercamos a la comprensión del realismo desde el lector con todos los avales necesarios de la fenomenología que no concibe una obra de arte literaria en plenitud ontológica si no es actualizada, y una pragmática que no considera las significaciones sólo con relación al mero enunciado sino desde la dialéctica entre la enunciación, la recepción y el referente".[51] Villanueva atribuye la construcción de tal efecto realista al funcionamiento en el discurso de unidades formales que denomina "realemas", pero le otorga exclusividad en esta construcción de sentido realista a la

---

49. En este sentido coincidimos plenamente con las afirmaciones de Pozuelo Yvancos en el artículo ya citado: "El realismo y la literatura fantástica no se diferencian como grados de ficcionalidad, sino modalidades estilísticas de un estatuto ontológico igualmente ficcional. No es menos ficción ni tiene por que ser más verosímil [...]. El lector actúa construyendo una imagen de mundo igualmente en uno y otro caso" (12).

50. Nora Catelli, *El espacio autobiográfico*, Barcelona, Lumen, 1991, p. 71.

51. Darío Villanueva, *Teorías del realismo literario*, Madrid, Espasa-Calpe, 1992, p. 106.

instancia de la lectura. Su utilización (sin mayor despliegue teórico) del concepto de "rección semántica" como punto de equilibrio entre la inmanencia textual y la actualización fenomenológica, parece admitir la necesidad de una apoyatura semántica que oriente la lectura intencional realista para evitar una pragmática del realismo montada sobre un vacío textual. Es decir que debemos advertir que tal construcción de sentido no pertenece ni sólo al texto (postura inmanentista) ni sólo al lector (postura fenomenológica desde el ángulo de la recepción) sino que se realiza intersubjetivamente (tanto intencional como cointencionalmente) en el proceso de semiosis, a partir de un verificable programa de escritura que cohesiona y vertebra todas las marcas discursivas (sin identificar sólo a algunas como privativas de esta construcción), pero funcionando pragmáticamente.[52]

Tomás Albaladejo, que estudia la ficción realista desde la perspectiva de la semántica referencial (extensional), busca integrar el ingrediente textual (intensional): "El reconocimiento y la aceptación de la ficcionalidad parte de una específica organización semántica y de su representación sintáctica" que denomina "código semántico-extensional". Y luego conviene en ese "acuerdo pragmático" entre autor y lector, advirtiendo la necesaria interacción de ambos con una construcción textual específica: "El autor y los lectores participan en el hecho ficcional realista con un acuerdo en el que el primero actúa semánticamente produciendo realidad ficcional que tiende a la realidad efectiva sin abandonar el ámbito de la ficción y en el que los lectores interpretan semánticamente esa realidad especial como ficción que, orientada a la realidad efectiva, no se confunde con esta" (128).

III. CONSTITUCIÓN Y CRISIS DE UNA TEORÍA DE LA REFERENCIA EN LAS POÉTICAS ESPAÑOLAS DE POSGUERRA

Este realismo como semiosis emergente de una poética cuyo eje de articulación es tal "pretensión referencial" parece abrir la práctica a más

---

52.   Con respecto a esta presencia de "marcas" o "realemas" resulta útil la reflexión que respecto de indicadores textuales de ficcionalidad hace S. Schmidt (1980: 537-8). En contra de quienes defienden la tesis de la existencia de "fictive textual indicators or fictive illocucionary indicators", Schmidt argumenta que su existencia "does not at all guarantee that both author and reader treat the text as a fictional one. In adittion, such indicators are conventional and historically variable", con lo que introduce la cuestión de la innovación retórica dentro de la noción de serie. Para él, la aproximación pragmática prevalece aquí: "For special persons or groups at a given time certain indicators do function as fictionalizing stimuli opening the process called *fictional discourse*", pero en términos generales "it turns out to be extraordinarily difficult to discover necessary and sufficient text grammatical correlates for fictionality expectations"(538). Del mismo modo podríamos argumentar respecto de "marcas de realismo", sólo susceptibles de reconocimiento y eventual tipologización en contextos pragmáticos específicos.

provocadoras lecturas que el reductivo rótulo de "social", legitimado por la institución literaria. En el caso de las poéticas aquí llamadas figurativas el lector atraviesa la escritura apoyado en marcas o señales indicadoras que permiten hacer emerger en su lectura tal construcción referencial y que, a modo de mojones en el camino, edifican la semiosis con un efecto de lectura realista ya previsto en un programa de escritura figurativo.

A partir del conocimiento específico del discurso poético español en cuestión es posible postular la evolución de tales prácticas "figurativas" como un proceso de constitución, crisis y reelaboración de una teoría de la referencia. Esta afirmación nos obliga a hacer en principio una serie de prudentes aclaraciones. En primer lugar la existencia de dicha "teoría" se constituye como boceto programático inserto en la misma especulación poética de sus practicantes: más que en sus metatextos argumentativos, es en la realización discursiva donde asistimos a las diferentes fases del proceso desde su formación hasta su puesta en crisis, dentro del marco flexible de un *aggiornado* realismo estético.

Asimismo, la constitución de una poética figurativa aparece como construcción deliberada de una modalidad específica de referente: la realidad histórico-social, la circunstancia existencial (a menudo en cifra autobiográfica) se propone como objeto de la mirada de un sujeto en proceso de dispersión y colectivización. La creencia en la efectiva comunicación de contenidos y episodios de la serie social responde a una puesta en escena de una teoría instrumentalista del lenguaje por la cual éste operaría sobre la "realidad" representándola, otorgándole y construyendo su existencia en dimensión lingüística y verificando su comunicabilidad por medio del signo. Esta consideración transitiva del lenguaje como vehículo de transmisión de experiencias y conocimientos estaría en la base de las propuestas de todas las poéticas figurativas en sus diversos géneros.

La emergencia de una nueva "formación discursiva" supone entonces la localización de "una regularidad entre los objetos, los tipos de enunciación, los conceptos y las elecciones temáticas" (Cross, 55). El concepto, acuñado por Michel Foucault (1969), resulta necesario "para dar cuenta de la unidad que agrupa a ciertos discursos en clases [...], determinados por unas restricciones semio-lingüísticas que le otorgan su estructura (coherencia e inteligibilidad) y, por otro, por unas restricciones de orden cognoscitivo que le otorgarían a ese discurso su lugar como miembro de una unidad mayor (formación y tipo discursivo)" (Mignolo, 1987: 55). Hacia mediados de siglo es posible verificar la cristalización de un programa teórico elaborado por sus mismos practicantes, con un natural desenvolvimiento que abarcó desde una fase de constitución hasta su legitimación, derivaciones, crisis y reacomodamientos, configurando una nueva formación discursiva.

Se perfila una forma de producción poética deliberadamente historicista y autotitulada testimonial o social, con todas sus variantes teminológicas desde la más amplia de neorrealismo a recortes temáticos como poesía civil, política, de protesta, o bien recortes formales como el de poesía conversacional, coloquial, prosística, narrativa. Sin embargo, la legitimación de tal práctica frente a la tradición de la poesía "moderna" se constituye a partir de un movimiento radicalmente deconstructor de las matrices discursivas fundamentales de tal modernidad estética: la autonomía de la obra, el trascendentalismo del arte, la figura carismática del artista, como ya señaláramos en la introducción (II.1).

La propuesta de una poética que restaure la "ilusión referencial" debía necesariamente destruir los mitos nucleares del modelo moderno radicalmente antifigurativo. El pretendido restablecimiento de los vínculos entre la praxis artística y la praxis vital/social emergió en el discurso construyendo un paradigma teórico que exhibió los niveles de dicha ruptura. La pretensión referencial se constituyó como el eje de producción de sentido global, no sólo en el nivel semántico (historicismo, testimonialismo, proyección autobiográfica, correlación con la serie social) sino también formal (coloquialismo, asimilación de formas populares del habla, oralidad secundaria,[53] estructura dialógica, etc.). Un exhibido antiesteticismo con posturas radicalmente iconoclastas se expresó a través de una retórica anticanónica, de resistencia al *statu quo*, con un registro marcadamente desacralizador y transgresivo.

El modelo al cual responden y buscan transgredir es el de la "teoría de la realidad superior del arte y del genio autónomo", así definido por Pierre Bourdieu,[54] modelo emergente con el romanticismo y consolidado por la serie diacrónica de modernismo, simbolismo y vanguardia. Constituye en palabras de Habermas "el proyecto de la modernidad estética", que asumió claros contornos en "la obra de Baudelaire, se desplegó en varios movimientos de vanguardia y finalmente alcanzó su apogeo en el café Voltaire de los dadaístas y en el surrealismo".[55] Si bien dicha modernidad fue inicialmente un movimiento de oposición que desafió el orden cultural de la burguesía y la "falsa normatividad de su historia" (22), en España como en Hispanoamérica, para la época en que despuntaba una literatura neorrealista y social, la modernidad ya era la cultura oficial.

La constitución de este nuevo discurso en el sistema literario hispánico supuso la consolidación de una práctica literaria amplia y

---

53. Cfr. Walter Ong, *Oralidad y escritura. Tecnologías de la palabra*, México, Fondo de Cultura Económica, 1987.
54. Pierre Bourdieu, "Campo intelectual y proyecto creador" en J. Pouillon y otros (ed.), *Problemas del estructuralismo*, Madrid, Siglo XXI, 1987, p. 163 (135-182).
55. Jürgen Habermas, "La modernidad, un proyecto incompleto" en H. Foster (ed.), *La posmodernidad*, Barcelona, Kairós, 1983, p. 22 (19-35).

compleja, representativa de multiformes modalidades, inscriptas todas en un modelo estético pretendidamente referencial y deliberadamente "humanizador" o, como se ha dicho, "historicista". Se construye en el discurso una estructura de alusiones y procedimientos vinculados con lo histórico-social, contextualizando permanentemente sus componentes, y produciendo un circuito de correferencialidad tanto de la historia individual (proyección autobiográfica, ficcionalización del autor empírico) como de la historia colectiva (reelaboración de tópicos y episodios del referente histórico-político).

Si, como señala Peter Bürger, la autonomía artística es una categoría que nace a partir de la desvinculación del arte burgués respecto de la praxis vital y la consecuente hipóstasis de este hecho histórico a una "esencia del arte",[56] estas otras escrituras, mediante la destrucción de conceptos como libro, obra conclusa, institución literaria, poeta-genio, atacan las bases ideológicas sobre las que se asienta la tradición de la "modernidad artística" (entendida aquí desde el paradigma estético del pensamiento que va de Adorno a Habermas) y propugnan una visión renovada -no autonómica- del discurso poético. Si consideramos como eje de sentido de tal movimiento desmitificador e iconoclasta su contraparte programática y de signo anticanónico, será pues la "recuperación de la referencia" la matriz que articule la semiosis textual, acotando ésta básicamente a la dimensión histórico-social y temporal humana. Tal "recuperación" es proclamada como vía de testimonio y denuncia desde una hipotética eficacia pragmática en los años 40 y 50 para aligerarse de su carga político-pedagógica en poetas posteriores que, sin embargo, mantienen como matriz discursiva tal recuperación, desde una dimensión vitalista y experiencial más genérica. Es el tránsito que podemos apreciar desde un poema del 50 de Blas de Otero a un poema del 70 de Ángel González hasta llegar a un poema de los 80 de Luis García Montero.

La nueva práctica emergente no basa su novedad en la formulación de una nueva retórica (social o de compromiso), reductible a fórmulas esquemáticas fácilmente repetibles, sino que impulsa la especulación poética hacia nuevas perspectivas y se elabora a partir de presupuestos estéticos, culturales e ideológicos diferentes. Vincula la materialidad del texto con los sujetos implicados, autor y lector, y supone una visión de la literatura como "trabajo" o modo de producción específica pero analogable a las otras, dejando de ser una "expresión de la subjetividad" o una "esencia sobrenatural".

Estas poéticas ingresan a un proceso de transformación que se verifica en todos los terrenos de la cultura occidental y aparecen vinculadas con una discusión filosófica y epistemológica que el

---

56. Peter Bürger, *Teoría de la vanguardia*, Barcelona, Península, 1987, p. 99.

posestructuralismo encabeza en el ámbito de la teoría del discurso. Existen notables coincidencias en la noción de obra abierta (recuérdese el concepto fragmentario de obra como "hojas dispersas" de Blas de Otero), en el rechazo del logocentrismo (literalmente verificable en la subversión gramatical de la poesía cuántica de Gabriel Celaya y en su proclamado materialismo órfico), en la problematización del sujeto como entidad unívoca (el estallido de la subjetividad iniciado por algunos textos surrealistas es retomado como disolución del "ego" modernista por estos poetas) y la reintroducción del autor como productor (mediante la construcción autobiográfica o por la con-textualización permanente de la situación de escritura), finalmente en la revalorización explícita del texto literario por su función de transfor-mación social, como programa de escritura deliberadamente proclama-do desde el marco autorreferencial del discurso. Por otro lado, su aproximación al discurso historiográfico borra las fronteras entre texto literario y escritura histórica, en una tarea común de reconstrucción de la realidad eligiendo modos específicos de discurso que concurren a una común conceptualización de las relaciones entre individuo y sociedad.[57]

Basta volver las páginas de cualquiera de los libros de estos autores canonizados como "sociales" (Otero, Celaya, Hierro, Gil de Biedma, Ángel González y podría continuarse la lista hasta ciertos poetas denominados hoy "figurativos")[58] para advertir que en la materia del enunciado se ficcionaliza permanentemente tal realidad, y que la serie

57.   Cfr. Hayden White, *Metahistory*, Baltimore, The John Hopkins University, 1973.

58.   José Luis García Martín denomina así a una tendencia que él considera central de las dos últimas décadas en España: Juan Luis Panero, Abelardo Linares, Fernando Ortiz, Francisco Bejarano, Eloy Sánchez Rosillo, Javier Salgado, Miguel D'Ors, Jon Juaristi, Ana Rosetti, Andrés Trapiello, Felipe Benítez Reyes, Luis García Montero, Vicente Gallego, Juan Lamillar; y elige el término "por analogía con la distinción entre pintura figurativa y no figurativa" (p. 209), aunque advierte la provisionalidad de las etiquetas (en *La poesía figurativa. Crónica parcial de quince años de poesía española*, Sevilla, Renacimiento, 1992).

Tomo prestado su término en mi estudio para aplicarlo a la tendencia general de la poesía española en la posguerra, desde los años 40 y con matices en las sucesivas décadas hasta hoy, entroncándose con estos poetas que García Martín menciona y admitiendo códigos residuales y resistentes a tal figurativismo (de los cuales los conocidos novísimos serían sólo uno de los ejemplos). La oportunidad del término me parece estratégica pues nos libera del aparente lastre reductivo que arrastra el marbete de "realismo" y de cierta incomodidad institucional que genera su aplicación a la lírica. Pero además cabe destacar que el diagnóstico que García Martín realiza de esta escritura figurativa reproduce en líneas generales nuestro análisis de las matrices discursivas centrales de la poesía "social" desde los 40: "Contra la modernidad", "El poema hablado", "Autorretratos", "Máscaras y personajes" son los títulos de algunas de estas secciones, sintetizando el programa en un rasgo central: "Su rechazo de la vanguardia, de la poesía que busca sorprender antes que emocionar, de las rupturas y los sinsentidos que hacen del arte una actividad circense" (p. 211).

social se ve intersectada por un discurso que contextualiza incesantemente sus componentes, obligando al lector a leer críticamente la realidad histórica a través del tamiz de una escritura que se niega como mera invención o juego verbal y se propone como discurso social emparentado con otros discursos y abierto a sus múltiples intersecciones (discurso político, periodístico, historiográfico).

Un "contradiscurso" (de acuerdo a la provocativa teoría barthesiana sobre los modos de subversión de la ideología dominante) que no se conforma con la inserción verbal en el nivel de contenidos contestatarios, sino que se propone como una empresa global de desmantelamiento del discurso modernista. Esta fragmentación asumirá un amplio registro, desde la repulsa a la institución literaria y a su objeto fosilizado ("¿Qué tiene que ver la vida con los libros?", o "Dios nos libre de los libros malos que de los buenos ya me libraré yo" dirá Blas de Otero)[59] a la propuesta de una poética de "deshecho" ("Esto es un poema./ Mantén sucia la estrofa./ Escupe dentro" dirá Ángel González).[60] Y aun es posible advertir claras proyecciones, aunque el tono difiera, en posturas de provocación antiburguesa y poses malditistas recurrentes a partir de los 70 (tal el "escandaloso" sujeto homosexual de Luis Antonio de Villena: "Sé bien que se murmura./ Pero yo no hago caso.(Y no se escandalicen los prudentes.)/ Que toda vida que se vive plena es vida para escándalo").[61] Donde opera la subversión del discurso dominante será pues no en la violación del significante o en un contradiscurso semántico, sino en la violación de las matrices discursivas vertebradoras del texto en el proceso de semiosis.

La consolidación de una ruptura estética en el contexto de la época (una poesía figurativa y crítica, frente a la tradición de una poesía radicalmente autogenerativa e intransitiva) se concreta a partir de un cuidado montaje autorreferencial que diseña las matrices alternativas al modelo hegemónico de la modernidad estética. La humanización forzosa de la figura del "poeta", la materialización del objeto en tanto producto socialmente orientado y concebido como práctica, y por último la dimensión temporal y comunicativa de la poesía ocupan el lugar de los antiguos mitos modernos.

No obstante, esta reflexión en sus mejores representantes no queda ingenuamente cancelada en este punto. Muy por el contrario, algunos poetas de los llamados "sociales" (quizá los mejores de ellos) ya focalizan la cuestión del signo lingüístico y comienzan a problematizar su capacidad indicial y su eficacia como vehículo de significación:

59.   Blas de Otero, *Expresión y reunión*, Madrid, Alianza, 1981.
60.   Ángel González, *Palabra sobre palabra*, Barcelona, Seix Barral, 1986, p. 293.
61.   Luis Antonio de Villena, *Poesía 1970-1982*, Madrid, Visor, 1983, p. 142.

> Un documento, no un poema.
> Un testimonio, una radiografía
> que no pretende ser hermosa, sino útil.
>
> Útil, tal vez, para mí solo
> (es decir, objetivamente inútil). ¡Qué tristeza
> este juguete que llega tan tarde!
>
> (José Hierro)[62]

La proclamada comunicabilidad de mensajes unívocos y estables y la traslación nominalista de cosas a palabras aparece cuestionada, aunque ellos sólo puedan en su momento dejar apenas esbozados sus límites. Serán poetas posteriores los que por diversas vías (desde la autorreferencia culturalista de algunos "novísimos" hasta la reivindicación figurativa de algunos "posnovísimos") desmontarán con agudeza las contradicciones del lenguaje y extremarán las posturas de relativismo lingüístico y retórica desmitificadora. Pero no parece inocente verificar que en esta misma poesía que comienza a gestarse a partir de la guerra civil en España no sólo se va a ir construyendo una teoría de la referencia sino que también y al mismo tiempo comenzarán a formularse sus límites, las grietas y falencias de las antiguas posturas miméticas, problematizando el vínculo entre lenguaje y realidad. Opina Margaret Persin que es precisamente lo que caracteriza a la tradición "posmoderna" "ese escepticismo básico e irónico ante la (im)posibilidad del arte comunicativo".[63]

No hay duda de que la voluntad común que movilizó estas poéticas tanto en España como en Hispanoamérica fue la necesidad de un profundo replanteo de las representaciones culturales dominantes, cuestionando su autoridad y su supuesta validez universal. Es así como se elabora entonces un modelo estético "realista" que, según señalara Roberto Fernández Retamar a propósito de Hispanoamérica, puede ser entendido como "un nuevo realismo, enriquecido con las conquistas de los últimos cuarenta o cincuenta años. La comprensible actitud defensiva frente a cierta concepción estrecha del realismo, no nos ha facilitado darnos cuenta de esto".[64]

Este nuevo realismo es a la vez experimental, literario y paraliterario, textual y contextual. Propone una reformulación de su circuito de consumo (del libro a la canción y a otras formas de "oralidad secundaria", que según Walter Ong, facilitan los *mass media*) y de su misma natu-

---

62. José Hierro, *Libro de las alucinaciones*, Madrid, Cátedra, 1986, p. 154.

63. Margaret Persin, "La imagen del/en el texto: el ékfrasis, lo postmoderno y la poesía española del siglo XX", en Biruté Ciplijauskaité (ed.), *Novísimos, Postnovísimos, clásicos: La poesía de los 80 en España*, Madrid, Orígenes, 1991, pp. 43-63.

64. Roberto Fernández Retamar, *Para una teoría de la literatura hispanoamericana*, México, Nuestro Tiempo, 1977, p. 157.

raleza por el entrecruzamiento de dos sistemas, oral y escritural, oponiendo a los textos hegemónicos lo que Edward Said denomina "una contrapráctica de interferencia", que subraya las afiliaciones sociales de los textos.[65] En el caso de España, estas poéticas constituyen una relectura y una reescritura de su historia y de sus textos consagrados, del sentido de la literatura y de la representatividad de sus producciones. Más aún, se perfila a partir de ellas una inscripción general de la escritura poética en dos direcciones:

- una línea de apertura del discurso literario a otros discursos sociales, del sujeto monopólico a otras instancias de enunciación, del lector convencional a otros circuitos receptores, produciendo un efecto de permeabilidad discursiva;
- una línea de fractura de los conceptos totalizadores y absolutos de la modernidad literaria, del yo, del poema, del lenguaje, del quehacer artístico en general, con una consecuente fragmentación de los componentes poéticos tradicionales, elaborando en todos los niveles del discurso estatutos ambiguos, dialécticos y contradictorios en permanente mutación.

La asociación de estas escrituras y sus sucesivas con los fenómenos de la transvanguardia y la posmodernidad (no en lo que éstas tengan de "movida" sino en lo que conllevan de cambio de actitud y de visión de las relaciones entre literatura y sociedad) dejaría quizá margen para cuestionamientos más integrales, ya que nos plantea como críticos el desafío de pensar la poesía contemporánea como partícipe de esa quiebra de una concepción epistemológica dominante hasta hace unas décadas y que la proximidad del fin de siglo acelera, poniendo en crisis las sucesivas "fes" sobre las que se montó el discurso cultural y filosófico de la modernidad.

Fredric Jameson concluye su artículo citado con un curioso "mito" (tal como él lo denomina) sobre los avatares del signo en su azarosa relación con la realidad desde la modernidad hasta la hoy llamada posmodernidad cultural, que puede servirnos de base para introducir una perspectiva ausente en su descripción, y que hemos intentado acotar teóricamente en estas reflexiones. Al estadio de correspondencia entre los signos y las cosas ("lenguaje literal o referencial") que reemplazó al antiguo "lenguaje mágico", le sucede otro de arbitrariedad, plenamente saussureano, que si bien no consigue "abolir el referente" le permite entrar al signo "en un momento de autonomía (utópica)" respecto de los objetos. Se trataría de la fase que denomina "movimiento

65. Edward Said, "Antagonistas, públicos, seguidores y comunidad", en Hal Foster (ed.), *La posmodernidad*, Barcelona, Kairós, 1983, pp. 199-235.

moderno": "Esta autonomía de la cultura, esta semiautonomía del lenguaje, es el momento del movimiento moderno, y de un reino de lo estético que duplica el mundo sin pertenecer por completo a él" (228). Este proceso se agudiza hasta hacer desaparecer "el significado", "la referencia" y hasta "la realidad", dejándonos tan sólo "ese juego puro y azaroso de los significantes que llamamos postmodernidad" (229). Sin embargo, una fase netamente dialéctica no aparece en su modelo, y es la que aquí he intentado focalizar: como reacción a la consolidación e institucionalización del modelo moderno se buscaría recuperar y resignificar el vínculo perdido entre signo y referente pero de modo diferente al de la premodernidad, superando el binarismo irreconciliable de lenguaje y realidad, praxis artística y praxis vital.[66] Al postular tal empresa de reconstrucción de la referencia, la misma práctica poética somete a revisión sus componentes, los cuestiona y asedia, los deconstruye y resemantiza, asistiendo a un *ilimitado* despliegue de alternativas posmodernas. Éstas no se reducirían pues únicamente al escepticismo generado por la "disolución de la referencia" (donde efectivamente asistimos al extravío de las cosas frente al monopolio de la reproducción de un lenguaje autorreferencial *ad infinitum*), sino que integraría dialécticamente formas de escritura abierta y permeable donde reencontramos una apuesta a la comunicación de la experiencia mediante la construcción efectiva de referentes donde reconocernos.

---

66. En este sentido, creo que las palabras de Juan Oleza y José Luis Ángeles van en la misma dirección, sugiriendo una superación de esta aparente aporía de la posmodernidad como "juego puro y azaroso de significantes" (en palabras de Jameson) que sólo denota el vacío: "Pero esta confesión [la de la imposibilidad de comunicar] es plenamente sintomática de uno de los gestos posibles de la posmodernidad, el de un nuevo pacto con la realidad, un pacto que la libra a ella de la amenaza de las utopías feroces, y a nosotros de la obligación ineludible de contestarla, pero también un pacto que abre nuevas posibilidades de entendimiento, más acá de la revolución pero también más acá de aquel girarse del lenguaje hacia sí mismo, enroscándose sobre sí mismo, para no reconocer otro universo que el de su propio laberinto. [...] En una ceremonia propia de la ameba la poesía se secuestraba a sí misma y el poeta excavaba gozosas trincheras tras las que parapetarse de la vida. [...] [Sin embargo] el lenguaje es un arma de doble filo, como casi todo: transmite lo que nos domina pero también se deja empapar por la protesta, la denuncia, la deconstrucción, el asco, el silencio, la duda...", en "La recepción de Miguel Hernández en la poesía española de los años 70 y 80", en *Miguel Hernández, Cincuenta años después*, Alicante, 1992, p. 248-9.

CAPÍTULO II

A VOZ EN CUELLO:
LA CANCIÓN "DE AUTOR"
EN EL CRUCE DE ESCRITURA Y ORALIDAD

Marcela Romano

> *Cantemos como quien respira.*
> Gabriel Celaya

> *...Las canciones son a la vez paisaje de un
> tiempo, huella de quienes las cantaron y foto-
> grafía de los suspiros tolerados o prohibidos
> de una sociedad.*
> Manuel Vázquez Montalbán

I. DESPLAZANDO FRONTERAS

Resulta evidente que la entronización de la comunicación masiva en nuestra cultura contemporánea parece polemizar, entre otras cuestiones, con el concepto acuñado como "literatura" y sus tradicionales modos de producción, circulación y recepción.

Con la invención de la imprenta y el advenimiento del mundo alfabetizado, la modernidad construye su artefacto de transmisión cultural, el libro (en tanto "texto escrito"), desplazando hacia la periferia la tradición oral en sus diversas manifestaciones.[1] Alrededor de aquél, crecen y se afirman prácticas culturales paralelas como la historiografía literaria, la crítica más o menos erudita, las academias, la legislación que regula el estatuto autoral y sus derechos. Éstos, con el tiempo, irán institucionalizándose como órganos normativos de opinión, mediante la construcción de modelos canónicos que darán origen a concepciones idealistas de las categorías "autor", "obra" y "lector".

La directriz clásica señalada por Jauss en su historia crítica acerca del receptor[2] fermenta a partir del romanticismo, en el armado de sus

---

1.   Respecto de estos cambios de paradigma, resulta sumamente iluminadora la lectura de Walter Ong, *Oralidad y escritura. Tecnologías de la palabra*, México, Fondo de Cultura Económica, 1987. Véase especialmente el capítulo IV.

2.   En su análisis del desarrollo histórico de la noción de "lector", Jauss afirma que "al concepto clásico de obra de arte autónoma le corresponde la contemplación en soledad como comportamiento paradigmático del receptor [...] El carácter artístico de la obra es definido con valores estéticos como perfección, forma como totalidad, contribución de todas las partes a la formación de la unidad orgánica, correspondencia de forma y

propias categorías operacionales. Si bien este movimiento parece problematizar el círculo cerrado de la ideología dieciochesca con la revalorización explícita de las culturas populares y las producciones literarias anónimas, por otra parte legitima el modelo proporcionado por aquélla, incluso profundizándolo.

Pero será la institucionalización de un discurso particular, el periodismo, el hecho decisivo que transformará las modalidades de producción, circulación y recepción de la obra escrita en el mundo contemporáneo.

El libro inicia su competencia con el folletín por entregas y, más tarde, a medida que el desarrollo tecnológico adquiera protagonismo con sus avances en el mundo de la comunicación, lo hará con el *magazine* (para todos los gustos y edades), los filmes, la radio, la televisión, la historieta, el disco.

El paradigma de la cultura escrita se enfrenta hoy con el de una cultura fundamentalmente audiovisual, que diseña a su vez nuevas categorías modélicas de los conceptos de autor, obra y receptor.

La pérdida del "aura"[3] con el ingreso del arte en los dominios del *amusement*[4] (y su consecuente reestructuración formal por la exigencia de otras funciones dominantes paralelamente y por encima de la función estética, preeminente en el relato de la modernidad), es solidaria con la noción de autor múltiple, emergente de la división del trabajo como estrategia ineludible de producción. Por su parte, la ampliación del circuito de recepción subvierte el patrón operativo de la fruición solitaria y contemplativa, que requiere de un receptor altamente competente, para entronizar la noción "democrática" de "público" (vasto, indiferenciado, de competencia heterogénea) que recibe arte más divertimento.

Toda una serie de lecturas críticas ("apocalípticas" e "integradas")[5] provenientes de la estética, la sociología, la psicología social, la antropología, las recientes ciencias de la comunicación, vienen dando cuenta, desde hace varias décadas, del imperio de un sistema del cual, a la hora de examinar el perfil cultural de nuestro tiempo, nadie puede prescindir. Al respecto, continúan siendo atinadas las observaciones de Umberto Eco:

---

contenido, o unidad de lo general y lo particular. El carácter modélico de la obra de arte puede legitimarse mediante lo ejemplar en sentido positivo (la tríada platónica de lo verdadero, lo bello y lo bueno), y también mediante una estricta negatividad (la nueva versión de Adorno de *l'art pour l'art)*" (cfr. Hans Jauss, "El lector como instancia de una nueva historia de la literatura", en José Antonio Mayoral (ed.), *Estética de la recepción*, Madrid, Arco, 1987, p. 73).

3.   Cfr. el concepto en Walter Benjamin, "La obra de arte en la época de su reproductibilidad técnica", en *Discursos interrumpidos I*, Madrid, Taurus, 1987, pp. 17-60.

4.   Cfr. Theodor Adorno, *Dialéctica del Iluminismo*, Buenos Aires, Sur, 1969, pp. 132 y ss.

5.   Cfr. Umberto Eco, *Apocalípticos e integrados*, Barcelona, Lumen, 1983.

Creemos que si debemos trabajar en y por un mundo construido a la medida humana, esta medida se encontrará no adaptando al hombre a estas condiciones de hecho, sino a partir de estas condiciones de hecho. El universo de las comunicaciones de masa -reconozcámoslo o no- es nuestro universo; y si queremos hablar de valores, las condiciones objetivas de las comunicaciones son aquéllas aportadas por la existencia de los periódicos, de la radio, de la televisión, de la música grabada y reproducible, de las nuevas formas de comunicación visual y auditiva. Nadie escapa a esas condiciones, ni siquiera el virtuoso que, indignado por la naturaleza inhumana de este universo de la información, transmite su propia protesta a través de los canales de comunicación de masa, en las columnas del periódico de gran tirada o en las páginas del folleto impreso en linotipia y distribuido en los kioskos de las estaciones (15).

Por todo lo expuesto, resulta conflictivo establecer una definición autónoma de esa práctica verbal denominada "literatura". La misma se encuentra hoy consciente y fuertemente comprometida con este universo de la comunicación de masas a través del intercambio y la fusión con entramados semióticos diversos (la música, la imagen) y con hablas sociales tradicionalmente estigmatizadas como "no literarias" (registros conversacionales y orales, protocolares, de poder, publicitarios, etc.). Esta situación pone en escena no sólo el borramiento de las fronteras entre los géneros literarios sino también entre los diferentes discursos de la cultura como texto global.

Gabriel Celaya, uno de los poetas "sociales" consagrado como tal por la crítica, reflexionaba de este modo ante la irrupción de la nueva canción española por los años 60: "Los nuevos medios de transmisión sonora -radio, micrófono, disco, magnetofón- están llamados a producir -si no han producido ya- un cambio en la poesía de signo inverso al que la revolución técnica produjo en su día, y mucho más radical, desde luego, que el de una a otra escuela poética".[6]

Las páginas siguientes intentarán aproximarse al fenómeno artístico de la canción "de autor" española a partir de los 60, modelo de comunicación poética alternativa que aún hoy -institucionalizado como género y con todas sus contradicciones- continúa dando muestras de su productividad y amplia recepción.

II. HACIA UNA TEORÍA DE LA CANCIÓN

Entre muchos de los posibles cruces surgidos del diálogo entre el sistema literario y otros discursos artísticos y culturales, la canción "de autor" española emerge -como la hispanoamericana- promediando los años 60. Canción "nueva", "popular" y, con un sentido más restringido,

---

6.   Cfr. Gabriel Celaya, *Poesía y verdad. Papeles para un proceso*, Barcelona, Planeta, 1979.

también llamada "de protesta" (aunque esta denominación angosta sus propuestas globales), se ofrece, sin duda, como un fenómeno de enorme interés crítico.

El camino de este producto cultural circulante dentro de la cultura de masas, la canción, se vincula con la literatura por dos vías programáticas, no siempre felizmente concretadas en su praxis: por una parte, la búsqueda consciente de un lenguaje poético propio, que supere las limitaciones impuestas por el modelo "industrial" de la canción de "consumo" (y consecuentemente, la vinculación intertextual con las prácticas literarias canonizadas, contemporáneas y tradicionales); por otra, la musicalización de poesía consagrada, operación que genera un tipo de vinculación transtextual sumamente productiva.

Dentro del marco todavía provisional de estas reflexiones teóricas, cabe preguntarse en principio, si podríamos hablar de esta canción en términos de una práctica poética problematizadora, y en qué sentidos constituiríamos esta primera definición.

En tanto "práctica" social, se constituye, diferenciadamente, como un "trabajo", que involucra las alternativas de su producción, su circulación y su consumo, es decir, autores, circuitos, receptores.

En tanto "poética", se impone la exploración y constitución de un lenguaje propio, que reconduzca la tarea del autor (y la del receptor, en el momento de su decodificación) hacia la priorización del proceso de producción textual, y no meramente hacia sus efectos. Este intento, que muchas veces se agotó en intenciones programáticas, pero que muchas otras -como en el caso de autores como Joan Manuel Serrat,[7] Lluis Llach o Joaquín Sabina, en letras de su propia autoría- las concretó en una praxis auténticamente renovadora, genera una alternativa "poética" en la medida en que concentra en el receptor la atención sobre el lenguaje, el "cómo" del proceso. Una canción, en suma, que exige ser escuchada, y en esa función dominante y prioritaria se constituye como objeto "estético". Una canción que, según observamos, acude fructíferamente al sistema de la literatura consagrada: por un lado, vinculándose con ella a través de fecundos cruces intertextuales; por otro, musicalizando las producciones de aquélla.

En este sentido, la canción "de autor" se sitúa en el sistema de la cultura contemporánea apoyada en un doble extrañamiento. Respecto de los medios de comunicación masivos construye, desde su interpelación al lenguaje, un espacio crítico de "desautomatización" frente a los discursos homogeneizados, facilitadores y en gran medida alienantes

---

7.   Véanse al respecto nuestros trabajos "Joan Manuel Serrat: la canción en tránsito hacia otros discursos", en *Cuadernos para la Investigación de la Literatura Hispánica*, 16, (1992): 144-153; y "Parodia y deconstrucción en la canción de Joan Manuel Serrat", en *Revista de Estudios Hispánicos*, 1993, en prensa.

con que aquéllos modelan gran parte de sus productos. Además de polemizar con el sistema de la literatura, tal como ésta se concibe a partir de la escritura, la canción "de autor" busca transgredir -siempre en sus programas, no siempre en su praxis- los moldes repetitivos y saturados de la "industria cultural" devenida con los medios, específicamente en relación con su pariente próxima dentro del sistema, la canción de "consumo". Más allá, y afortunadamente, de la rebelión instalada en el nivel temático, la "canción de texto" -como no azarosamente también se la denominó-[8] se rebela contra los clisés melódicos y verbales propiciados, no casualmente, por la más que masiva canción "comercial", proponiendo, a cambio, su esfuerzo por otorgarse un lenguaje poético propio y diverso. Un lenguaje tal que, justamente por su ruptura con los cánones de automatización reinantes en los medios, diseñe para sí un receptor participante, despierto, inteligente.

Respecto de la institución literaria, polemiza con ella en dos terrenos fundamentales. En primer lugar, según ya hemos desarrollado en otro lugar,[9] porque este género se constituye en el cruce de tres sistemas, uno de los cuales es el de la literatura. Los restantes, las artes del espectáculo y los medios de comunicación masiva. Esta triple "textualidad", que reconfigura horizontalmente los dominios de las prácticas artísticas al cruzar permanentemente los lugares de unas y otras -lo "culto", lo "popular", lo "masivo"-,[10] polemiza abiertamente con los territorios de lo canónico (respecto de la poesía "moderna" y, en general, de la poesía como "escritura") para exigir la constitución de un fuero normativo autónomo, regido por sus propias leyes y atendiendo a sus principios constructivos específicos. Todo lo dicho en virtud de evitar, entre otros perjuicios, la tan frecuente e injusta valoración del fenómeno en comparación con sistemas modelizadores extraños a sus reglas de formación particulares.

En segundo lugar, este género supone, como alertamos en el título de este trabajo, un retorno a la oralidad de la práctica poética, y

8.   Cfr. Washington Benavides, "Apuntes sobre la cuestión textual en el canto popular uruguayo" en *La del Taller*, 2 (febrero-marzo) 1985: 16.

9.   Cfr. nuestro trabajo "En torno a una canción diversa", en *Revista del CELEHIS*, I, 1 (1991): 135-144. Allí también se encuentra expuesto un perfil histórico y programático del género.

10.   Al respecto resultan esclarecedoras estas reflexiones de Néstor García Canclini: "Así como no funciona la oposición abrupta entre lo tradicional y lo moderno, tampoco lo culto, lo popular y lo masivo están donde nos habituamos a encontrarlos. Es necesario deconstruir esta división en tres pisos, esa concepción hojaldrada del mundo de la cultura, y averiguar si su hibridación puede leerse con las herramientas de las disciplinas que los estudian por separado [...]. Necesitamos ciencias sociales nómadas, capaces de circular por las escaleras que comunican esos pisos. O mejor: que rediseñen los planos y comuniquen horizontalmente los niveles". Cfr. Néstor García Canclini, *Culturas híbridas. Estrategias para entrar y salir de la modernidad*, México, Grijalbo, 1989, pp. 14-15.

entonces, una alternativa diferenciada de la poesía escrita, y consecuentemente también de su imaginario y de su historia, de sus circuitos y de sus artefactos. Esta "oralidad secundaria" -que supone, como la define Ong, la mediación de la escritura-[11] entronca la canción con las poéticas tradicionales de la oralidad, aunque con condiciones de realización muy diferentes y puntualizables. Situada en la encrucijada de dos paradigmas, "oralidad" y "escritura", la canción "de autor" se constituye, en las instancias de su producción, circulación y recepción, con las características de una práctica "moderna". Con este calificativo referimos el trabajo reconcentrado, solitario e intelectual que supone su codificación y su decodificación, su contacto voluntario con la literatura escrita, su fijación inmovilizante, como la escritura, en grabaciones, la automagnificación de sus productores -los "divos de protesta"-, etc. De otra parte es, a la vez, una práctica, en apariencia, digamos "premoderna", portadora de una oralidad que, aunque "secundaria" (y por ello, inquietantemente "posmoderna"), vehiculiza sus producciones; específicamente, en el dispositivo del recital, propicia la disolución de las fronteras autorales -entre letristas y cantantes, poetas y compositores-; se caracteriza por su carácter participante y colectivo, su función cronística e historiográfica, su eficacia situacional, su apelación al mundo afectivo y emocional en presencia de sus actores, su movilidad semiótica en función de los contextos. En suma, su carácter de gesto cultural totalizador, que borra las fronteras entre arte, cultura, historia y vida y con ellas, el concepto moderno, restrictivo e idealista, de "autonomía estética".

Ateniéndonos a la serie literaria de la poesía hispana -con inflexiones particularizadas en una y otra orilla- esta práctica, como puede inferirse, lleva a su realización, aun con ciertas restricciones, los postulados teóricos de las escrituras "sociales", que buscaron, de muy diversos modos, llegar a la "inmensa mayoría" ansiada, en España, por el poeta Blas de Otero.

III. DE LA PÁGINA AL SURCO: LA VOZ TRADUCIDA

En este apartado nos detendremos particularmente en la práctica que, dentro de este sistema alternativo, se constituye como la más visiblemente conectada con la literatura consagrada: la musicalización de poesía. Este último aspecto ha asumido una especial injerencia en la

---

11. "... con el teléfono, con la radio, la televisión y varias clases de cintas sonoras, la tecnología electrónica nos ha conducido a la era de la 'oralidad secundaria' [que]... se trata de una oralidad más deliberada y formal, basada permanentemente en el uso de la escritura y del material impreso..." (Ong, 134).

constitución del género y de ello da cuenta una larga lista de poetas -mayoritariamente hispanos- cuyos textos han sido musicalizados, a veces simultáneamente, por distintos solistas y grupos.

Entre los españoles contemporáneos, podemos citar a Rafael Alberti, Federico García Lorca, Juan Ramón Jiménez, León Felipe, Gabriel Celaya, Emilio Prados, Gustavo A. Bécquer, Blas de Otero, José Hierro, Ángel González, los Machado, Miguel Hernández, José A. Goytisolo, Jaime Gil de Biedma, Jesús Munárriz, Miguel Labordeta, Jesús López Pacheco... a quienes se unen poetas del Siglo de Oro como Quevedo, Góngora, Juan de la Cruz, y aun anteriores, como Jorge Manrique. Cabe sumar a los poetas peninsulares no castellanos, como Rosalía de Castro, Celso Emilio Ferreiro, Joan Salvat-Papasseit, Père Quart-Joan Oliver, Salvador Espriú, Josep Carner, Joan Fuster, Vicent Andrés y Estellés, Miquel Martí i Pol, Marta Pesarrodona, Gabriel Aresti... Y, finalmente, la reedición de cancioneros tradicionales de las diversas comunidades lingüísticas de España.

La transmutación intersemiótica[12] originada por estos procedimientos permite encuadrar la musicalización de poesía consagrada dentro del sistema polimorfo y heterogéneo de las prácticas de "traducción", lo cual exigiría la constitución prioritaria de una vía de exploración comparatística que dé cuenta de las alternancias producidas entre el texto inicial (poema) y el texto terminal (canción), tanto en sus características estructurales como contextuales.[13] A continuación desglosaremos brevemente estas reflexiones.

Concebimos la operación de musicalización de textos consagrados como una operación de traducción intersemiótica, aplicando uno de los tres tipos distinguidos por Roman Jakobson (intralingüística-interlingüística-intersemiótica) al referirse a procesos de traducción dados de la lengua a un sistema no exclusivamente lingüístico.

En el caso que nos ocupa, el poema es transcodificado para su ingreso en un sistema de signos más complejo, donde encontramos, en un nivel de existencia virtual, el texto verbal originario, en su hechura inicial, o (lo más frecuente) transformado y reorientado. De este modo,

---

12.   Llamamos "intersemioticidad", según la ha definido Roman Jakobson, a la operación por la cual se "traduce" un signo de un sistema semiótico a otro sistema semiótico diferente (en este caso, la palabra escrita y mediada por el artefacto del libro a la oral registrada en grabaciones). Cfr. Roman Jakobson, *Selected Writings*, II, París, Mouton, 1971, p. 566. Citado por Elvira Dolores Maison en *Estudios sobre la traducción*, Madrid, Lar, 1983, pp. 14-15.

13.   Algunos de estos aspectos los he trabajado en la ponencia titulada "Canción popular hispana: la otra voz de la poesía", en *Actas del III Congreso Argentino de Hispanistas. España en América y América en España*, vol. II, 1992: 875-880; y en "Machado por Serrat y Cortez: entre el *kitsch* y la recuperación de una nueva oralidad para la poesía", 1992, inédito.

el mismo pudo ser abreviado, sus versos estribillados, sus estrofas reubicadas, o combinadas con otras de otros poetas o de la autoría del cantautor, etc. Convive con el texto verbal un texto musical, creado por el compositor, adaptado a las pautas musicorrítmicas del primero o adaptador, por lo mismo, de este último. En una segunda instancia, donde este producto virtual es actualizado, contamos con dos nuevos sistemas semióticos: un texto vocal, de sentido tan variable como los sujetos que lo llevan a cabo, y un texto espectacular, con la misma productividad significante. Ambos, por lo mismo, portan consigo una importante carga de información connotativa que se suma a la generada desde lo verbal.

De este modo, el texto "fuente", "original", "inicial",[14] que pertenecía al sistema escrito de la literatura consagrada, ha sido "traducido" y, con este acto, se ha desprendido de su naturaleza escrituraria para ingresar en dos sistemas de los que se excluía: los medios de comunicación y el espectáculo, desde una nueva formulación, ahora oral.

En este sentido, según anticipamos, un primer paso de nuestra investigación debería ser la creación de un modelo de cotejo comparatístico, que permita acceder a las transmutaciones experimentadas desde la "fuente" al objeto "terminal", en sus diversos niveles. Por ejemplo, la indagación minuciosa de los textos originales en su cotexto respectivo, y el andamiaje crítico generado en su entorno. Con respecto al texto "canción", entre otras tareas, podríamos reconstruir la razón de las "decisiones" operadas en la abreviación, reorientación y combinación (con otros textos) del poema originario; analizar la relación establecida con el texto musical, en sus distintas versiones; estudiar el material semántico informativo aportado por los textos de actualización (el vocal y el espectacular), etcétera.

Ahora bien, la transmutación supone, al margen de las modificaciones semióticas internas, el nacimiento de un nuevo objeto discursivo que es necesario estudiar en una compleja red de relaciones con:

a. Un cotexto diferente (el álbum en que se inserta, las letras de las otras canciones, que proyectan, como los poemas en el texto original, su particular sentido).

b. Una serie de sistemas nuevos: el sistema cancioneril (canción de "autor") dentro del cual funciona; otros sistemas, como la canción de "consumo" y prácticas similares, dentro de los medios de comunicación masivos; las prácticas discursivas metatextuales (periodismo, crítica especializada, etc.) emergentes; el género de lo "musicalizado", y dentro del mismo, con las distintas "versiones" en circulación, y

---

14. Cfr. para esta clasificación el artículo de Susana Romano Sued, "La traducción y la transculturalidad", en *Palabras de la Tribu*, II, 2 (1991): 50-55.

también con las distintas vocalizaciones generadas a partir de una misma versión; con el sistema de la literatura consagrada (desde su nueva oralidad); con el sistema de las artes del espectáculo (la teatral -ligada al recital- y la cinematográfica -vinculada con el género del *video-clip*-).

c. El contexto sociohistórico vigente: comparación de las condiciones de recepción del poema original y la canción; desentrañamiento de los contextos interpretativos vigentes, cuya operatividad es significativa en el rediseño del texto de base por parte del compositor quien, en primera instancia, también es un receptor.

Frente a este fenómeno, que inquieta y desdibuja los límites del sistema literario institucionalizado y académicamente circunscripto, para llevarlo hacia terrenos no usuales y de sospechada venalidad, pueden presentarse a la reflexión crítica dos posibles direcciones, entre sí encontradas. La primera de ellas considera el trabajo de musicalización de poesía consagrada como un experimento más del *kitsch*, en cuanto ofrece una versión degradada y espuria del "verdadero" arte, cuya "aura" ha quedado fatalmente enredada en los engranajes de la "industria cultural" emergida junto con la sociedad de masas. En este sentido, la poesía musicalizada no sólo compartiría los rasgos más lesivos que caracterizan a su pariente cercana, la canción de "consumo", sino que, además, lo haría engañosamente, laureada por la consagración del hipotexto. La segunda posición, en cambio, aceptando el protagonismo insoslayable de los medios de comunicación y sus virtuales (y actuales) posibilidades de convertirse también ellos en generadores y transmisores de espacios culturales críticos, descubre en este intento una saludable estrategia de acercamiento de la poesía, presa de círculos cada vez más minoritarios, a un número considerable de receptores que, iniciados o no en la lectura de los autores musicalizados, encuentran en esta "nueva" canción una alternativa más exigente y productiva que la ofrecida por la canción de "consumo". En este sentido, nos parece pertinente explorar las posibilidades de esta segunda dirección reflexiva, a la que provisoriamente adherimos proponiendo la siguiente orientación crítica: creemos que la mayoría de los hipotextos transcodificados en letras de canción poseen, en su diseño original, una virtualidad oral (adscribible a las poéticas de tono "social", más allá de sus zonas históricas "generacionales", lo cual supone una común actitud ante el discurso poético y, fundamentalmente, una compartida "pretensión referencial") que permite su puesta en música sin degradar ni desnaturalizar su constitución primera. Podrá objetarse, desde una perspectiva esencialista, que las citadas reflexiones resultan obvias pues toda poesía es oral en su naturaleza "específica". Nuestra postulación matiza sustancialmente esta idea, en la medida en que se apoya en la convicción de que los géneros -o "tipos textuales", para usar una categorización más laxa- se constituyen histórica y no idealmente. En este sentido, al menos durante este siglo XX, podemos sin dificultad asegurar que la recepción del género se efectiviza casi exclusivamente a través de la escritura, que sus receptores -escasos- son lectores y que en la producción de sentido de dichos textos juegan tanto las palabras como la tipografía y la distribución en la página, todo ello sin contar con casos extremos en este sentido como la poesía caligramática y la concreta.

IV. ¿LA ENUNCIACIÓN EN PERSONA?

La cuestión del sujeto en estas poéticas alternativas debe estudiarse, creemos, a partir de la formación de esta categoría dentro de los paradigmas de "oralidad" y "escritura". En este sentido, resulta más pertinente hablar de "oralidades" y no de "oralidad" siguiendo a autores como Paul Zumthor y Walter Ong, quienes, desde los estudios literarios medievalistas y la antropología, han complejizado interesantemente este concepto. Así, Zumthor opone a la oralidad "primaria" (la de los pueblos sin contacto alguno con la escritura) las oralidades "mixta" (producciones escritas y oralizadas dentro del ámbito de las culturas populares) y "segunda" (oralidad nacida de una cultura erudita escrita, que identifica con la poesía de trovadores).[15] Ong, según vimos, distingue la oralidad primaria de otra "secundaria" correspondiente a "la actual cultura de la alta tecnología, en la cual se mantiene una nueva oralidad mediante el teléfono, la radio, la televisión y otros aparatos electrónicos que para su existencia y funcionamiento dependen de la escritura y la impresión" (20). Este desglose de un concepto que, a primera vista, parece ser simplemente la cara inversa de la "escritura" permite pensar de otro modo todos aquellos procesos de oralización que constituyen géneros instalados, como el que estamos estudiando aquí, en la encrucijada de estos dos modelos comunicativos.

La escritura como "tecnología" (Ong) implica una serie de condicionamientos específicos en las instancias de su elaboración y decodificación. Los rasgos de esta escritura/lectura son la inscripción gráfica, y por lo tanto visual y espacializada, la producción/recepción individual y mediatizada (en ausencia de sus participantes), el límite (material) del texto, su capacidad de ser reproducido idéntico a sí mismo (más allá de las alternativas perceptuales de su recepción), su posibilidad de ser recuperado en sucesivos actos de lectura (completos y selectivos), etc. Esto lleva a la constitución de un locutor abstraído de

15.   Cfr. Paul Zumthor, *La letra y la voz. De la "literatura" medieval*, Madrid, Cátedra, 1989, pp. 20-21.

su contexto de producción, a una voz desplazada y ubicua cuya particularidad fundamental es la de ser una "letra", una grafía que genera significados autónomos y prescindentes del sujeto vital que la produce.

Si este mismo texto escrito es implicado en procesos de oralización como los referidos líneas antes -lo cual lo somete a transmutaciones complejas de las que hemos hablado en el apartado anterior de este trabajo- el paradigma escriturario permanece provisoriamente suspendido detrás del paradigma oral, que varía por completo sus antiguas condiciones de recepción: ahora es escuchado, su percepción es auditiva y se realiza en la sucesividad temporal, por lo cual es, virtualmente, irrecuperable. La inscripción gráfica se corresponde aquí con otra sonora, verbal e instrumental. Al modelo de productor individual, discretamente implicitado en la escritura, sucede otro fuertemente explícito, presente, quien, simultáneamente con el texto, exhibe la voz, el cuerpo, los gestos, la vestimenta. El autor "ideal", el de la escritura, da paso a una corporalidad concreta y semióticamente irrepetible, a partir de la cual ya no es posible hablar abstractamente de "oralidad", sino de "vocalidad" y, mejor, junto con Zumthor, de "vocalidades".[16] En el caso de la poesía musicalizada, por ejemplo, importa menos el poeta que el cantante que la divulga, y este desplazamiento desdibuja la institución moderna de la autoría individual, surgida con la escritura, en favor de una nueva reorganización que va desde la concurrencia y la confusión autorales, hasta el reemplazo y desaparición del autor primero. Similar variación se promueve en el lado de los receptores: en el caso del espectáculo la recepción es siempre *en presencia* y operativa, con capacidad de respuesta y de reconducción inmediata del proceso de producción.[17] Cada interpretación y el marco que la incluye, el recital, aun cuando éste sea cuidadosamente previsto y secuenciado, son diferentes, por todo lo dicho, de otros posibles. En este sentido (sólo en este sentido) es imposible hablar, como en un texto (impreso), de límites, de configuraciones materiales que le otorguen la posibilidad de repetirse exacta e indefinidamente. Por eso mismo es también, como gesto sig-

---

16.   "Por el canto o recitación, aunque el texto declamado haya sido compuesto por escrito, la escritura permanece oculta... En el momento que lo enuncia, la voz transmuta en ícono el signo simbólico proporcionado por el lenguaje; tiende a despojar el signo de todo lo que tiene de arbitrario... [Por ello] prefiero el término 'vocalidad' a la palabra 'oralidad'. La vocalidad es la historia de una voz..." (Zumthor, 22-23).

17.   Para una ampliación de la cuestión "emisor" y "receptor" de la canción véase nuestro artículo de 1991, pp. 139-140. En este sentido resultan también muy enriquecedores estudios sobre semiótica teatral y espectacular, que desplazan la configuración de ambas categorías de la textualidad verbal al espectáculo como sistema "pluricodificado". Cfr. al respecto Fernando de Toro, *Semiótica del teatro. Del texto a la puesta en escena*, Buenos Aires, Galerna, 1987, y André Helbo, *Teoría del espectáculo. El paradigma espectacular*, Buenos Aires, Galerna, 1989.

nificante, irrecuperable: ninguna nueva audición será igual a *ésa* que acaba de finalizar.

El análisis previo se ha detenido en una forma de oralidad (u oralización de escrituras previas) que no requiere, necesariamente, de la mediación de las tecnologías contemporáneas. El mismo podría aplicarse tanto a musicalizaciones de hoy como de la Edad Media: oralidades "mixtas" y "segundas", cuya puesta en práctica revela, según hemos visto, las distancias respecto de la escritura, de sus artefactos, de sus modos de producción y de consumo.

Más problemática, en este sentido, se presenta la noción de "oralidad secundaria" que Ong menciona tangencialmente en su ensayo y que nos resulta pertinente explorar aquí. Pensemos en otra posibilidad de mediación, diferente en esencia de la del espectáculo, que necesita, esta vez sí, de la concurrencia de la tecnología de nuestro siglo: la grabación sonora.

Mediada por la electrónica, apoyada en materiales escritos y en la impresión, esta oralidad "secundaria" ya no puede diferenciarse tan radicalmente, como la otra, de la escritura. Ésta silencia la voz, o al menos la desplaza del primer plano enunciativo; la grabación no la borra, se vale sustancialmente de ella, pero la lleva al límite de su asepsia, abstrayéndola, fijándola, negándole su contexto de producción, su naturaleza dialógica, su concretitud. La grabación, como el libro, permiten el "clon", la reproducción infinita, idéntica a sí misma.[18] La audición de una grabación facilita, como en el libro, la selección individual, el salteo de "páginas" (de surcos), el regreso. En este sentido, estas formas de la oralidad secundaria liquidan la imposibilidad de la oralidad como tiempo de asir el tiempo a través del espacio, como hace la escritura. La vuelta de página también implica una ausencia, aunque sea momentánea. La linealidad del renglón es una forma de espacializar la temporalidad del discurso, de materializar dicha temporalidad en un orden de sucesividad. Las grabaciones funcionan, en este sentido, también como una escritura, como un espacio que permite recobrar, a la vuelta de la "página", en el surco anterior, el renglón de la voz, la cadena sonora que, de otro modo, se hubiera perdido para siempre.

Si el sujeto de la escritura es una palabra sin cuerpo y existencialmente recortada, si el sujeto del espectáculo es una voz, un cuerpo, un gesto, una identidad irrepetible, el de la grabación es un sujeto mixto, capaz de contener a los anteriores aun cuando a través de un estatuto que se percibe diferente de ambos. Voz que simultáneamente se acerca y se distancia, se exhibe y se oculta, nos inquieta en las grietas

---

18. Esta posibilidad de clonación se circunscribe solamente a los aspectos "materiales" de su producción, no así a las condiciones perceptuales de su recepción, que modifican sustancialmente esta fijeza significante a que aludimos.

de su perturbadora hibridez. Sus dominios borrosos remiten, en una doble tensión, a la oralidad en tanto práctica verbal premoderna y a la escritura como modalidad comunicativa casi excluyente de la modernidad. Sin embargo, su factura, mediada por la tecnología, es tributaria de la metáfora posmoderna de la "aldea global", aunque su relación con el paradigma posmoderno no acabe allí. Como la imagen televisiva y cinematográfica, la voz grabada es un simulacro, un sucedáneo eficaz pero mentiroso de un sujeto en realidad ausente que se finge presente. Ambas no son sino la escenificación de una subjetividad puesta en crisis, inclasificable y errática, de la que no sólo han dado cuenta las corrientes especulativas de nuestra época sino la totalidad de sus prácticas culturales.

* * *

Creemos que, en un universo donde las comunicaciones de masa han centrado los ejes del debate en torno a los discursos culturales de nuestro tiempo, el planteo de las cuestiones expuestas es una tarea que la crítica literaria no debe soslayar.

Más allá de las conclusiones a que podamos arribar una vez concluida nuestra investigación, procesos híbridos como la canción "de autor" española, que campea simultáneamente en la literatura, los *mass media* y el espectáculo (como gesto artístico totalizador), requieren, cuanto menos, su ingreso en el debate crítico. En este caso, como un género que cuestiona profundamente los criterios de "poeticidad" que, circunscriptos al libro y a la transmisión escrita, los artefactos culturales de la "era Gutenberg", hegemonizaron durante siglos los modos de circulación de la poesía.

La canción "de autor" española, se manifiesta, en toda su amplitud y según indicamos en el desarrollo de este trabajo, como un objeto crítico que polemiza, entre otras cuestiones, con los límites y la configuración de la práctica poética y la relación del sistema literario con los medios masivos de comunicación, atendiendo, simultáneamente, tres frentes de batalla. De un lado, su esfuerzo por acercarse a las formas tradicionales de poetizar, en la búsqueda de una opción que devuelva a la poesía su perdido destinatario colectivo. De otro, la interrogación profundamente contestataria a lo dado por los medios masivos, con la intención de crear -dentro de ellos y no enfrentada con ellos- un espacio para el disenso, la reflexión y la creatividad, más allá de polemistas "apocalípticos" e "integrados". Finalmente, su inserción dentro de los discursos culturales de la posmodernidad articulada en el cruce de oralidad y escritura, situación que invita a debatir en torno al diseño actual de ambos paradigmas, a menudo reducidos a una relación de oposición que esta práctica parece cuestionar, en especial a partir de su peculiar configuración de las categorías "voz" y "sujeto".

Esta triple tarea, que reconfigura los dominios de los campos artísticos e incorpora nuevos interrogantes en el diálogo de la cultura contemporánea, transforma la canción en un objeto de exploración necesario y legítimo para ser indagado por nuestra mirada crítica.

CAPÍTULO III

LA VOZ "SOCIAL":
FIGURACIONES DE UNA ENUNCIACIÓN EN CRISIS
(BLAS DE OTERO, GABRIEL CELAYA, JOSÉ HIERRO)

Laura Scarano

> *¿Qué voy a hacer con cinco o seis palabras,*
> *siete todo lo más, si el martes próximo*
> *saldré de España con españa a cuestas,*
> *a recortar palabras?*
>
> Blas de Otero
>
> *Cuando tú mueras, el poema*
> *habrá muerto. Cuando tú olvides,*
> *el poema habrá muerto.*
>
> José Hierro

La construcción del sujeto en la producción poética de los años 40 y 50, específicamente en la escritura canonizada con el rótulo de "social", es compleja y muchas veces ambigua. Esta complejidad ha sido escasamente advertida por la crítica, conformándose en subrayar una única dimensión: la del hablante comprometido, testigo histórico y juglar pretendidamente popular, cuya voz se erige como instrumento de lucha, denuncia y revolución.[1] Aquí ensayaremos un acercamiento menos convencional, pues no nos proponemos leer estas escrituras para convalidar el canon o refutarlo (¿son textos "sociales" o no?). Muy por el contrario, nuestro interés está centrado en prescindir de tal canon para proponer estas escrituras como articulación de modelos discursivos más vastos, de los que ya hemos hablado en el capítulo anterior.

Vamos a recorrer las alternativas de construcción de esa voz[2]

---

1.   Sería imposible citar aquí a todos los críticos que se han ocupado de la poesía de posguerra, especialmente de la llamada generación social (o primera promoción de posguerra); la mayoría de ellos reducen al carácter temático (socio-político) y a la recurrencia de ciertos clichés formales esta formación discursiva, o bien abordan la producción desde parámetros meramente sociológicos (esquema generacional). Algunas puntualizaciones ya hemos hecho en la introducción (sección II y notas 39, 40 y 41) y en el capítulo 1 (sección III).

2.   Sobre la categoría de "voz poética" véase "Persona", en *Princeton Encyclopedia of Poetry and Poetics*, Princeton University Press, 1974, p. 959. Además es valioso el aporte de Juan

"pretendidamente social" y sus figuraciones, como una puesta en crisis de la enunciación unívoca y monopólica del "ego" moderno de las poéticas de desvío simbolistas y vanguardistas. Para ello, focalizaremos el corpus poético de tres de los autores más representativos de dicho "canon social" (en opinión de una crítica mayoritaria), si bien reconociendo matices y grados diversos de concretización del mismo.[3] Analizaremos cómo aquel yo automagnificado de la poesía moderna no ejercerá más el monopolio de la voz textual, y será desplazado por un sujeto en proceso de dispersión, disociación en otros y colectivización. El rol de *poeta* ya no será exhibido en primer plano; el ego hegemónico quedará paulatinamente oculto tras la invasión de otras voces ajenas (intertexto, estructuras diálogicas de interlocución, enmascaramientos y fragmentación).

No se trata de postular la desaparición del sujeto en el discurso, ni de ilustrar una hipotética (e imposible) "muerte del sujeto". Por el contrario, estaremos atentos a su efectiva construcción, pero mediante claras estrategias orientadas a disolver su presencia como marca hegemónica: desmitificando la figura tradicional de la lírica -la del carismático "poeta"- para reivindicar su estatura humana y conferirle una ilusión de realidad material mediante la ficción autobiográfica; atendiendo a sus repliegues pronominales plurales y a sus múltiples enmascaramientos para constituirse en voz de "otras voces" (intertexto y polifonía); o bien emergiendo en el cruce de sus afirmaciones de colectivización y en sus mecanismos de fragmentación y fractura, hasta asistir a posturas terminales de desacralización y renuncia a la palabra.

Para ello, dividiremos su estudio en cuatro niveles: la (de)construcción de la figura del poeta, y su consistente desmitificación como arquetipo literario. El correlato autoral como estrategia de identificación del yo con el autor empírico, mediante la ficcionalización del ingrediente biográfico

---

Villegas-Morales, "Teoría del yo poético y poesía española", *Lexis* ,V, 1 (julio 1981): 87-93. Al concepto de "sujeto textual" desde el punto de vista teórico, tal como aquí lo utilizamos, nos hemos referido ya en la introducción.

3.   La cuestión del sujeto así como otras tantas cuestiones (tipología del destinatario, diseño textual de la instancia social, retórica conversacional, intertexto, construcciones dialógicas y dialécticas del enunciado, etc.) son estudiadas con minuciosidad en la obra completa de los tres autores citados y constituyen mi disertación doctoral, titulada *La poesía de Blas de Otero, Gabriel Celaya y José Hierro: una escritura en diagonal. (La constitución de una nueva práctica poética en la España de posguerra)*, Universidad de Buenos Aires, 1991 (inédita). Algunos capítulos de la misma han sido publicados en revistas de la especialidad: *España contemporánea* , . *Anales de Literatura Española Contemporánea* (Boulder), *Conferencia, Letras de Deusto*, etc. No será posible por razones de espacio citar aquí toda la bibliografía consultada para cada poeta; sólo haremos mención a aquellos estudios o artículos puntuales que resultan operativos para este trabajo específicamente. Del mismo modo para un estado de la cuestión crítica en torno a la llamada poesía "social" remito al detallado análisis de dicha tesis doctoral, en el "estudio preliminar".

y de la situación contextual de la escritura. Las modulaciones colectivas de la enunciación y enmascaramientos por los que el hablante asume otras identidades ficticias, o enlaces intertextuales que construyen un sujeto polifónico en el texto. Finalmente, la emergencia de un sujeto fragmentario, mediante mecanismos de disociación pronominal, fractura ideológica y figuraciones de la muerte y silenciamiento de la voz.

I. LA FIGURA DEL POETA. LA DESMITIFICACIÓN DEL ARQUETIPO

> *La poesía se gasta. Sólo tiene un momento.*
> *Escribamos de prisa lo imperfecto.*
>
> Gabriel Celaya

Frente a la tradición del sujeto lírico automagnificado (modelo romántico-simbolista), se construye en esta escritura un sujeto que se declara precario e insuficiente, desnaturalizando la figura carismática tradicional. El poeta dice renunciar a sus prerrogativas sobre la sociedad que lo circunda en un proceso de "rehumanización", baja de su sitial de escogido y abandona la aureola de *áristos* para asimilarse al hombre común.

En la poesía de Blas de Otero es posible advertir una deliberada construcción de este sujeto "antipoeta", plenamente humano, que repudia el aura privilegiada de su antecesor: "Aquí tenéis, en canto y alma, al hombre / aquel que amó, vivió, murió por dentro / y un buen día bajó a la calle..." *PPP*, 9).[4] La lexía poeta es eludida por las connotaciones implicadas en su uso social como categoría de prestigio y excepción. La polaridad poeta-hombre supone a la vez una segunda oposición poesía-vida. La obra como absoluto del poeta que huye de lo real para refugiarse en ella es invertida violentamente por un hablante que lucha por diferenciarse de una figura cristalizada por la tradición literaria: "Vuelvo a la vida con mi muerte al hombro / abominando

---

4.   Al corpus poético de Blas de Otero nos remitiremos de acuerdo a las siguientes ediciones (con sus respectivas abreviaturas):
AFH   *Ángel fieramente humano* [1950] y
RC   *Redoble de conciencia* [1951], en Buenos Aires, Losada, 1977.
PPP   *Pido la paz y la palabra* [1955] y
EC   *En castellano* [1960], en Buenos Aires, Losada, 1976.
EyR   *Expresión y reunión*, Madrid, Alfaguara, 1981. Contiene:
A   *Ancia* [1958]
QTdE   *Que trata de España* [1964]
M   *Mientras* [1970]
HMcLG   *Hojas de Madrid con La Galerna* [1969]
ENEUL   *Esto no es un libro* [1963]
PCN   *Poesía con nombres* [1977], Madrid, Alianza, 1983.
HFyV   *Historias fingidas y verdaderas* [1970], Madrid, Alianza, 1980.

cuanto he escrito: escombro/ del hombre aquel que fui cuando callaba", "Ahora vuelvo a mi ser, torno a mi obra / más inmortal: aquella fiesta brava / del vivir y el morir. Lo demás sobra"(*RC*, 154).

Este acto de rechazo de los versos ilumina la predicación de hombre que se atribuye el hablante como estatuto existencial superior al de poeta. Sin embargo, las oposiciones implícitas "hombre que calla-poeta que declama", vida como elemento esencial-obra como "resto" y "escombro" vuelve paradójico el mismo acto de escritura que las constituye.[5]

La desmitificación de la figura tradicional del poeta opera también en cuanto a su relación con la realidad. El poeta no posee una visión superior que le permite develar misterios ocultos, desentrañar enigmas ni mucho menos crear la realidad por la palabra. Por el contrario, el poeta es "tabla rasa", agente ineficaz para operar por la poesía la representación de la complejidad de lo real. La experiencia del sinsentido de la vida y del vacío enfrentan al hablante con una realidad que se sustrae: "...Silencio. Sopla. Se termina. / (Aquí el poeta se volvió a la rosa: / mas no la miréis más, se difumina)". El enlace intertextual con el célebre dístico de Juan Ramón Jiménez confirma esta voluntad de diferenciarse de una estética simbólica por la cual el poeta afirma crear en su poema el objeto mismo. Ante la visión que el hablante tiene de la muerte y la sangre (en clara referencia histórica a la situación española) se agudiza la precariedad del poeta y de su instrumento: "Pasa. La sangre pasa. Boca arriba. / Como los muertos. Como todo. Pasa. / (Aquí el poeta, blanco, sin saliva, / se vio perdido. Muerto. Y, tabla rasa)" (*RC*, 135). El poeta ya no es el vidente romántico, el demiurgo rubendariano; su oficio se revela inútil e incapaz de develar los supuestos arcanos. Ya no es más aquel ser sublime e ideal constructor de un texto absoluto, sino sólo un hombre precario y limitado, incapaz de anular la realidad contingente y, por el contrario, decidido a sumergirse en ella.

Esta ruptura con el credo monolítico del simbolismo y con toda estética trascendente derivará en un creciente escepticismo sobre las posibilidades del lenguaje como instrumento gnoseológico, sólo superado transitoriamente por la creencia en su eficacia pragmática. Tal eficacia se constituirá a partir de ciertas condiciones imprescindibles del sujeto (al que se seguirá llamando poeta habida cuenta de la resemantización del vocablo que desarrollamos). Su caracterización se realiza particularmente a través del empleo del paradigma social, donde el poeta es asimilado al obrero, al productor manual. Escribir versos se

---

5.   A éstas y a otras paradojas nos referimos más detalladamente en la tesis doctoral citada. Vale mencionar también, a propósito de la enunciación paradójica en la poesía de B. de Otero, el interesante estudio de Roberta Quance "«Escribo y callo»": Writing and self in Blas de Otero" *ALEC*, 18, 1-2 (1993), pp.69-87 y el de Sylvia Sherno, "The paradox of poetry in B. de Otero's *Esto no es un libro*", *Hispania*, 17, 4 (1987), 765-775.

transforma en una artesanía, en una actividad productiva para el entorno social: "Y como soy un pobre obrero / de la palabra, un mínimo minero / de la paz, no sé nada de la guerra" (*QTE*, 186). El oficio del poeta se desacraliza, se colectiviza, convirtiéndose en hacedor de un objeto más entre los producidos por la sociedad. Esta revalorización del poeta como trabajador manual es consecuente con la defensa del proletariado propia del pensamiento marxista que Otero comparte, junto con los postulados sobre el papel del artista presentes en el programa del realismo socialista: "*los que trabajan sobre el papel* (digamos poetas, grabadores, músicos...)"(*ER*, 201).

Este carácter social del poeta supone una relación estrecha del mismo con las realidades socio-políticas de su entorno. La emergencia del referente histórico contextualizado, la elaboración de episodios, anécdotas, alternativas de la serie social que funciona a modo de "supertexto", otorgará al poeta el carácter de testigo histórico, cronista de las injusticias y muertes acaecidas en España y de la persecución del régimen franquista: "Testigo soy de ti, tierra en los ojos" (*PPP*, 17). Es recurrente la localización del hablante como poeta circunstanciado, inmerso en una geografía específica y en un momento histórico concreto: "España, patria despeinada en llanto./ Ríos con llanto. Lágrimas caudales./ Éste es el sitio donde sufro. Y canto" (*PPP*, 31).[6]

El poeta, obrero de la palabra, debe ser no sólo testigo de la historia sino combatiente. La transformación de la palabra en denuncia configura un léxico específico ("grito"- "golpe"- "arma") que caracteriza indirectamente al poeta como soldado, revolucionario, hombre de acción.

La definición del yo como hombre y la consecuente repulsa de la categoría tradicional de poeta aparece claramente explicitada también en la escritura de Gabriel Celaya, integrándose a una reflexión desmitificadora sobre la figura del artista. Desde *Avisos de Juan de Leceta* (1961) el hablante busca distanciarse mediante diversas estrategias de la imagen tradicional del poeta elegido y carismático, que alza su voz por encima de sus congéneres. La actividad poética se atribuye a un sujeto definido como "barro sucio", "encochinado" por una vida "espesa y turbia". Su decir no es poesía sino lenguaje cotidiano: "Digo lo que dicen las gentes cualquiera", "Descanso y rumio poemas" (*Av*, 262).[7] El poeta

---

6.   Esta figuración del poeta como testigo inscribe su poesía en el género inaugurado por Walt Whitman de "épica lírica" o épica personal, que convierte al hablante en bardo, figura representativa de su entorno. Cfr. Eleanor Wright, *The poetry of protest under Franco*, Londres, Tamesis B. Ltd., 1986, p. 100.

7.   Para la cita de los textos utilizaremos las ediciones que se detallan a continuación, con la especificación de los títulos correspondientes y sus abreviaturas:
De: Gabriel Celaya, *Poesías completas*, Madrid, Aguilar, 1969.

    MS   *Marea de silencio*, 1935
    LMYLS   *La música y la sangre*, 1934-1936
    LSC   *La soledad cerrada*, 1947

se presenta no como un elegido sino como un marginal, ya que el hablante busca ridiculizarse generando una secuencia antitética a la que la tradición ha consagrado: "No soy muy inteligente, como se comprende,/ pero me complace saberme uno de tantos" (*TH*, 287).

La equiparación del hablante con su interlocutor busca derribar las

ME	*Movimientos elementales*, 1947
TH	*Tranquilamente hablando*, 1947
OP	*Objetos poéticos*, 1948
EPSF	*El principio sin fin*, 1949
SPAA	*Se parece al amor*, 1949
Av	*Avisos de Juan de Leceta*, 1950
LCBA	*Las cartas boca arriba*, 1951
LCCS	*Las cosas como son*, 1952
PyC	*Paz y concierto*, 1953
CI	*Cantos íberos*, 1955
DCEC	*De claro en claro*, 1956
En	*Entreacto*, 1957
ECESS	*El corazón en su sitio*, 1959
CeA	*Cantata en Aleixandre*, 1959
LBV	*La buena vida*, 1961
RE	*Rapsodia euskara*, 1961
M	*Mazorcas*, 1962
EDYER	*El derecho y el revés*, 1963
VO	*Versos de otoño*, 1963
LLS	*La linterna sorda*, 1964
BYDV	*Baladas y decires vascos*, 1965
MDB	*Música de baile*, 1967
LQF	*Lo que faltaba*, 1967
LET	*Los espejos transparentes*, 1969
CV	*Ciento volando*, 1953-1958

De: Gabriel Celaya, *Poesía urgente*, Buenos Aires, Losada, 1977

LDES	*Lo demás es silencio*, 1952
VA	*Vías de agua*, 1960

De: Gabriel Celaya, *Dirección prohibida*, Buenos Aires, Losada, 1973.

LRDD	*Las resistencias del diamante*,1957
PT	*Poemas tachados*,
EN	*Episodios Nacionales*,1962
CC	*Cantata en Cuba*,1968

De: Gabriel Celaya, *Poesía Hoy*, ed. de Amparo Gastón, Madrid, Espasa-Calpe, 1981.

LdC	*Lírica de cámara*, 1969
OpP	*Operaciones poéticas*, 1971.
F1XN	*Función de Uno, Equis, Ene*, 1974
LHA	*La higa Arbigorriya*, 1975
PP	*Poemas prometeicos*, 1973-1974
BDBNH	*Buenos días, buenas noches*, 1976
IS	*Iberia sumergida*, 1977
PO	*Poemas órficos*, 1978

Textos ensayísticos utilizados:

PYV	*Poesía y verdad* [1960], Barcelona: Planeta, 1979
EP	*Exploración de la poesía*, Barcelona, Seix Barral, 1964
IP	*Inquisición de la poesía*, Madrid, Taurus, 1972.
ItP	*Itinerario poético*, Madrid, Cátedra, 1976.
RP	*Reflexiones sobre mi poesía* [1985], Madrid, Universidad Autónoma, 1987.

fronteras tradicionales entre ambos, mediante un proceso de rebajamiento del poeta que rompe frontalmente con la imagen heroica y magnificada del yo escritural: "Soy un hombre vulgar (lo que no es poca cosa),/ soy feliz como puede serlo cualquier otro" (*TH*, 292). El yo se declara "blando y tonto", "de miseria pura", "pequeño, pegajoso" (*TH*, 286). Esta consistente voluntad de dibujar un sujeto análogo al "hombre de la calle" a quien destina sus poemas empuja al hablante a "representar" un personaje que, si bien se reconoce autor de poemas, repudia el rótulo de poeta y se presenta como hombre inculto, sin estudios literarios especiales, similar a cualquier otro: "Mi estómago funciona,/ mis pulmones respiran,/ mi sangre apresurada me empuja a crear poemas" (*TH*, 289). El yo reconstruye en su escritura las posturas cotidianas de todo hombre que ejecuta acciones triviales y mecánicas, como "Todas las mañanas, cuando leo el periódico" o la caminata matinal de "Con las manos en los bolsillos" o "Fin de semana en el campo", "En mi cuarto, con el balcón abierto", "Otras veces sufro, pero da lo mismo", etc. (*TH*). Esta proclamación del sujeto como hombre por encima del poeta se afianzará a lo largo de su obra: "Todo lo que intento locamente,/ ser ahora y aquí, ser sólo un hombre" (*LCBA*, 359). La categoría de poeta se define pues como una abstracción conceptual desprovista de realidad: "Es tremendo, Jesús: no nos dejan ser niños;/ quieren que tú seas pintor, y yo, poeta,/ que acabe en un oficio lo que era una inocencia./ ¡Prohibido, señores, jugar al paraíso!" (*LCBA*, 360).

En oposición, su práctica se define como una actividad social más entre las realizadas por los hombres: "Me fumo el cigarrillo de un poema./ Me rasco la entrepierna tristemente" (*LCBA*, 373). La ridiculización de la práctica para combatir su solemnidad convencional es consecuente con el rebajamiento de quien la practica y expresa el rechazo celayiano a la concepción anquilosada de la poesía como actividad clasista y de privilegio social y espiritual: "Por ahora aquí sigo/ fatigado, indeciso,/ tan cerca de la nada que me gusta hacer versos./ Hago también dinero./ Hago el amor. Y bebo " (*Av*, 263).

La "poesía inmortal" que evoca la belleza nunca roza al hombre y lo deja indiferente pues "la vida, ya se sabe, siempre es pequeña y sucia". La poesía que la expresa debe ser pues "mortal", "sin maquillaje": "Así que para andar por casa, uno se queda/ con la porquería tierna y terrenal,/ sólo temporal" (*OpP*, 77).   En una serie paródica de personificaciones de la poesía titulada "A la poesía no hay que hablarle de usted" establece los predicados esenciales del quehacer poético. La poesía es asimilada a los bienes de uso, temporales y perfectibles: "La poesía se gasta. Sólo tiene un momento./ Escribamos de prisa lo imperfecto" (*OpP*, 77). Perfectibilidad que extrema con la analogía de "poesía-prostituta" donde el ejercicio poético se define como violación, en abierto desafío a las connotaciones solemnes y moralistas de la poesía oficial: "Mis amigos se ponen de etiqueta/ para hacer el amor [...]/ mientras yo, con bajas miras, violo la poesía" (78).

En la escritura de José Hierro se plantea también, aunque en diferente tono, esta desmitificación del arquetipo mediante la oposición radical entre esteticismo y poesía comprometida o "testimonial". A la figura tradicional del poeta carismático (vate, vidente, elegido, iniciado) Hierro contrapone la del hombre afincado en su tiempo en un pie de igualdad con el resto: "El poeta es un hombre sometido a circunstancias temporales, zarandeado por los hechos, igual que los demás hombres. El poeta es una hoja más entre los millones de ellas que forman el árbol de su tiempo".[8] Su única distinción radica en ser "una hoja que habla entre hojas mudas", ser productor de un discurso que, por su condición representativa y por sus "raíces comunes", convierte el mensaje en testimonio colectivo: "Lo que dice de sí es válido para los demás". La nueva poesía se caracteriza para Hierro por "desdeñar la belleza abstracta, el poema como hermoso objeto fabricado, la evasión de la realidad circundante". Frente a la torre de marfil Hierro opone el testimonio; frente a los universales abstractos, la historia concreta; frente al objeto ornamental un discurso social, una teoría y una práctica de la acción: "La poesía dice y hace: hace lo que dice" (1962: 16).

El muy comentado poema "A un esteta", que prologa junto con otro *Quinta del 42*, presenta la articulación metapoética de este programa teórico, en oposición explícita al código dominante de un "arte puro" o "esteticista". El discurso opone ambas instancias mediante la representación de los dos productores: el locutor configurado como un "antiesteta" y el interlocutor aludido en el título, el "esteta" paradigmático. Quienes polemizan en cuanto a la identidad histórica del apostrofado (Juan Ramón Jiménez, los garcilasistas, los poetas puros) coinciden en adscribirlo a un modelo del que el hablante busca distanciarse.[9] El

---

8.   Los prólogos y prefacios a sus libros de poemas configuran un metatexto programático, legitimador por vía teórica de sus postulaciones poéticas, abarcando casi 25 años (1950-1974) de producción. Los más importantes que tomaremos en cuenta son los siguientes (remitiremos a ellos por el año de publicación):

1950 Carta-prólogo a CPCV (Santander, Proel), pp. 11-13.
1952 "Algo sobre poesía, poética y poetas" en *Antología consultada* de F. Ribes (Santander), pp. 99-107.
1953 "Poesía y poética" *Arbor*, 24, No. 85 (enero), pp. 26-36.
1957 Prólogo a *Poesía del momento* (Madrid, Afrodisio Aguado), pp. 7-13.
1957 (nov.) "Poesía pura, poesía práctica", *Ínsula*, 12, No. 132 (noviembre), 1 y 4.
1960 Introducción a *Poesías escogidas* (Buenos Aires, Losada), pp. 7-10.
1962 Prólogo a *Poesías completas*, 1944-1962 (Madrid, Giner), pp. 11-18.
1965 "Poética" en *Poesía española contemporánea (1979-1964). Poesía social*, ed. de Leopoldo de Luis (Madrid, Alfaguara), pp. 217-220.
1974 "Palabras para la presente edición" de CSM (Barcelona, Seix Barral), 7-9.

9.   La identificación del "esteta" con J.R. Jiménez ha sido rechazada sucesivas veces por Hierro, en "Juan Ramón comparado", *Ínsula*, 128-129 (julio-agosto 1957), p.11 y "La

discurso busca legitimar una postura disidente que abre un eje especulativo acerca de las características y condiciones de la nueva poesía propuesta. La ubicación de este poema como introducción al libro autoriza su lectura como metatexto programático que sienta las bases de su postura e ilumina las diversas facetas que se adscriben en el discurso a la nueva práctica. Quedan constituidos dos paradigmas opositivos, derivados de la situación de interlocución. El referido al tú, al oyente poético, está compuesto por "bellas palabras", "agua transparente", "belleza", "palabras maravillosas", "vino en copa de plata", "poeta"/"dueño", "Mi obra".[10] El referido al sujeto: "palabras sin aroma", "aguas rojas", "muerte", "poeta"/"hermano menor", "vida/muerte como obra" (229-230).

La nueva "preceptiva" consiste en proponer una poesía que no ponga orden en el caos de la realidad sino que venga a "nombrar las cosas", "a comulgar con ellas/ sin alzar vallas a su gloria". Poética indicial y comunicativa que se opone a una estética de dominación de las cosas por los signos convirtiendo a éstos en objetos autosuficientes. Aflora un concepto instrumental de la palabra como signo referencial y no simbólico, estableciendo una distancia entre las cosas y sus nombres. Las palabras no contienen la realidad ni la instauran (estética nominalista y simbólica), sino que la nombran, son "puentes" que edifican una relación insustituible. Por otra parte, el poeta no se erige en "dueño" de las cosas por medio de sus palabras; no hay tal "propiedad privada de la poesía", no hay pertenencia sino vínculo: "Nada te pertenece", "te crees dueño, no hermano menor de cuanto nombras". La concepción fluyente de lo real reside en una consideración primariamente temporal de esta relación hombre/cosas, poeta/mundo. No es "Mi obra" ya que "Tu fin no está en ti mismo". Frente a la hegemonía del arte, el hablante opone la realidad: "olvidas/ que vida y muerte son tu obra". Se trata de rechazar la poesía entendida como estética ordenadora y

---

nueva antología de J.R. Jiménez", *CHA,* 284 (febrero 1974). Joaquín González Muela, "Poesías de Hierro", *Revista Hispánica Moderna,* XXVIII (1962):50 y David Bary, "J. Hierro's «Para un esteta»", *MLA* 5 (octubre 1968): 1.347, sugieren la equiparación con Jiménez, mientras que otros críticos la rechazan.

10.   José Hierro, *Cuanto sé de mí* (Barcelona, Seix Barral, 1974), p. 236. Todas las citas se harán de esta edición de sus poesías completas que contiene los siguientes libros que consignamos con la abreviatura que utilizaremos y la fecha de la primera edición:

TSN	*Tierra sin nosotros,* Santander, Proel, 1947.	
A	*Alegría,* Madrid, Adonais, 1947.	
CPCV	*Con las piedras, con el viento,* Santander, Proel, 1950.	
Q42	*Quinta del 42,* Madrid, Editora Nacional, 1952.	
EY	*Estatuas yacentes,* Santander, Proel, 1955.	
CSM	*Cuanto sé de mí,* Madrid, Agora, 1957.	
LA	*Libro de las alucinaciones,* Madrid, Editora Nacional, 1964.	

En 1991 Hierro recopila sus poemas dispersos desde 1964 en:

Ag   *Agenda,* Madrid, Prensa de la Ciudad, 1991.

uniformadora que somete las cosas a su arbitrio, enmarcando la realidad, dominándola y creyéndose su dueña. Esta ordenación estética arbitraria que el hablante denuncia supone concebir las palabras como instrumentos de dominación sobre lo real. La nueva poesía, en cambio, se amolda al ritmo natural de lo real, que "talla y dispone" para la muerte, y se subordina al imperativo temporal de las cosas. Por consiguiente, la poesía es un discurso transitorio y provisional: "El cantar que hoy cantas será apagado un día/ por la música de otras olas".[11]

II. EL CORRELATO AUTORAL: LA FICCIÓN AUTOBIOGRÁFICA

> *En la vida*
> *hundí, enterré la pluma, removida*
> *debajo de mi nombre, blas de otero.*
>
> Blas de Otero

Se trata de una estrategia discursiva por la cual quedan homologados hablante y autor real. Este recurso del correlato autoral hace emerger en el texto un yo con nombre propio verificable, el del autor empírico, que se hace cargo de la voz enunciante a la vez que se apropia y explota la biografía real del autor. Como señaláramos en la introducción (I.4) a propósito de "La escritura del autor/ el autor como escritura" vemos cómo se construye en el texto una "representación verbal" análoga a la del autor empírico, que Mignolo define como "una semiotización del yo contextual de la enunciación" o "figuración enunciativa propia del

---

11.   En cuanto a la crítica especializada sobre Hierro, aproximaciones tematológicas son las que abundan y de ellas busca diferenciarse este estudio, por eso no abordamos aquí la discusión o análisis de temas puntuales relacionados con la perspectiva disolvente que proponemos (tales como el tiempo, la muerte, la vida). Esta veta ha sido agotada de manera productiva por críticos como José Olivio Jiménez (*Cinco poetas del tiempo*, Madrid, Ínsula, 1964), Douglas Rodgers ("El tiempo en la poesía de José Hierro", *Archivum* XI [1961], 201-230), Aurora de Albornoz (*José Hierro*, Barcelona, Júcar, 1981), Susan Cavallo (*La poética de José Hierro*, Madrid, Taurus, 1987), Pedro de la Peña (*Individuo y colectividad. El caso de José Hierro*, Valencia, Universidad, 1978), Emilio Miró ("José Hierro: *Libro de las alucinaciones*", *Cuadernos hispanoamericanos* 341 [noviembre 1978], 273-290); Emilio de Torre (*José Hierro: Poeta de testimonio*, Madrid, Porrúa Turanzas, 1983). Alberto Moreiras se atreve a una lectura derridiana sometiendo al término "política" a una redefinición ajustada a la problemática del lenguaje presente en la poesía de Hierro (*La escritura política de José Hierro. Antología*, La Coruña, Esquío Ferrol, 1987):"Lo político es o funciona aquí como aquello que preside las relaciones entre hombres y mundo" (p. 12). Cabe destacar por último, dentro de la ya profusa bibliografía crítica sobre Hierro (de la cual esta nota es sólo apretada síntesis), el estudio introductorio de Dionisio Cañas a José Hierro, *Libro de las alucinaciones* (Madrid, Cátedra, 1986, pp. 11 a 77), que advierte esta perspectiva escéptica y la integra a una meditación sobre la escritura como parte de "la poesía posterior a la modernidad" (p.12).

discurso autobiográfico".[12] Esta estrategia como procedimiento de correlación produce la ilusión de identificación de ambos sujetos: el de la situación discursiva y el de la situación contextual, buscado deliberadamente por el autor para producir un efecto de verosimilitud e historicidad. El espacio autobiográfico que se abre en la escritura trabaja sobre esa virtual relación de semejanza.

Blas de Otero en el prólogo a *Poesía con nombres* (PCN) reivindica el recurso del nombre propio como procedimiento de familiarización poético: "Así como había un diletante de la pintura que decía que le gustaban «los cuadros con gente», también en los poemas puede resultar eficaz que aparezca el nombre de alguien, que puedo ser yo mismo, o el vecino de enfrente, es un decir o el de al lado. Pienso que difícilmente habrá nada más humano o político que esto" (7). En la dedicatoria inicial de PPP se concreta la situación de escritura con el nombre propio del autor, la fecha de escritura del poema y el lugar. La intención de remitir la obra a un hombre concreto situado geográfica e históricamente naturaliza el acto poético acercando el receptor al sujeto y momento de la emisión. Su localización como portada y apertura del libro, bajo el molde estructural del testamento, le confiere caracteres prologales rompiendo la barrera estructural entre prefacio del autor (que expone sus móviles, destinatario y circunstancias de la escritura) con el corpus poético propiamente dicho: "Aquí tenéis, en carne y hueso,/ mi última voluntad. Bilbao, a once/ de abril, cincuenta y tantos./ Blas de Otero"(10).

El uso de minúscula para el nombre propio lo reduce a la categoría de sustantivo común y afirma esta intención oteriana de desmitificar la figura del poeta, convirtiendo al propio autor en un objeto más entre los objetos de la realidad, susceptible de textualización: "En la vida/ hundí, enterré la pluma, removida/ debajo de mi nombre, blas de otero" (ENEUL, 16).

Las circunstancias biográficas, correspondientes a la vida del autor empírico y fácilmente verificables, nos remiten al correlato autoral naturalizando la figura del poeta al dotarlo de una biografía real. Este carácter autobiográfico de los enunciados se actualiza mediante la apropiación del discurso por parte del sujeto de la enunciación a través de marcas deícticas personales y su combinación con alusiones a hechos biográficos. Es así como el lector se siente tentado a identificar al enunciador con el autor, aun cuando no siempre pueda verificar la veracidad de la correspondencia más que en el caso evidente del uso del nombre propio y algunos detalles salientes que virtualmente pueda conocer del autor en cuestión. Se inscriben en el texto aspectos

---

12.   Walter Mignolo, *Elementos para una teoría del texto literario*, Barcelona, Crítica, 1978, p. 237.

generales como su nacionalidad: "Yo soy un español de arriba de los ríos..." (*PPP* 47), o individuales como su nacimiento: "Bilbao, ciudad donde nací, turbio regazo / de mi niñez" (*HdMcLG*, 232) o su itinerario biográfico: "pasé / de Bilbao a Madrid" (*QTE*, 139), "Luego alcancé Moscú / [...] y bajé a Shangai [...] / y volé a La Habana" (*HdMcLG*, 232-233). Circunstancias biográficas como la muerte de su padre y su hermano: "Vivía en aquella ciudad donde perdí a mi padre y a mi hermano José Ramón" (*A*, 95); la dirección de la casa en que nació: "Nací en la calle Hurtado de Amézaga 36" (*HFyV*, 79); su filiación ideológica: "A los cincuenta y dos años sigo pensando lo mismo que Carlos Marx con la única diferencia de que le copio un poco pero lo digo más bonito" (*HdMcLG*, 247); etcétera.

También su evolución literaria y la referencia a sus libros, repetidos en numerosos poemas, concretizan la figura de un poeta cercano a sus lectores que lucha por quebrar la distancia impuesta por el carácter impreso de su canto: "Aquí está todo mi equipaje. / Cuatro libros, dos lápices, un traje." (*HdMcLG*, 250); "repartí unos trozos de viva voz incrustada en tres o cuatro trepidantes libros" (*PCN*, 77).

La incertidumbre sobre la propia identidad que aparece desde los primeros textos en la poesía de Gabriel Celaya no se reduce a un cuestionamiento abstracto o genérico del hablante, sino que asume las contradicciones sociales e históricas del correlato autoral que representa: el ingeniero vasco aficionado a la poesía.[13] Pero la presencia de este correlato en el texto no es tampoco unívoca y la dispersión del yo operada por marcas léxicas y gramaticales se complementa con la asunción de una triple identidad autoral por parte del emisor, utilizando los tres nombres y apellidos del autor empírico. Rafael Gabriel Juan Múgica Celaya Leceta se desglosa en los tres heterónimos responsables de tres segmentos del corpus, a Múgica le pertenecen los tres primeros libros (*MS, LMYLS, LSC*), a Leceta los libros que en 1961 recopilará bajo el título de *Los poemas de Juan de Leceta* (*Av, TH, LCCS*) y a Celaya el resto de la producción.[14] El recurso del heterónimo le permite una movilidad e irreverencia poética novedosa: "Este fantasmón que llamo Juan de

13.   Recordemos que Celaya va a Madrid en 1927 para estudiar ingeniería, por decisión unilateral de su familia. Sin vocación real finaliza la carrera en 1936 al tiempo que escribe poesía incansablemente, cultiva amistades literarias en la metrópoli y lee cuanto libro surrealista cae en sus manos. Ese mismo año recibe el Premio del Centenario de Bécquer (por *La soledad cerrada*) y regresa a San Sebastián con el secreto proyecto de oponerse a la decisión familiar de dirigir la fábrica y volver entonces a Madrid con un probable puesto de periodista en *El Sol*. Sin embargo, el estallido de la guerra frustra sus planes y permanece en San Sebastián; participa de la guerra civil como capitán hasta su rendición en 1937. Cfr. Angel Vivas, *Lo que faltaba de Gabriel Celaya*, Madrid, Anjana, 1984.
14.   Leopoldo de Luis en "Primera suma poética de Gabriel Celaya", *Revista de Occidente*, 29, 87 (junio 1970): 322, sostiene la identidad de Múgica-Leceta-Celaya como distintas expresiones de estados subjetivos y no desdoblamientos de personalidad o heterónimos, mientras que el mismo Celaya afirma lo contrario: "Heterónimo y no seudónimo, pues señalan un cambio radical en mi vida" (*ItP*, 13). En la entrevista con Ángel Vivas, ya citada,

Leceta se atreve a escribir lo que a mí me avergonzaría pensar", "... logra que su 'dezir' sea un 'digo, dice' tan en primera persona como en tercera, tan de Gabriel Celaya como de Juan de Leceta, o, si quieren, del Perico de los Palotes o el Don Nadie que me resume" (*PYV*, 29).

La atribución de la escritura a un hablante autobiográfico pero sin nombre unívoco socava los presupuestos literarios tradicionales y problematiza la figura de un autor único y omnipotente propia de la norma poética tradicional. Las marcas autorreferenciales que delatan la presencia del triple autor y sostienen -no obstante su problematización- la ficción autobiográfica, son muy frecuentes, desde *MS*: "Si es verdad que existo y que me llamo Rafael..." (46), "A ti suficiente don Juan de Leceta..." (*LCBA*, 402), "Yo, Gabriel Celaya, aspirante a poeta..." (*DCEC*, 126).

El correlato autoral se problematiza también al exhibir las contradicciones sociales producidas por su pertenencia a la clase dirigente (ingeniero al frente de una empresa) y su simultánea aspiración ideológica a confundirse con la clase de los oprimidos y marginados (el proletariado al que tiende por su filiación marxista). Esta fractura se explicita en numerosas ocasiones, como en el poema que dedica a un obrero de su fábrica, "A Andrés Basterra" (*PyC*), buscando equipararse a su interlocutor y superar la valla social (fractura ideológica que estudiamos con más detalle en la sección referida al sujeto fragmentario).

Interesa aquí analizar también los modos en que se verifica el diseño de este sujeto autobiográfico en la poesía de José Hierro, donde la figura del hablante aparece en numerosas ocasiones contextualizada mediante la utilización del correlato autoral, por el cual se adjudica al sujeto el nombre e identidad del hablante real o autor empírico: "Yo, José Hierro, un hombre / como hay muchos..."(*CSM*, 236).

La inserción del autor con su nombre y biografía en el plano ficticio lo convierte en una función verbal más integrada al orbe poético y en elemento capital de su estructura. La tradicional tendencia del lector de poesía a homologar el hablante lírico con el autor real se ve así reforzada por este recurso a la autonominación dotando al poema del carácter testimonial y seudodocumental al que Hierro dice aspirar en numerosas declaraciones.[15] Datos específicos de la vida de Hierro ingresan al

---

Celaya precisa el origen del uso de los heterónimos: "Cuando yo trabajaba de ingeniero, el Consejo de Administración me dijo que no era serio que escribiese poesía, entonces empecé a usar el Celaya. Pero luego hubo una temporada en que usé el tercer apellido, el Leceta. Fue cuando conocí a Amparo, fue tal revolución en mi vida, tal cambio, que empecé a usar el Leceta. Luego comprendí que aquello no tenía sentido, y todo aquel Leceta quedó incorporado al Celaya" (p. 83).

15.   Quiero destacar al respecto la postura ya citada de Dionisio Cañas en su introducción al libro de José Hierro, *Libro de las alucinaciones* (Madrid, Cátedra, 1986, pp. 11 a 77), donde señala que "uno de los temas principales de la poesía posterior a la modernidad es el de la definición de la identidad del autor [...], desde un yo que recupera su cotidianeidad dentro del tiempo histórico que le ha tocado vivir" (p. 12).

discurso como materia del enunciado, como aparece paradigmáticamente en el poema titulado "Historia para muchachos", una suerte de autobiografía personal, donde expone su infancia en Santander, su primer oficio en una fábrica como obrero cilindrador, su procesamiento por "adhesión" o "auxilio a la rebelión", su condena en prisión, otros oficios que luego desempeña en Valencia: "palero, moldeador, listero en unas obras..." (*LA*, 462).

Desde el principio el correlato autoral se identifica históricamente, y se ubica en un escenario y como parte de una generación en ruinas, destruida: "Pero estoy aquí. Me muevo,/vivo. Me llamo José / Hierro" (*A*, 153). La relación del hablante con la historia se verifica en diversos niveles diseñando la situación contextual del discurso. En principio hay una localización espacial precisa, España, referida al vínculo desplazado del sujeto con su tierra por la experiencia de un exilio interior. *Tierra sin nosotros* (1947) alegoriza precisamente este desplazamiento y ruptura agónica enfatizando la representatividad colectiva de la voz poética: "¡Qué sola, tierra, sin nosotros!" (p. 65). La trayectoria del exilio comienza con una separación del paisaje infantil (Santander)[16] a modo de "Despedida del mar". El destierro allí aludido no es separación física de su ciudad solamente, sino pérdida de su libertad ya que la ruptura la provoca no sólo la guerra sino su ingreso en la cárcel en 1939: "Y que ahora tenga que dejarte/ para emprender otro camino!", "Nunca jamás volveré a verte / con estos ojos que hoy te miro" (*TSN*, 28-29). La toma de Santander por los nacionales en agosto de 1937 convierte al hablante en un desterrado de su propia tierra, avasallada por el enemigo: "Y voy con un fantasma en mi costado/ mi trébol de ilusión encadenado/ desde mil novecientos treinta y siete" (*TSN*, 34). Sin embargo, la figura prevalente del exilio excede el marco personal y biográfico y se constituye en emblema semántico de un destierro colectivo. La mención del exilio forzoso de miles de españoles nos remite a la serie histórica que ficcionaliza en el discurso el drama y la escisión del desterrado, la pérdida del centro geográfico y cultural y sus consecuencias en los hijos, crecidos en un marco extraño (*LA*, 450). El pasaporte se convierte en figura emblemática del tránsito forzoso del exiliado, trámite que Hierro no utilizó porque no logró evadirse de la prisión: "Ese pasaporte era en mi mano/ una orden de libertad/ que llegó veinte años tarde"(*LA*, 453).[17]

16. Aunque nacido en Madrid (3 de abril de 1922), a los dos años Hierro se traslada con sus padres a Santander. Permanece allí hasta que estalla la guerra, presencia la entrada de las tropas nacionales en su ciudad el 26 de agosto de 1937 hasta que, procesado por "adhesión a la rebelión", ingresa en prisión en setiembre de 1939.

17. Sintetiza con precisión Pedro de la Peña en su tesis doctoral, pero más recientemente en su artículo "Ego y populus en José Hierro" que "cabe destacar al conjunto de su obra como una poesía del compromiso solidario con la colectividad que se realiza en el signo de lo autobiográfico" (p. 58), en *José Hierro*, Premio Nacional de las Letras Españolas, 1990 (Barcelona, Anthropos, 1991).

En numerosas ocasiones el hablante se ubica en el espacio de la cárcel y refiere, desde allí, su experiencia de aislamiento y prisión: "Desde esta cárcel podría verse el mar..." (ρ42, 239). La polisémica connotación de la imagen de la prisión no resta objetividad a la referencia biográfica; los textos que circunscriben al hablante al espacio cerrado de la cárcel tienen inequívocas marcas de la experiencia histórica autoral.[18] El poema "Reportaje" evoca la permanencia del autor en diferentes prisiones de España y diseña el espacio opresivo de la clausura con sus notas más distintivas: "todo es aquí sencillo, terriblemente sencillo", "sentimos parado el tiempo". La opresividad del deíctico "aquí" condensa la circularidad cerrada de este espacio mínimo que funciona simultáneamente como emblema de la muerte: "Porque sin una evidencia / de tiempo, yo no estoy vivo." (ρ42, 240-241).

La correferencialidad con la serie social sitúa el discurso en una línea especulativa que indaga las realidades históricas de la guerra, la derrota política y militar, el exilio, la persecución ideológica, la prisión, la dictadura y la censura. La proyección autobiográfica registrada en el discurso del hablante explora también la circunstancia de la guerra civil, que aparece como referencia puntual y generalmente se encubre tras expresiones elípticas como "lo que pasó", "el pasado amargo", "aquel momento". Ya sean giros metafóricos dictados por una prudente autocensura, o bien recursos obligados para disimular mensajes antipáticos al poder, no es posible desconocer en la poesía de Hierro la existencia de multitud de menciones al progreso de la guerra, a la crueldad de los enfrentamientos, a la experiencia amarga de la derrota, a la parálisis de la posguerra y la dictadura y a la organización clandestina de la resistencia.

III. EL SUJETO POLIFÓNICO:
MODULACIONES COLECTIVAS DE LA ENUNCIACIÓN

> *Y ellos ven, oyen la palabra mía*
> *andar sobre sus pasos. Llegaremos.*
> *Es todo cuanto tengo que decir.*
>
> Blas de Otero

Uno de los recursos que diseñan la instancia social con relación al sujeto es la modulación colectiva de la enunciación. En la escritura oteriana el hablante a veces logra progresivamente distanciarse tanto de

---

18. Sabemos que Hierro ingresa en la cárcel provincial de Santander en setiembre de 1939, y luego deambula por varias prisiones hasta 1944, con algunos breves intervalos de libertad: pasa por Comendadoras y Porlier de Madrid, Palencia, de nuevo Santander, Torrijos de Madrid y finalmente Alcalá de Henares.

la figura lexicalizada de poeta como de la proyección autoral, separando las dos caras aparentemente indisolubles de rol social y rol textual.[19] Este efecto se produce mediante varios procedimientos. El primer grado de desplazamiento de un yo unívoco y unipersonal se realiza a partir de la asunción de una identidad plural. El hablante individual afirma su "solubilidad", su disolución en el nosotros. Tal el neologismo "Yotro" (yo + otro) como intento de ruptura del aislamiento del yo y fusión con la otredad para construir un hablante plural: "Un hombre. ¿Solo? Con su yo soluble/ en ti, en ti, y en ti. ¿Tapia redonda?/ Oh no. Nosotros. Ancho mar. Oídnos"*(EC,* 176-177).

El desplazamiento pronominal (él-yo-tú-nosotros) marca esta voluntad de construir un hablante colectivo como sujeto del proceso de la escritura y es consecuente con su expresada intencionalidad de socializar el acto poético. Esto va a conducir al hablante a problematizar su estatuto existencial, recurriendo a otro procedimiento relevante en la constitución del sujeto, los enmascaramientos: "¿Quién escribe, quién me coge la mano? No es mía./ Nada me pertenece: ni la máscara ni el personaje" (*PCN*, 79).

En "El mar suelta un párrafo sobre la inmensa mayoría" el personaje poemático (el mar) se apropia de la voz textual y, si bien emula la actividad propia del poeta, renuncia a identificarse con tal categoría por su estrechez (conceptual y social): "Yo soy el mar que no sabe leer...", "Yo soy el mar desamarrado recuperando de tiempo en tiempo la tierra que en el principio me arrebataran"(*QTE*, 156). La enfática identificación del sujeto del enunciado (yo gramatical) con el mar y las definiciones del personaje que se autorretrata (iletrado, sometido a esclavitud, torturado y no obstante decidido a combatir por su libertad) apoyan la idea de la utilización de esta figura como correlato objetivo de la del poeta-juglar, representante del proletariado y del pueblo español en lucha contra el régimen. Para hacer verosímil la presencia de un hablante iletrado en el poema, se omite toda puntuación excepto al final de cada estrofa y se usan mayúsculas para iniciar las distintas secuencias.

Otro mecanismo de colectivización del sujeto enunciante, cuya categoría de poeta asumimos en la lectura pero que el mismo discurso problematiza, consiste en la reducción de la voz a simple nexo intermediario para introducir otras voces en calidad de hablantes que monopolizan el discurso. Es el caso de "Una carta" donde el proceso de lectura de la misma por parte del hablante básico absorbe la enunciación confiriéndole a Carmen, "una mujer española", el rol de hablante: "Levanté la carta [...]/ *Orihuela 4 2 56 / Querido hermano me alegraré...*". El poeta, convertido en narrador y comentador del enunciado de

---

19.   Cfr. Walter Mignolo, "La figura del poeta en la lírica de vanguardia", *Revista Ibero-americana,* 118-119 (enero-junio 1982): 131-148.

Carmen, se reduce a breves intervenciones entre paréntesis: "(deja una línea)", "(vuelta)", "(Otra carilla)" (*QTE*, 180). Y se define como copista fiel de una carta que representa al pueblo español, falto de educación (errores ortográficos de la carta), falto de pan y libertad (penurias económicas de la familia de Carmen y encarcelamiento del hermano, destinatario de la carta). El montaje peculiar de este poema y el desplazamiento del hablante para dar voz a quienes tradicionalmente no la tienen en poesía nos permiten inferir una serie de predicados que, por el recurso de dispersión de la voz textual, contribuyen eficazmente a construir un modelo de poeta que elude el monopolio obsesivo del discurso para dar cabida en su espacio de enunciación a otras voces.

Este procedimiento nos conecta con los enlaces intertextuales que Otero explota incansablemente. Su estudio merece un artículo aparte,[20] pero aquí interesa observar una de las consecuencias de tal tratamiento: la construcción de textos polifónicos cuya estructura se convierte en ejemplificación material del paradigmático hablante colectivo que la escritura oteriana propone. La polifonía de voces busca socavar la imagen de autosuficiencia de la voz monopólica tradicional e, indirectamente, contribuye a crear una imagen del sujeto que rechaza el universo autónomo y cerrado de la obra por una concepción fluida y dinámica. El hablante cede el espacio de la enunciación a otras voces que presentan textos reconocidos de la tradición literaria, predominantemente hispánica (ya sean de autoría reconocida o anónimos); conforman secuencias breves reconocibles (marcado su estatuto intertextual por el uso de letra cursiva) o bien largos fragmentos intercalados a breves apartes del hablante básico. El entramado intertextual busca diseminar la voz personal tras los ecos de voces muchas veces anónimas y plurales, las que otorgan carácter colectivo a la enunciación, como aparece en "Folía popular":

> En una aldea de Asturias
> oí una voz por el aire:
>> *Aquel paxarillo*
>> *que vuela, madre,*
>> *ayer le vi preso*
> (Se ha parado el aire).
>> *y hoy trepa el aire;*
>> *por penas que tenga,*
>> *no muera nadie;*
> (Me quedé mirando
> las nieblas del valle...)

20. Véase mi artículo, "Cruce intertextual y discurso polifónico en la poesía de Blas de Otero", *España Contemporánea*, VI, 1 (primavera 1993), pp. 7-22.

> *yo le vi entre rejas*
> *de estrecha cárcel*
> *aquel paxarillo,*
> (Se ha movido el aire).
> *y hoy trepa el aire.* (*QTE*, 161)

El mecanismo llegará hasta la virtual desaparición del hablante reemplazado por otras voces reconocidas de la literatura hispánica. El caso límite es el de "La muerte de Don Quijote" cuyo montaje (palimpsesto) busca disolver la figura del poeta como yo gramatical omnipresente en el discurso para reducirlo a una presencia en grado cero, detrás de un entramado de discursos ajenos (citas entrecomilladas correspondientes a diferentes autores: Cervantes, Quevedo, Darío, Vallejo, Heine) (*QTE*, 174-77). El rol del poeta será precisamente introducir otras voces, no hegemonizar la suya propia; bajar al omnipotente yo de su sitial y mezclarlo con el plural; borrar las fronteras entre textos y autores y fundir su voz con la de todos, cultos (intertexto) y analfabetos (Carmen, iletrados). La sostenida afirmación desmitificadora ("¿Qué tiene que ver la vida con los libros?" [*QTE*, 147]) se constituye en paradoja de un poeta que constantemente textualiza el objeto literario. La incorporación de otras voces y otros textos produce una escritura abierta que fluye por encima de libros, autores individuales y cronologías. El sujeto polifónico que emerge se transforma en compilador, editor, trabajando y refundiendo otros textos, transformándolos en una actitud de irreverencia lúdica. Los libros cerrados y las voces autónomas se abren para intercambiar sus discursos en una poética que repudia la estabilidad de la letra impresa y la irreductible univocidad del sujeto que la pronuncia.

La manifiesta dispersión que el sujeto de la escritura de Gabriel Celaya declara no se encauza en alteraciones significativas de la voz gramatical, que persiste en la enunciación en primera persona. No obstante, la meditación que partió del extrañamiento del yo progresa hacia la postulación de una voz colectiva como sujeto del decir poético. El primer paso hacia la asunción de tal entidad plural ha sido la disolución de la categoría autoral unívoca (por la utilización del triple heterónimo) y la desmitificación de la figura del poeta, tradicionalmente carismática y automagnificada.

En *Lo demás es silencio* (1952) la escisión del yo con los otros es objetivada a través del debate de dos personajes dramáticos, el Protagonista (poeta) y el Coro (pueblo). Allí comienza a despuntar la reflexión sobre la función del poeta y la dialéctica entablada entre su identidad carismática y las realidades y urgencias del grupo social que lo rodea. El Coro expresa las cavilaciones y reservas que el mismo Protagonista no se atreve a admitir sobre la legitimidad social de su condición de poeta: "¿Qué sabes de nosotros? Nosotros somos otros;/ni entendemos qué dices, ni tu voz nos arrastra./Nosotros somos pueblo. Nosotros somos nadie"(71). Tales reproches se canalizan como acusación en un remedo de juicio que ubica al poeta en el banquillo de los acusados, balbuceando una palinodia de defensas y justificaciones, mientras el coro funciona como implacable fiscal: "pues aunque sientes, no sufres/ en tu carne mi tiniebla" (77). La defensa del Protagonista evoluciona desde dudosas réplicas donde declara su aspiración de ruptura con el yo hegemónico ("No me gusto a mí mismo./ Quiero morirme en otro..."), hasta la proclamación de su nueva fe, que barre con toda la "cultura individualista".

El descubrimiento de la insuficiencia del yo empuja al hablante celayiano a declarar la disolución de la categoría de persona: "Me vuelvo mi contrario. Me niego en lo que digo" (91); la ausencia de centro metafísico: "angustiado, me siento un ser sin centro" (93); el carácter ficticio de todos los rostros del yo convertidos en máscaras: "La figura que muestro si me paro es tan sólo mi disfraz del momento" (95); la fabulación permanente de un yo consistente: "Me llamo yo a mí mismo./ Procuro imaginarme que yo soy yo y existo" (96). El ser es definido dialécticamente: "Yo soy lo nunca dicho del todo y no el ser fijo que llamo *yo* hoy catorce de agosto de este año" (96). El yo no es más que un eslabón en la larga cadena de metamorfosis del ser y sólo puede reconocerse a sí mismo por uno de sus nombres, el más representativo y siempre genérico, el de hombre: "De momento, soy hombre. Testimonio palabras. Palabras. Más que ideas. Poéticas palabras: Absurdas evidencias" (97)

Si esta nueva ontología disuelve la categoría individual del yo es para postular su condición plural, su esencia colectiva y transferible: "Los hombres de uno en uno no son nadie./ Tan sólo al ser en otros nos hallamos,/ respiramos tranquilos, descansamos" (127). La proclama final del Protagonista de LDES, "Quiero ser en los otros", intenta fundar un nuevo yo, descentrado de su núcleo individual, abierto a una corriente de vida colectiva que traspasa sus contornos y lo funde en una entidad plural, inaugurando así una práctica poética fundada en el carácter social de la voz enunciante.

En *Las cartas boca arriba, Paz y concierto* y *Cantos íberos* se consolidará la reflexión sobre los componentes esenciales de esta poética social proclamada. Paulatinamente el yo se definirá como un espacio vaciado de individualidad: "al hundirme en el mar ya no fui nadie", "ni nombre ni intenciones me quedaban" (LCBA, 356). Este yo disponible se declara ubicuo y se autodefine como "cualquiera", asumiendo la voz plural: "Vivimos de ser otros, cambiando entusiasmados./ Somos las disponibles conciencias descentradas,/ perdidas, extasiadas, en todo lo que existe" (LCBA, 400). En el discurso en prosa que abre PyC el hablante retoma los comentarios de Antonio Machado al decir popular "Nadie es nadie", para fundamentar su postulación de un yo plural, "de ese cualquiera que a fin de cuentos y cuentas todos somos vulgar y santamente" (495). El discurso integra versos a modo de ilustración de enunciados ensayísticos donde el hablante intenta racionalizar el proceso de construcción del "yo-nadie" que el título propone: "Todos somos cualquiera. Cualquiera vale por todo" (496), "vivimos unos por otros, unos con otros, todos para un conjunto", "el yo no existe. El yo es un encantamiento" (498), "todo vive por sí mismo y nos convierte en un lugar de paso", "Busquemos nuestra salvación en la obra común" (501).

Tales son, entre otros muchos, los fundamentos de su propuesta poética: destrucción del yo ensimismado, repudio a la concepción de un centro unívoco e individual, salvación del ser en el nosotros, desmantelamiento de la "propiedad privada de nuestra persona", "arte en situación": "El poeta se da a los otros [...], y al darse, no se reduce, crece perdiéndose" (*PyV*, 97), "yo pronuncio/ palabras en que dejo de ser quien soy por ellos" (506).

Este carácter anónimo retrotrae la figura del poeta a la del juglar popular, como lo expresará Celaya en el sexto punto de la famosa encuesta sobre poesía social realizada por Ribes para su *Antología consultada* de 1952: "Nuestra poesía no es nuestra. La hacen a través nuestro mil asistencias, unas veces agradecidas, otras inadvertidas. Nuestra deuda -la deuda de todos y de cada uno- es tan inmensa que mueve a rubor. Aunque nuestro Señor Yo tiende a olvidarlo trabajamos en equipo con cuantos nos precedieron y nos acompañan" (*PyV*, 74). La negación de la identidad junto con el rechazo u ocultamiento del nombre propio busca asociar al poeta con la imagen del portavoz colectivo que canaliza en su discurso las realidades y preocupaciones de su entorno social: "Pensadlo: ser poeta no es decirse a sí mismo./Es asumir la pena de todo lo existente,/es hablar por los otros...", "ser la voz ambulante", "es tan sólo en los otros donde vivo de veras" (504). Los diferentes poetas, los diferentes nombres no son más que facetas de una misma realidad, la de la poesía colectiva: "Sé que todos formamos uno solo" (511), "Y en mí hablarán los otros...", es "la nueva poesía sin autor que amanece..." (519).

La disolución del yo que veremos en la última sección a partir de la ecuación yo-nadie, convirtiendo al sujeto del discurso en mera función verbal, no revierte como en la tradición simbolista en la consideración del poema como absoluto autosuficiente. La despersonalización no conduce a una mera impersonalidad poética sino a una colectivización de la práctica. El yo se declara vacío disponible para ser llenado por cualquiera. Esta noción de "representación" ya estaba en germen en las diversas máscaras y desdoblamientos utilizados desde el principio como estrategia de simulación de la voz. Uno de los predicados que Celaya da al arte en uno de sus primeros ensayos es justamente el de "represen-tación" pues en tanto "modo de hablar" el arte es "siempre hablar para otro" y esto otorga a la poesía un carácter "espectacular" por la necesidad de un espectador: "El artista se inventa al margen de su circunstancia, una personalidad especial. [...] Representa. Pero en su obra se hace igual a su representación" (*PyV*, 55). "Poesía, sociedad anónima" extrema esta idea de representación: "Como yo no soy yo, represento a cualquiera,/ y le presto mi voz a quien aún no la tenga". Diversos poemas de *Operaciones poéticas* construyen la figura del poeta como función intertextual, al definirlo como "comediante": "como yo no soy yo, represento a cualquiera" (80); "Soy sólo un comediante, perdido en sus papeles" (*FIXN*, 107). Máscaras, fantasmas, apariencias, disfraces, espejos, variantes de un yo que "no tiene rostro", que "alquila su vacío", que "cuanto más se oculta/ más se parece a todos" *(FIXN*, 108).

Pero avanza más aún al proponer la destrucción de la categoría de autor individual y postular la propiedad colectiva y anónima de la poesía. La actualidad de esta concepción de la poesía como discurso constituido por el entrecruzamiento de otros discursos -un texto de textos o intertexto- privilegia su condición colectiva, no como propiedad privada de un sujeto individual, sino propiedad plural, autoría intertextual: "Los poetas sólo duramos en cuanto desaparecemos o nos transformamos en otros que, hasta negándonos, viven de lo que fuimos en cuanto nos presuponen" (*LdC*, 43). Títulos como "La poesía se me escapa de casa" plantean la difusión y reescritura, el plagio y el préstamo como posibilidades de concretar la aspiración a una poesía colectiva. En "La poesía se besa con todos" el hablante reivindica y reformula estas prácticas (plagio, cita, repetición, préstamo, apropiación) y otorga mayor importancia a la lectura y recepción del poema que a su producción y autoría individuales, formas institucionalizadas de la propiedad privada literaria que ataca (*OpP*, 81-82).

Este yo plural no es sin embargo una entidad abstracta; la colectivización de la figura del poeta en su dimensión humana (modulación existencial) se complementa con la ubicación del mismo en una circunstancia histórica concreta, España durante el franquismo (modulación política). Pero además este sujeto se definirá étnicamente desde *Cantos íberos* (1955) hasta *Iberia sumergida* (1977), celebrando sus orígenes y convocando a su sangre y a sus antecesores íberos para construir una nueva España (modulación racial),[21] consolidando el perfil contextualizado e histórico del sujeto.

En numerosas ocasiones un hablante plural se hace cargo del

---

21. En cuanto a la inserción social del hablante de este libro, como de otros como *Rapsodia euskara, Baladas y decires vascos, Iberia sumergida,* etc., Celaya explica: "Después de la poesía social yo busqué muchos caminos. El primero fue el de la poesía vasca. En aquellos años hasta el 64 el movimiento antifranquista se daba en el país vasco de una forma mucho más clara y más evidente y más violenta que en el resto de España" (Vivas, 90).

discurso en la poesía de José Hierro, arrogándose una representatividad generacional e histórica. Este sujeto emite su voz para refrendar el carácter colectivo de las angustias y opresión enunciadas. Las marcas plurales dibujan un sujeto que asume la primera persona del plural (nosotros), involucrando al yo poético con otros (sus compañeros de armas, los republicanos que sobrevivieron a la guerra civil, su generación) y no una mera generalización abstracta. *TSN* presenta a este sujeto desplazado, ausente, expulsado, exiliado de un espacio común. El epígrafe inicial de Pedro Salinas explicita el propósito colectivo y el carácter plural del poemario: "Ellos, ¿los ves, di, los sientes?/ Están hechos de nosotros,/ nosotros son" (63). El título de la primera sección, "Nosotros", refiere el discurso a esta entidad plural en la que el hablante individual busca fundirse. El título del primer poema, "Generación", especifica la naturaleza de este colectivo, trazando un autorretrato del sujeto plural: "Porque nacimos bajo el signo del cerebro. Pero ya todo/ se vino abajo una mañana" (43). Se trata de una generación escindida por la guerra, devastada por la muerte pero fortalecida en el dolor y la lucha común: "Pero vivimos. Llevan nuestras aguas la esencia/ de las muertes y vidas de vivos y muertos" (44).

Quinta del 42 (1952), desde su mismo título, retoma el concepto de un hablante colectivo en que se incluye el poeta actualizando la noción generacional.[22] La dialéctica soledad (individuo)-compañía (colectivo) aparece desplegada en el enunciado como una disyuntiva que el hablante busca superar, raíz de los males que lo aquejan: "Lo que no deshojamos juntos/ no podemos llamarlo nuestro" (191). Esta "aventura" colectiva de devastación, guerra y luchas por la liberación no se comprende si no es emprendida desde una instancia histórica plural: "Primero, no había nadie,/ luego estábamos nosotros./ Entre el «primero» y el «luego»,/ todo un sueño loco" (281).

En sus prólogos teóricos y declaraciones o entrevistas Hierro ha destacado reiteradas veces el condicionamiento de lo individual por lo colectivo y la existencia de un "denominador común" en cada época. Así puede afirmar que "cuando el poeta habla de sí mismo, está hablando

---

22. La expresión "quinta del 42" alude a la denominación utilizada entre las filas republicanas para el grupo de compañeros entre los que militaba el autor, que vivió la experiencia de la guerra civil. Recordando las circunstancias históricas que rodearon la composición de este libro, Hierro explica: "El título del libro se debe a lo siguiente: la quinta del 42 fue la última movilizada con motivo de la guerra española. Para mí representa esa quinta la juventud que soportó la tragedia de la guerra civil, sin que tuviera la posibilidad de salvarse por medio de la acción, pues no llegó a entrar en fuego. Me pareció el signo del fracaso pues su vida fue truncada, su destino torcido, ya no le quedó ni un recuerdo heroico". La cita viene de una carta personal de Hierro al crítico Douglas Rodgers, fechada el 26 de marzo de 1962, y aparece en la disertación doctoral de éste, "A study of the Poetry of José Hierro as a Representative Fusion of Major Trends of Contemporary Spanish Poetry", Universidad de Wisconsin, 1964, pp. 216-217.

de los demás, aunque no quiera" (1974: 13); "El poeta es obra y artífice de su tiempo. El signo del nuestro es colectivo, social. [...] Quizá la poesía de hoy debería ser épica" (1952: 100). El conocimiento que genera el poeta no es para Hierro mero autoanálisis, sino conocimiento del hombre en su dimensión genérica. Las consignas "hablar en plural", "hablar del tiempo que a uno le ha tocado vivir", corroboran su defensa de una poesía que comunique y refiera las realidades del entorno y funcionan como metatexto legitimador de este diseño de lo social presente en su discurso.

El plural gramatical no prevalece sin embargo, por eso el hablante prefiere la mayoría de las veces referir su discurso a un interlocutor que diseña, mediante el efecto de interlocución verbal, la dimensión plural del enunciado. El yo gramatical convive con el tú o el vosotros, que retoman la enunciación (función activa del interlocutor) o bien reciben la apelación (función pasiva del apóstrofe), pero que de un modo u otro constituyen una construcción desdoblada de lo colectivo, cuya operatividad (dotar al discurso de dimensión plural) persiste. La aspiración a referir el discurso a un auditorio amplio entronca esta poesía con la voluntad mayoritaria de otros poetas del momento al proponer una "poesía para los demás".

La función apelativa del discurso aparece así magnificada y se construye un paradigma reflexivo en torno a la función lector en muchos textos. Baste citar como ejemplo "El poema sin música", donde se traza una imagen del lector hipotético (narratario explícito del poema), capaz de descifrar el mensaje contenido en los versos. Se trata de una mujer próxima a ser madre, arquetipo generador de vida: "Sólo tú puedes comprenderlo,/ interpretarlo. Mi mensaje/ es bien sencillo...", "Si hay poesía subterránea en mis palabras, sólo tú / lo sabes..." (*csm*, 354). El discurso reproduce la instancia de lectura y el hablante especula en torno a las alternativas de recepción de su poema: "... un día,/ como este claro de invierno/ de mil novecientos cincuenta/ y tres, debajo de los pinos,/ leerás estos versos". La textualización de la instancia de producción y su ubicación cronológica (1953) busca equipararse con la de su lectura como continuidad no interrumpida por el circuito de manufacturación del libro (impresión, circulación, consumo): "Cuando ya el instante que los provoca esté enterrado [...] leerás estos versos". El libro, mero soporte material, no cuenta más que como efímero vehículo de transmisión del discurso: "y arrojarás el libro a un lado". La alusión a un pacto autor-lector, a una convención compartida de claves, otorga al artefacto su condición de objeto semiótico, productor de sentido sólo actualizado en la lectura. El poema se define como "crónica oscura", "nota escrita en la agenda", espacio de indeterminación de significados que recibe y completa el lector. La alusión a un sentido "cifrado" en los términos expuestos no invalida la común interpretación del poema como código elíptico para sortear la acción de la censura que limita el horizonte de selección de asuntos y palabras.

Pero la relación establecida entre esta escritura y su destinatario se considera como ingrediente esencial para la propia existencia del texto poético: "Cuando tú mueras, el poema/ habrá muerto. Cuando tú olvides,/ el poema habrá muerto". La función lector queda así magnificada en el circuito de producción de sentido, ya que su rol activo de intérprete y colaborador aparece en primer plano. Es en función del lector que el autor selecciona temas, motivos, recursos, ajusta el estilo, establece un sistema de referencias compartidas, construye en fin el texto poético.

IV. EL SUJETO FRAGMENTARIO:
DISOCIACIÓN, FRACTURA Y DISCURSO TERMINAL

> *Mas nadie ha muerto nunca sino definitivamente.*
> *Y entonces las palabras no tienen labios que las formen.*
> *Tarde se aprende lo sencillo.*
>
> José Hierro

El proceso de disyunción del sujeto se realiza en la poesía de Blas de Otero a través de mecanismos de disociación de la categoría unívoca de persona, desdoblamientos del hablante que manifiestan una ruptura con la consistencia del yo propia de la lírica romántico-simbolista. Aquí nos detendremos particularmente en aquellos desdoblamientos que se construyen a partir de la disyunción del sujeto en yo-tú como modalidad de fragmentación de la enunciación, tal como aparece en "Epístola moral a mí mismo", por el mecanismo de introspección y autoanálisis: "Dices «la vida», y piensas, ¿en qué piensas,/ cuando dices: «debo escribir» «me marcho»..?"(*QTE*, 184). Este circuito de interlocución interesa destacarlo porque se erige como procedimiento recurrente de caracterización del sujeto emisor, cuya exhibida fragmentación se convierte en mecanismo desmitificador de la figura del poeta tradicional, caracterizada por la solidez y espesura de su yo.

Dicha dispersión, también operada por la construcción de una enunciación polifónica, ya fue analizada en la sección anterior, al producir una colectivización literal de la voz mediante el montaje intertextual y el "palimpsesto". No obstante cabe destacar el consecuente fragmentarismo que conlleva, permitiendo diseminar al sujeto en múltiples voces, y predicando también del objeto su atomización en "hojas dispersas", "papeles", "residuos y átomos" (*HFyV*, 40). A partir de esta consideración fragmentaria se iluminan y comprenden otras constantes oterianas: su afán por borrar los límites entre sus libros, su gusto por antologizar su obra, el juego con los títulos, la autocita y manipulación de sus propios textos, su manejo del intertexto. Esta "poesíabierta" (*PCN*, 70), como la denomina, es una escritura fragmentada, tan temporal e incierta como la(s) voz(voces) que la enuncia(n). Poemas que como páginas sueltas pretenden evadirse de la tiranía de la letra impresa atomizando la estructura fija y cerrada del libro en "hojas dispersas", y desplazando la atención del sujeto que las emite a su propia condición -precaria e inconclusa- de existencia.

El proceso de disyunción del sujeto en la escritura celayiana, por el contrario, se manifiesta desde sus primeros libros, donde el hablante exhibe obsesivamente un conflicto que madurará a lo largo de su obra: la incertidumbre sobre su propia identidad. Una persistente tendencia a la confesión mediatizada y al autorretrato permite detectar en las variadas caracterizaciones que la voz poética realiza de sí misma un proceso de marcado extrañamiento del yo. La intención por desdibujar los contornos del sujeto textual conlleva una postulación de su inconsistencia material.[23] Los poemas de sus primeros libros, firmados como Rafael Múgica, ensayan ese tono impersonal donde el yo busca ausentarse del texto para volcarse a los objetos exteriores. Exclamaciones, secuencias nominales, enunciación impersonal se corresponden con la declarada afirmación del hablante a una identidad diluida en el espacio exterior, sin nombre propio. La recurrencia de la enunciación copulativa describe un hablante signado por un proceso dialéctico por el cual se afirma y se niega simultáneamente produciendo una ambigüedad creciente: "Ya no eres tú mismo/ como yo no soy yo" (*OP*, 185). La resolución de tal ambigüedad en una instancia plural aparece como aspiración declarada y preanuncia el giro que tomará posteriormente la poesía celayiana.

Ya hemos visto cómo en *Lo demás es silencio* aflora con evidencia la fractura existencial e ideológica del hablante, que se expresa en los términos de culpa y purgación, involucrando al correlato autoral en dicho conflicto; se trata de una alegoría de la escisión entre el individuo y la sociedad. La culpa ocupa un lugar central en el movimiento que el Protagonista realizará hacia su integración social: "Debe haber una causa, debe haber un pecado/ que explique mis miserias..." (64). Pero la destrucción del yo individual y la consecuente constitución de un yo social no parecen agotar la intención de Celaya por deconstruir la categoría poética tradicional de sujeto. La equiparación de los términos "yo"="nadie"="todos" no se detiene en la postulación del estatuto colectivo, sino que lo integra dialécticamente en un proceso que extrema los miembros equiparados y avanza hacia la anulación de todo com

---

23.   Este primer estadio de su obra, al que Celaya acepta denominar "surrealista" (si bien con modulaciones personales), va a introducir dos elementos que continuarán a lo largo de toda su producción poética (también en la etapa más definidamente social): la conciencia del yo como otredad bajo el lema de Rimbaud, "J' est un autre", y la consigna de Lautréamont, "La poesía debe ser hecha por todos, no por uno" (*RP*, 13-15).

ponente en el yo. A partir de *Lírica de cámara* (1969)[24] hemos visto cómo se busca deconstruir tal categoria: el yo se define como nadie, nada, vacío, cero, produciendo un borramiento completo de la función pronominal que busca despersonalizar absolutamente la categoría de persona o voz poética. El yo no buscará ya definirse como hombre, sino como signo, sustancia verbal, función gramatical.[25] El binomio indisolublemente unido de yo/texto se disolverá y fragmentará en una práctica que se declara colectiva y anónima, pero que se problematiza indefinidamente.

Su intento se canaliza hacia la formulación de un nuevo lenguaje, a primera vista profundamente distanciado de aquel transitivo y referencial postulado en la llamada "etapa social" (década del 50), pero que nace sin embargo del mismo impulso: "Si hay que romper el sistema, empecemos por romper el idioma" (*LdC*, 57). Tal objetivo poético-político será permanente en el corpus celayiano y confirma la unidad de impulso y consistente continuidad de su producción.[26] A partir de aquí recurrirá a un extremo experimentalismo donde la deconstrucción del lenguaje y la descomposición de los componentes verbales se convertirá en testimonio especular de la realidad histórica fragmentada, de la caída de los valores absolutos. La postulación revolucionaria de una nueva sociedad (ya no atada al credo humanista o marxista como en la década anterior) implica para Celaya la configuración revolucionaria de un nuevo lenguaje asentado en un texto que borre sus fronteras y destrone al yo de su centro. La nueva práctica enunciará la ausencia de centro metafísico, la vacuidad del yo egocéntrico nacida con el romanticismo y alimentada por posteriores movimientos poéticos. La ruptura de la cadena sintáctica y la subversión de la gramática pronominal (que configura lo que él denomina "teoría cuántica" del poema) denuncia su dispersión y diáspora en un movimiento centrífugo que nace del descentramiento del sujeto y del intento de disolución de todas las categorías poéticas tradicionales.

Si el poeta ha sido bajado de su sitial para definirse como "cualquiera" deja de ser "alguien" escogido, para ser igual que "nadie". Y esta catego-

24. Después de su incursión en la poesía vasca Celaya busca "otro modo de ir más allá de la poesía social. Esta poesía fue *Lírica de cámara*, un retorno a la física del átomo, a la física nuclear [...]. Era una versión física o físico-nuclear de lo que había sido la poesía social. Era un intento de llevar la poesía social, que ya estaba en decadencia, a otro nivel y ponerla de acuerdo con la física nuclear" (Vivas, 92).
25. Este problema lo abordamos específicamente en un capítulo de la mencionada tesis doctoral, referido a la teoría cuántica del poema elaborada por Celaya desde 1965.
26. Celaya reconoce etapas en su trayectoria poética que "los críticos literarios que son inevitablemente un poco simplificadores suelen llamar surrealista, social y órfica" (RP, 11), que corresponderían a tres estadios de conciencia poética: el de conciencia mágica (estética surrealista de sus primeros libros), el de conciencia colectiva (sus libros más difundidos, etapa central) y el de conciencia cósmica (estética órfica a partir de *Lírica de cámara*).

ría lo equipara al "todos" que define a los hombres comunes y anónimos del pueblo. La lexía "nadie" comenzará a adquirir otras connotaciones, como emblema de disolución del ego poético: "No somos uno en otro./ Somos nadie, nada más" (36). La propuesta de una lírica basada en la física cuántica posnewtoniana permite al hablante concebir un yo como microscópico desprendimiento de la materia, partícula elemental e insignificante de una única entidad material: "Tratemos de entender la minúscula parte/ que somos en el todo" (40).

Esta proclamación de la "muerte del hombre" significa un paso más en su intención de derribar el falso mito antropocéntrico sobre el que se asienta el pensamiento y el arte a partir del renacimiento y humanismo: "No ha muerto el hombre./ Tan sólo una imagen:/ La del hombre humano/ que se creía alguien" (52). El vaciamiento del yo de toda categoría humanista se presenta como una necesaria tarea de purificación para desechar y destruir los falsos mitos de la cultura occidental: la razón, el concepto de tiempo, la noción de individuación, la supremacía de lo abstracto sobre lo concreto, la existencia de un absoluto trascendente. A esta ruptura con el humanismo tradicional, Celaya la denomina "poesía órfica": "Yo, con conciencia órfica, quiero decir conciencia ecológica, dicho en términos muy simples; es decir que la conciencia colectiva de los poetas sociales era una conciencia humanista, pero no era una conciencia ecológica, que consiste en comprender que el hombre forma parte de un conjunto que no son sólo los hombres, sino que es la naturaleza y, a otro nivel, el cosmos, los planetas, que dependemos de todo y que todo es un conjunto" (Vivas, 91).

El discurso parece imponerse una misión correctiva socavando los fundamentos de una filosofía trascendentalista y cuestionando hasta su aniquilación todos los valores culturales consagrados: "¿Por qué explicar si no hay tiempo?/ ¿Por qué nombrar? No existimos" (36); "¿Qué significa sí o no?" (44); "Da igual el más-menos que el bien-mal" (46); "con el yo se ha muerto la metáfora Dios" (48), "sin historia humana,/ desaparezco [...] no estoy vivo ni muerto" (53). Tal despersonalización del yo supone la ruptura de los condicionamientos temporales y existenciales del hombre. El vacío en que este yo se instala se define por el grado cero, metáfora predilecta de la ausencia y la negación: "Sin tiempo. Persona-cero" (56); "oh impersonal cero-cielo!" (51).[27]

---

27. Este proceso de descentramiento del yo es similar al que Ricardo Yamal describe en la poesía de los "artefactos" de Nicanor Parra, con la que podemos establecer interesantes analogías con respecto a la poesía celayiana, ya que "no significa que no haya un sujeto que enuncia, lo que pasa es que su fragmentación no nos permite componerlo entero", y "su relato se descentra en aspectos fragmentarios" (*Sistema y visión de la poesía de N. Parra*, Valencia, Albatros-Hispanófila, 1985, pp. 72-73). A esta voz donde el yo lírico ha desaparecido, Norman Friedman la ha llamado "cámara" y la define en su artículo "Point of view in Fiction: The Development of a Critical Concept", *PMLA*, 70 (1955): 117.

Este proceso se continuará acentuando mediante dos estrategias simultáneas: la animalización y la automatización del sujeto escritural. La animalización no busca parodiar o ridiculizar grotescamente los perfiles del yo, sino desdibujar su individualidad humana, su condición de ser racional, reduciéndolo a un estado primario e instintivo. Del mismo modo, el proceso de automatización del yo lo reduce a su ser material tensando la analogía hasta sus extremos. Si el yo es un vacío disponible para ser llenado por cualquiera, es a la vez representación de todos: "Porque yo no soy nadie,/ disponible,/ puedo ser habitado por cualquiera,/ hablar como cualquiera " (*OpP*, 79). En *Reflexiones sobre mi poesía* (1985), Celaya explica cómo en su estadio de "conciencia colectiva" la poesía produce "un lenguaje que habla impersonalmente a través de él. El lenguaje que se dice a sí mismo: el lenguaje que nos constituye a todos y cada uno como un ser conjunto y colectivo" (18).[28] La realidad posee básicamente una estructura verbal y el hombre no domina el lenguaje sino que es constituido por él (*F1XN*, 115). Esta definición del sujeto como categoría gramatical supone la disolución de la jerarquización pronominal y la ruptura y subversión del idioma como conjunto de reglas (*LdC*, 55), así como la intercambiabilidad del sujeto pronominal, como aparece en "Delta-1" encabezado por la proclama "Yo eres tú"(*LdC*, 45).[29]

El proceso de descentramiento del sujeto no nace en Celaya de un nihilismo destructivo que se goza en la negatividad estéril; nace por el contrario de un impulso siempre presente por liquidar los falsos ídolos sobre los que se erigió la modernidad para fundar una nueva conciencia, un nuevo sistema representativo de la realidad: "A cierta edad, uno siente la necesidad de barrer su casa, y dejarla limpia de polvo y paja y

28.   Curiosas son las conexiones posibles de establecer entre este pensamiento y las tesis posestructuralistas, tales como las referidas a la "muerte del autor": "In literature it is language which speaks, not the author", palabras de Roland Barthes en su artículo "The death of the Author" (*Image-Music-Text*, Londres, Fontana, 1977, p. 143). O bien "Discourse is a sort of machine, and subjectivity in poetry -"The Poet"- can never be more than an effect of discourse, a god or ghost produced (by the reading) from the machine", palabras de Jacques Derrida en *On Grammatology* (Baltimore-Londres, John Hopkins University Press, 1976). Del mismo modo la concepción lacaniana busca mostrar cómo la subjetividad está siempre constituida con relación al discurso, cómo la ruptura ("the split") en el sujeto entre inconsciente y consciente aflora en el discurso (Jacques Lacan, *The Four Fundamental Concepts of Psychoanalysis*, Londres, Hogarth Press, 1977).
29.   Paul Olson en "Dos metafísicas del texto poético (Jiménez, Rodríguez, Celaya)"(*Actas del VI Congreso Internacional de Hispanistas*,Toronto, Universidad de Toronto, 1980) señala: "En el campo cuántico del poema, así como en el de la cámara de Wilson, ocurre, pues, un juego perpetuo de combinaciones, transformaciones y movimientos diferenciales de las partículas elementales con un juego regido por un principio de indeterminismo como el de Heisenberg. Entre las partículas elementales del idioma, la sílaba *yo* no tiene privilegio alguno. Más significativa que cualquier posible (pero dudosa) función referencial que tenga este yo es su función diferencial, pero no más significativa es la diferencia entre *yo* y *tú* que la que distancia *fa* de *fu*" (p. 541).

de esos trastos con los que uno se divirtió locamente durante muchos años. ¡Buenas noches, Cultura!" (*LdC*, 42). La filosofía humanista e idealista que concibe al yo como centro de lo real es el blanco predilecto al que convergen estos movimientos deconstructores de su poesía, desde el principio mismo de su obra. Como Celaya mismo declara en una entrevista: "A veces pienso que, en realidad, todo ha sido igual, y que a mí siempre me ha preocupado lo mismo: una apertura de conciencia. La poesía surrealista no es más que eso: cobrar conciencia de cosas que son inconscientes. Y la poesía social, lo mismo: sentir como propio lo que sienten otros. El ser uno con el otro, el llegar a un estado de conciencia que no es egocéntrico" (Vivas, 92-93). El sujeto en sus últimos textos aparece como una función más, asimilable a otros, repetible e intercambiable, fragmentado en un estallido pronominal que sin embargo se erige como objetivación concreta de una sociedad fracturada y en crisis.

Con diferente registro, es posible advertir también en la obra completa de José Hierro el entretejido de una compleja trama textual atravesada por un ingrediente disolvente. Se trata de una perspectiva de creciente escepticismo poético montada sobre una retórica de signo desmitificador. La lucha discursiva se traslada al enunciado mediante alegorizaciones del yo muerto, desmembramientos corporales declarados por el hablante, exégesis críticas del propio discurso de signo negativo, autoincitaciones al silencio, exhibición avergonzada y culposa del fracaso poético. La obsesiva recurrencia del hablante a estos tópicos terminales (cuya cúspide la constituye la renuncia a seguir escribiendo poesía), otorga dramaticidad a un discurso que se debate entre los límites de su existencia (configurada en la palabra) y su desaparición (condenado al fracaso y al silencio).

Existe, junto al diseño textual de lo social-colectivo, e imbricado en el montaje dialéctico de su estructura, una especulación desmitificadora que expresa diversas formas de fracaso y claudicación del sujeto en su credo poético y vital. Aparece una consistente fabulación en torno a su desmembramiento y muerte. El extrañamiento de la propia identidad, creado por los sucesivos desdoblamientos, se agudiza mediante la proyección en el discurso de un hablante que dice no reconocerse: "No es posible que yo/ sea éste" (*A*, 130). Este distanciamiento genera un vacío en el sujeto que contempla su propio cuerpo como ajeno: "Marcha mi cuerpo por la orilla./ Se detiene (no: me detengo)" (*TSN*, 57), "He dejado caído mi cuerpo entre flores azules" (*A*, 95). El desmembramiento físico supone la pérdida de una unidad pasada que el hablante busca recuperar unificando y recogiendo sus restos dispersos: "¿Dónde estaréis... ojos míos?" (*LA*, 422), "Pregunto por mí, tendido en el otro lado" (*Q42*, 268).

El máximo distanciamiento se produce cuando el hablante se aplica a describir su propia muerte, extremando la ruptura entre el sujeto que enuncia y el objeto del enunciado: "parece que ando por la tierra/ asistiendo a mi propio entierro", "yo, desde fuera de la carne,/ impasiblemente lo veo" (*TSN*, 57). Se explotan fórmulas asociadas al rito funerario ("Réquiem", "Epitafio a la muerte de un poeta", visiones de ultratumba como en "El muerto"). En este último poema es el propio hablante quien describe su estado de muerte desde un espacio cerrado y oscuro, que recrea el ámbito sepulcral (*ad inferos*):"Yo lo veo muy claro en mi noche completa./ Me costó muchos siglos de muerte poder comprenderlo..." (*A*, 96). Del mismo modo la alegorización del yo muerto en "Mis hijos me traen flores de plástico" construye un retrato naturalista de la muerte y sus estragos en el cuerpo, pero no sólo como descomposición física sino como olvido irremediable, carencia de luz y palabra: "Aquí me dejan bajo tierra. Es una tarde de febrero./ Todo es negro cuando se van. Y mudo"(*LA*, 456). Este discurrir fantástico sobre la propia muerte aparece reiteradas veces como único escape del dolor porque supone abolir la dimensión angustiosa del tiempo: "Imagínate tú que hace siglos que has muerto", "has roto los diques y flotas sin tiempo en la noche" (*A*, 118); "si muero, que me pongan desnudo [...]. Serán las aguas grises mi escudo/ y no habrá que luchar" (*ǫ42*. 247).

La aplicación del tópico barroco de la muerte en vida y la tradicional dicotomía cuerpo-alma reaparece asociada a la alegoría clásica del cuerpo como cárcel del alma; la muerte funciona como agente de separación de ambas zonas: "Cuando me muera, nadie/ sabrá que me he marchado", "Besarán a la cárcel/ que me tuvo encerrado" (*ǫ42*. 297). Pero con más frecuencia la imagen de la muerte construida en el discurso es la barroca en su fase destructiva, que somete a la vida a un deterioro lento asociado con el tópico clásico del *tempus fugit*: "¿No te mata la muerte/ que te matan los días?", "¿Todo en ti va esculpiendo/ su estatua de ceniza,/ cada vez que oyes, tocas,/ hueles, gustas y miras?" (*ǫ42*. 294). Esta visión fatalista aparece como una síntesis difícilmente lograda por el hablante, luego de atravesar un estadio romántico de ensoñación, donde la muerte se le aparecía como vida plena, capaz de otorgarle eternidad: "Pero yo que he sentido una vez en mis manos temblar la alegría/ no podré morir nunca. [...]/ Aunque muera mi cuerpo, y no quede memoria de mí" (*A*, 97). En su último libro esta afirmación es literalmente retomada y el hablante la cuestiona y corrige, negando su validez: "Pensé alguna vez que quien vive sólo un instante, nunca/ puede morir. Quizás quise decir que sólo aquel que muere/ un instante sabe lo nada que es vivir./ Mas nadie ha muerto nunca sino definitivamente./ Y entonces las palabras no tienen labios que las formen./ Tarde se aprende lo sencillo" (*LA*, 457)

El fracaso que admite el hablante adopta diversas formulaciones y configura una crónica de sucesivas decepciones. El hastío, la derrota, la inutilidad de la lucha, el agobio de la historia, la irremediable soledad, son formas terminales de un vencimiento inexorable que en el volumen total de esta poesía configuran una visión disolvente de las esperanzas y luchas simultáneamente construidas en el texto.

El diseño de la instancia social construyó un credo político y poético basado en la actitud de denuncia y testimonio, la solidaridad colectiva, la proclamación de la lucha contra las fuerzas opresoras. Sin embargo, esa instancia es corregida por el mismo discurso alternativamente mediante una perspectiva escéptica del hablante que afirma su fracaso e inutilidad: "Nunca jamás. Oh nunca/ podremos hacer nada./ Nos hiere el desaliento/ con su flecha de plata" (*CPCV*, 204); "Después de tanta lucha estéril,/ qué apacible dejarse ir" (*CPCV*, 213). La pasividad supone una conciencia derrotada: "Sé de fijo/ que ya se ha acabado la lucha" (*CPCV*, 222). Es "una muerte anticipada" que recluye al hombre "a su soledad inevitable" (*CPCV*, 177). Una agonía que comprueba que "el terso sueño/ se ha roto. Ya no hay caminos" (*CPCV*, 199), "Yo, José Hierro, un hombre/ que se da por vencido/ sin luchar" (*Q42*, 237). El resultado existencial de esta derrota es el hastío de vivir y la impotencia que lo inmovilizan: "Qué cansancio, Dios mío,/ de todas las cosas" (*Q42*, 308), "Ya no me importan nada/ mis versos ni mi vida" (*LA*, 466). Esta visión derrotista genera un creciente escepticismo ante la posible existencia de una verdad que justifique los esfuerzos (*LA*, 456). La imagen resultante es la de un hombre que ha sido despojado de todas las amarras que lo sujetaban a la vida, muerto en vida no por el paso acelerado de un tiempo existencial sino por el profundo sinsentido al que lo arroja el fracaso acumulado de sus ideales: "Inútilmente interrogas/ desde tus párpados ciegos./ ¿Qué haces mirando a las nubes,/ José Hierro?" (*CSM*, 373).

El escepticismo poético aflora en reflexiones autorreferenciales que analizan este camino de frustración y decepción.[30] A partir de *CSM*., con más insistencia, se articula un movimiento deconstructor de la fe poética, pero cuyos antecedentes pueden rastrearse abundantemente en alusiones anteriores. Al final de *CPCV*. el hablante ensaya posturas antitéticas y opone en los dos últimos poemas del libro las dos actitudes

---

30. Es notable advertir cómo la mayoría de los críticos se resisten a advertir el peso de este escepticismo en la poesía de Hierro, excepto el caso de Moreiras y Cañas. Albornoz dedica parte de su libro a la poética del autor, titulándolo "La salvación por la palabra", con subtítulos tan sorprendentes como "De la afirmación de la vida sobre el arte, a la visión del arte como sustitutivo de la vida". Susan Cavallo, por el contrario, admite "una radical desconfianza de Hierro ante el lenguaje", sin embargo ahí queda su reflexión y no avanza en el análisis con la excusa de que "no es mi intento entrar aquí en cuestiones que corresponden a la estética" (49), trazando una incomprensible barrera entre texto poético y concepción estética. Por el contrario, Cañas advierte que la muerte del sujeto que aquí se registra es "una muerte de doble signo: la de la voz del poeta que se encuentra al fin de un proceso de iniciación y conocimiento a través de la poesía, y la de la madurez del hombre cuyo cansancio parece haberle llegado muy prematuramente" (69).

posibles ante la poesía y el futuro: la de "El indiferente": "para qué queremos músicas/ si no hay nada que cantar" (152); frente a la de quien lucha por expresar su "Fe de vida": "... aunque todo esté muerto/ yo aún estoy vivo y lo sé" (153). La proyección posterior de su poesía consolidará la primera postura, deteriorando esa fe de vida frente a la conciencia generalizada de la muerte y el fracaso.

La perspectiva escéptica en torno a la misma poesía genera una serie de postulados antipoéticos, expresando el carácter utópico del propósito estético. Una serie de poemas diseñan, al modo de artes poéticas no declaradas, la intención del sujeto. En un poema de *Alegría* distingue un estadio anterior de su evolución donde era posible fundar nexos con las cosas a partir del poema: "Primero la palabra/ tuvo un sol invisible", "las cosas, dentro/ de la palabra, libres/ de la palabra, abrían/ silenciosos países". Frente a ese pasado, en el presente el poeta ha perdido la clave de tal asociación simbólica, y la poesía se convierte en instrumento paradójico que no se conecta, sino distancia, de lo real; concepción desacralizadora que descubre las relaciones conflictivas entre las palabras y las cosas: "Pero se han ido haciendo / las palabras difíciles" (126).

"Antes decía: «Arbol/ inmóvil, montes pálidos...»", "Antes nombraba todas/ las cosas, como si ellas/ fueran mis creadoras, mi creación": la estética pasada se erige como un modo de aprehensión simbólica de lo real, que produce por el nombre una síntesis ontológica con las cosas. Pero de inmediato el hablante confronta esa estética pasada con la presente. El metalenguaje transforma a las palabras en signos distanciados de los objetos que nombran, significantes enajenados de correspondencia con las cosas reales:

> Ahora digo: "mar, monte,
> árbol", como si fueran
> los olvidados, muertos
> de mi mundo encendido.
> Pero cómo decir
> "árbol", si ya no puedo
> hacer que mi palabra
> dé verdor a su copa;
> "mar", sin que mi palabra
> agite sus espumas... (*CPCV*, 195)

En repetidas ocasiones el hablante manifiesta su inseguridad ante la palabra adjudicándole predicados que niegan su valor referencial: "Palabras difíciles", "ritmos imposibles" (*A*, 125), "es difícil explicar, decir", "(Decidme qué son las palabras, cómo/ aprisionar sus matices)" (*g42*, 234). Esta imposibilidad de la palabra por referir un sentido coherente, su resistencia a producir significación directa se aparta de la creencia romántica en la inefabilidad del arte y se acerca a las posturas posmodernas que conciben la palabra como signo problemático y arbitrario. La crítica tradicional refiere esta reflexión al tópico de la insuficiencia del lenguaje, a su matriz modernista y simbolista y conectan el llamamiento al silencio presente en Hierro con la aspiración mallarmeana por una plenitud de sentido fuera de las palabras. (Albornoz, 82). Sin embargo el poeta expresa la ausencia de "la palabra exacta", "el nombre preciso" (*Q42*, 306), porque éste como tal no existe. La poesía es sólo un oficio donde el poeta "dado a los malabarismos/ de las palabras, buscaba/ rimas, imágenes, ritmos". El yo se define como "poeta sin palabras","cazador de aves retóricas" (307). El producto obtenido no es un poema pleno, sino un objeto absurdo: "Son líneas sin sentido/ éstas que trazo" (*CSM*, 339). No parece haber mediación posible con el lector: "¿Cómo es posible que alguno lo entienda" (*Q42*, 235), si ni siquiera su propio autor reconoce su paternidad: "yo mismo no comprendo/ qué es lo que dejo en ellas" (339).

El carácter inmotivado de estas "palabras viejas que ahora arrojo al olvido" (*LA*, 438), cancela la posibilidad real de comunicación y produce un desgarro afectivo declarado por el sujeto:

> Y cuando imaginaba que moriría, que enmudecería,
> yo trataba de herir papeles con palabras,
> poner allí palabras muertas, sin son y sin calor.
> Era lo mismo que arrojar al mar una botella.
>
> (*LA*, 410)

El anuncio de su futuro "silenciamiento poético", la renuncia a la poesía admitida en sus prólogos aparece como declaración taxativa en su poesía: "No cantaré ya más. El canto/ se me ha secado en la garganta" (*Q42*, 286). La escritura describe pues la inminente muerte (poética) de su propio autor:

> Hemos venido a enterrar a una criatura
> tierna y absurda. Un ser que tal vez soñaría
> con la inmortalidad. Trazaba rayas
> sobre una plancha de metal, la mordía con ácidos...
> Así evocaba a sus demonios, daba fe de su vida,
> escribía sus sueños... (Humildemente
> dejó pasar sus días. Sin fuego transcurrieron).
> Un pobre ser que ya descansa. (*LA*, 456)

Las palabras son "criaturas de sombra" y el poeta las conjura para que desaparezcan:[31] "A silencios perpetuos os sentencio,/ a vivir prisio-

---

31. En una entrevista en 1978 Hierro explica las razones de su silencio poético: "Ya dije todo lo que tenía que decir, y no necesito añadir nada más. He escrito algo que no me satisface y por eso no lo publico; son poemas que no han salido de mí", en Arturo del Villar, "El escritor al día: José Hierro", *La Estafeta Literaria*, 639 (1 julio 1987), p. 7. A pesar de ello, en 1991 Hierro recopilará sus poemas dispersos desde 1965 en una colección que

neras, siempre a oscuras,/ (Silencio). Impronunciables criaturas/ que no (silencio)... naceréis. (Silencio)"(*CSM*, 380).

La metaescritura de *Libro de las alucinaciones* propone una asepsia estética que precipita la ruptura metafísica anunciada y lleva a la poesía a sus límites extremos, mediante una visión retrospectiva y nostálgica (pero claramente negativa) de las "alucinaciones", espejismos o engaños que sometieron al hablante en su pasado poético y vital a la construcción de ideales: el poético, el socio-político, el trascendente. Desde esta óptica, se trata de una crónica del desengaño, en la cual el hablante toma conciencia del carácter artificioso y falaz de tales espejismos. En ese movimiento de verdadera "anagnórisis", el poeta vuelve a llamar a las cosas por sus nombres exhibiendo su condición de simulacros, sin disimular su propio desencanto ante el hallazgo. El blanco preferido de este movimiento desmitificador es el mito poético, completando la dialéctica general de su obra que somete a crítica al mismo acto de la poesía, no sólo en su afán metafísico (modelo ya claramente desmontado en todos los niveles del discurso), sino en su pretensión referencial y comunicativa también.

El hablante define la poesía como un ejercicio más, un acto que "llena un instante vacío", y que no es más que "acción de espectros, vino con remordimiento". Su posible mérito es la construcción en el papel de "una vida momentánea" que, sin embargo, no es más que "apariencia de vida" (395). La perspectiva nihilista del sujeto no sólo expone el fracaso de sus ideales de juventud, sino también la inutilidad de su poesía y de su vida: "Ya no me importan nada/ mis versos ni mi vida. / Lo mismo exactamente que a vosotros./ Versos mios y vida mía, muertos/ para vosotros, y para mí" (466). Expresión que al confrontarse con otras anteriores de su obra, pone de manifiesto la magnitud de la fractura y el corolario autodestructivo que supone este libro de homenaje a las ilusiones pasadas del hombre aquel que dijo: "Sé que nada está muerto mientras viva mi canto" (*A*, 139).

En el "Epílogo", el poeta cierra su obra con un reconocimiento contenido de su fracaso ante el lector. El título, "Cae el sol", dibuja la imagen de un atardecer simbólico que expresa la decadencia y muerte del impulso creador. Aquí anticipa su repliegue futuro, la renuncia definitiva a la poesía, su reclusión al ámbito cerrado de su soledad individual: "Perdóname. No volverá a ocurrir". La súplica convierte a

-----

titulará *Agenda* (Madrid, Prensa de la Ciudad), que sin embargo no modifica ese rumbo terminal. Su prólogo no hace más que reafirmar la coherencia de aquella renuncia a la escritura, insistiendo en una línea desmitificadora y escéptica: el poeta "entomólogo" "diseca la vida" "a fin de que conserve intacta su belleza,/ su perfección, su apariencia de vida" (15). A propósito de la meditación metapoética véase el artículo de Marta Ferrari "Análisis de los metatextos en la poesía de José Hierro", *Cuadernos para Investigación de la Literatura Hispánica*, 16 (1992), pp.199-219.

toda su obra en un error desde la perspectiva del hablante, un memorial de sus "pecados". En este poema final se hace necesario "un *mea culpa*", desnudando un arrepentimiento (haber creído, haber escrito) que cierra el libro y la edición con la promesa de un vínculo con sus lectores, sin palabras ni alucinaciones, rescatando la vida para este poeta muerto que asiste al funeral de sus propias utopías.

La poesía de Hierro, que aspiró declaradamente a ser testimonio histórico de su tiempo, se aparta de lo que el autor llamó poesía política porque no busca proponer soluciones a los problemas, sino exhibir la falta de respuestas a los interrogantes colectivos e individuales. Su obra pertenece cabalmente a una nueva corriente estética abierta en la España de posguerra, del mismo modo que a ella pertenecen Otero y Celaya, con modulaciones personales en cada caso. Lo que Hierro elabora, el fracaso poético individual que en una perspectiva biográfica supone para el autor frustración y decadencia, desde un punto de vista epistemológico e histórico-literario supone la ruptura con la concepción canónica de la poesía inmortal e inmortalizadora, creadora de orbes alternativos al real, estética de superación y embellecimiento artificial de la realidad.

Su discurso exhibe un combate de escrituras que se expresa en un poeta que piensa y poetiza dentro de la estructura metafísica tradicional: dice aspirar a una sobrevida por el canto, se afana buscando "el instante eterno". Pero si la intencionalidad del sujeto es ser ese poeta que define en "Unos versos perdidos" ("Ser poeta es vestirnos/ túnicas de luz, oír/ la voz que nos va trazando/ todos los caminos", CSM, 307), hacer poesía sería reproducir en el significante poemático un significado trascendental, dictado por una voz revelatoria que se erige como centro metafísico de sentido. La escritura pues sólo perseguiría significados preexistentes al lenguaje ordenándolos y traduciéndolos en andadura verbal. Sin embargo, hemos visto la índole paradójica de su poesía y la precariedad de las afirmaciones: la lucha de escrituras que promueve el movimiento dialéctico y erosiona las bases de este credo trascendentalista hasta anularlo. En principio, porque el resultado siempre resulta inferior a lo traducido y preexistente, abriendo el conocido abismo entre concepción y consumación (que tan repetidamente lamenta en sus escritos programáticos el autor). La escritura necesariamente se transforma en metaescritura de su insuficiencia. Pero postular tal insuficiencia del lenguaje exigiría mantener intacta la creencia en ese centro trascendente ("la voz"), del que el poema es mera reproducción. Y ya sabemos que Hierro cuestiona esos mismos fundamentos metafísicos: "Para qué queremos músicas/ si no hay nada que cantar...".

Su discurso autorreferencial culmina por el contrario con una reflexión en torno a la escritura como acto frustrado. Al motivo romántico de la inefabilidad poética se contrapone la lucidez posmoderna de la imposibilidad material de la poesía (entendida tanto como conocimiento como comunicación). Esta meditación disolvente entronca directamente con el cuestionamiento generacional a las prerrogativas tradicionales del arte. Desde esta nueva óptica la poesía es una actividad más entre otras, un simulacro verbal que sólo da una "apariencia de vida". Hierro se debate ante una encrucijada de modelos y su discurso responde con un montaje dialéctico de réplicas que somete incesantemente a revisión y crítica. Su resistencia a un recorte crítico unidireccional se confirma en este último movimiento autodestructivo que cuestiona la validez de la existencia misma de estos versos, en una demoledora perspectiva de escepticismo poético. Habiendo desmontado la tradicional fe en el lenguaje como ordenador del mundo (y en consecuencia dominador del mismo) "la agonía de Hierro ocurre en su necesidad de utilización de un instrumento envenenado como antídoto de su propio veneno" (Moreiras, 28), buscando elaborar una escritura que no traicione "el desorden maravilloso" del mundo, pero, a la vez, admitiendo el carácter perversamente falso del lenguaje. La instancia que quedaría abierta es la del silencio, no como plenitud sino como vacío, la no escritura. Sin embargo, la presencia de un discurso que elabora este conflicto y queda configurado en poesía material, cristaliza una escritura alternativa, construida precisamente en los bordes de su inexistencia, emergente de las mismas tensiones del lenguaje, de su conflictiva y paradójica naturaleza.[32]

* * *

Podemos concluir en síntesis que en la poesía de Blas de Otero la construcción del sujeto de los textos sigue un curso donde la desmitificación de la figura del poeta se obtiene a partir de una serie de

---

32. Resulta curioso que la descripción que René Jara realiza de la escritura poética posmoderna, en su libro ya citado, y a propósito de un poeta clasificado cronológicamente "de los 70" (Jenaro Talens) coincide en su trazado con lo que la práctica poética de José Hierro (un poeta "de los 40") ya articulara mucho antes (y también podría ser extensible a ciertas zonas que aquí exponemos de la escritura de Otero, Celaya, González, etc.). Precisamente porque "rechaza el principio de la autonomía de una subjetividad y entiende la noción de sujeto y poema como un proceso en el cual participan tanto el poeta como su lector; [...] desconfía del lenguaje y somete sus figuraciones a una doble codificación que, en muchos casos, culmina en la autoparodia, pero simultáneamente intenta mostrar cómo el lenguaje habla de sí mismo, haciendo del yo que enuncia un lugar de contradicciones; [...] porque pone en escena la magia y la penuria de la representación; porque desconfía de la imagen y los signos para entregar su capacidad de certidumbre al silencio" (86). No creo pues que Talens sea -como argumenta Jara- "un caso aislado" dentro de un panorama poético resistente (¿o anacrónico?) en el cual "la modernidad goza de muy buena salud". Esta visión lamentablemente reduce a una excepción un proceso artístico, cultural y epistemológico que la poesía española que aquí analizamos cabalmente registra y articula.

procedimientos discursivos, como la fragmentación de su unidad monolítica, el cuestionamiento de sus prerrogativas extraordinarias, la disociación e intersección de rol social y rol textual, la naturalización del emisor por el recurso del correlato autoral y la problematización de su estatuto verbal (desdoblamientos, enmascaramientos, polifonía e intertexto). Su condición rehumanizada y antijerárquica y su aspiración mayoritaria y popular, con la consecuente desacralización del modelo, son síntomas de una profunda revisión del arquetipo fijado por la norma metapoética y de una clara voluntad de distanciamiento con respecto a ella.[33]

Por otro lado, la poesía de Gabriel Celaya exhibe con abierta lucidez las alternativas de construcción de un sujeto "social". La trayectoria de la voz poética recorre un itinerario que parte de la constatación de un yo aislado e individual, aparentemente incapaz de integrarse con legitimidad al cuerpo social. Un yo definido por la culpa y el apartamiento que se delata en cada intento de la voz por acceder a un estatuto colectivo. Es posible verificar, pues, la fabulación permanente de un sujeto consustanciado con su circunstancia, comprometido histórica y existencialmente con sus congéneres. Pero tal "representación" aflora más como intencionalidad que como acto consumado y delata tras de sí la presencia que busca negar y superar, la del sujeto aislado e incomunicado. Esta fractura ideológica permite cuestionar en principio la práctica colectiva pregonada una y otra vez. El concepto de representación, abundantemente tematizado, otorga al discurso poético un carácter doblemente ficticio y es consecuente con la asunción reiterada de diversas máscaras por parte del hablante, de las cuales la triple identidad autoral no es más que una de las muchas estrategias utilizadas.

El proceso de descentramiento del sujeto que se produce en su obra es el vehículo utilizado para cuestionar la validez de la poesía moderna, que postula la unidad yo/texto como absoluto autónomo. La dispersión del yo realizada por Celaya recorre una secuencia que parte de los enmascaramientos del hablante, progresa hacia la construcción de un

---

33. Para un estudio específico y extenso sobre la problemática del sujeto en Blas de Otero, véase mí artículo "La cuestión del sujeto en la poesía de Blas de Otero: pluralidad y fragmentación de la voz", en prensa en *Anales de Literatura Española Contemporánea*, Universidad de Boulder, Colorado, 1993, así como "La *poesíabierta* de Blas de Otero: hacia un nuevo concepto de escritura", *Letras de Deusto*, vol. 24, nº 63 (abril-junio 1993), pp. 217-229; o "Hacia una poética conversacional en la poesía de Blas de Otero: alcances teóricos y estructurales", en prensa en *Confluencia* (Estados Unidos). También otros aspectos de la escritura oteriana son analizados en los correspondientes capítulos de la tesis doctoral citada, titulados: "El discurso autorreferencial. Reformulación de los componentes de la práctica poética (sujeto-objeto-proceso)", "La poesía como objeto semiótico de interlocución (estructuras dialógicas)" y "La poesía como práctica intertextual (La construcción de textos polifónicos)" (pp. 82-203).

yo ubicuo y transferible hasta su despersonalización, para culminar con la constatación del yo como mero signo gramatical, vaciado de representatividad individual e inconsistente ontológicamente (a partir de *Lírica de cámara*). Este yo semiótico, una figura verbal más entre tantas, parece cumplir la aspiración temprana del discurso celayiano: producir una escritura cuyo sujeto pueda ser atribuible a todo hombre y funcionalmente disponible.[34]

Finalmente, la poesía de José Hierro aparece definida en sus textos y metatextos como una práctica literaria socialmente orientada, espacio de denuncia, testimonio y compromiso con la historia, que establece un claro sistema de referencias con la serie social contemporánea al autor y a sus lectores; vehículo de comunicación de experiencias comunes y discurso legitimador de una instancia colectiva que reaccionaba contra el código uniformador sustentado por el poder. Sin embargo, en oposición a los dictámenes facilistas de los epígonos de la corriente "social", Hierro se preocupa por deconstruir todo absolutismo estético, aun el que postula la poesía como "arma" infalible, instrumento utilitario de revoluciones y combates. Su "ortodoxia" es un modo de disenso heterodoxo a tales simplificaciones, sin abdicar sin embargo de su consagración a una poesía cercana a los hombres y a su historia.

Asimismo, hemos visto cómo el discurso autorreferencial culmina con una reflexión en torno a la escritura como acto frustrado, y la fragmentación del sujeto concluye en la figuración de su muerte y definitivo silencio. Sin embargo esta postura no hace más que extremar el impulso de la nueva práctica poética inaugurada en España por estos y otros poetas, ya que supone el desmantelamiento de los postulados del antiguo modelo simbólico y la negación de operatividad a la tradicional mitología artística carismática y trascendente, contra la cual reaccionaban.[35]

En una época histórica signada por el silenciamiento y la represión, y en circunstancias artísticas caracterizadas por el monopolio uniformador y excluyente del poder, estos poetas se suman a una corriente estética transgresiva, no sólo por su abierto apoyo a una poesía testimonial y comprometida, sino fundamentalmente por la provocativa

34.   Los capítulos referidos a Gabriel Celaya en la mencionada tesis doctoral se ocupan respectivamente de "La construcción del sujeto poético" (procesos de extrañamiento y fractura, socialización y despersonalización del yo) y "La construcción del objeto poético" (transitividad y referencialidad, desmitificación, deconstrucción lingüística y teoría cuántica, modalidades compositivas) (pp. 208-306).

35.   Para un estudio pormenorizado de la poesía de José Hierro, véanse los tres capítulos de la tesis doctoral citada, titulados: "El diseño textual de la instancia social" (sujeto-lector-enunciado), "La construcción dialéctica del discurso" (falsas dicotomías, antinomias semánticas, manipulación de tópicos líricos trascendentalistas y montaje por contraste y disociación) y "Escepticismo poético y retórica desmitificadora" (tópicos terminales, el recurso alucinatorio, crónica de la escritura como acto frustrado) (pp. 308-420).

crítica de todos los postulados sobre los que se asentaba el código artístico y cultural tradicional, elaborando una escritura dialéctica profundamente disolvente. Su poesía registra "la caída de los dioses" modernos, la falacia de los mitos absolutos, sometiendo a la retórica poética tradicional y a su carismático sujeto a la crítica más audaz. En la lectura aquí propuesta la literalidad de lo afirmado ha sido puesta en tela de juicio, ensayando una interpretación que deconstruye la escritura para recuperarla en nuevos términos. La "voz social" proclamada y cuestionada, construida y al mismo tiempo fragmentada, pone en escena la crisis de una enunciación que busca interrogar las bases del sistema cultural de la modernidad estética, atacar y contradecir los mecanismos uniformadores del poder y la institución literaria, para producir -con diferentes registros y matices- un discurso social más, capaz de expresar la ausencia de respuestas totalizadoras, la quiebra de valores absolutos, la precariedad constitutiva del hombre y de su historia.

CAPÍTULO IV

LA "MEDIA" VOZ. EL TRÁNSITO DEL SUJETO EN DOS POETAS DEL 60: JOSÉ ÁNGEL VALENTE Y ÁNGEL GONZÁLEZ

Marcela Romano

> *A media voz hablamos, repetimos*
> *a media voz los versos,*
> *y siempre a media voz como procede*
> *en quienes no han tenido*
> *acceso a la oratoria, la canción popular*
> *[ni los mass media.*
> *Inútil pues desgañitarse.*
>
> J.Á. Valente

La indagación en torno a la voz poética permite, en todo texto, discernir uno de los principios constructivos fundamentales en la constitución del mismo como un acto semiótico y, a partir de allí, conectar la práctica escrituraria con los restantes discursos culturales de un época y de una sociedad. Descubrir quién habla en un poema nos enfrenta a las alternativas de producción, circulación y consumo que lo informan y exceden, a la vez que pone al descubierto el campo de referencias dibujado por el texto y el perfil de sus receptores posibles. Es por ello que este capítulo se centrará en el diseño que del sujeto poético hacen dos poetas de la llamada "generación del 60" española, José Ángel Valente y Ángel González, incluidos ambos en las diversas antologías que surgieron en la década o con posterioridad a la misma.[1] Voces diseminadas las de estos poetas -junto a quienes se cuentan Claudio Rodríguez, José Agustín Goytisolo, Jaime Gil de Biedma, Francisco Brines, entre otros-, que remiten tanto a la práctica canónicamente denominada "social" de sus predecesores (Blas de Otero, Gabriel Celaya, José Hierro) como a la poética desencantada y nihilista de los "novísimos",

---

1. Es Antonio Hernández quien hace una revisión crítica de las antologías del grupo, a cargo de José Luis Cano, José María Castellet, Florencio Martínez Ruiz, Luis Jiménez Martos, Francisco Ribes, José Battló y Hernández mismo. Los poetas elegidos figuran en la mayoría de ellas, aunque es visible la resistencia de Valente, particularmente, a ser incluido en cualquier recorte generacional. Cfr. Antonio Hernández, *La poética del 50. Una promoción desheredada*, Madrid, Endymión, 1991, pp. 12-17.

antologados recién inaugurada la década siguiente (Pedro Gimferrer, Guillermo Carnero, Leopoldo María Panero). Este bifrontismo, manifiesto especialmente en los autores aquí escogidos en un recorte específico de su producción poética (la edición de 1972 de *Punto cero* de Valente y la más abarcadora de *Palabra sobre palabra* de Ángel González, de 1986), pone en escena las fracturas sobre las cuales se construyen estas escrituras, que rechazan, desde sus mismos cimientos, toda "ilusión del texto homogéneo".[2]

Por los 60, la reflexión acerca de la praxis artística, el estatuto conferido al sujeto, el perfil que los textos trazan de su receptor, muestran el agotamiento de aquel primer impulso "social", que se buscaba transformador de la historia: la palabra ha dejado de ser hace tiempo un espacio de epifanías, pero tampoco es ya "un arma cargada de futuro" como pretendió, en un momento, Gabriel Celaya. El lenguaje muestra sus límites y su radical insuficiencia y a principios de la década siguiente será el mismo Valente quien tematice más agudamente esta crisis de orden semiótico que los "novísimos" se encargarán de exasperar con modulaciones propias. En esta línea, el sujeto de la escritura profundizará su dispersión, instalado cada vez más visiblemente en un "no-lugar" desde el cual su voz -"galimática", paródica, siempre oblicua y fragmentada- desconocerá, desencantada y conscientemente, su destino originario: el lector, ahora ausente frente a, en palabras de Valente, inútiles "cartas de amor destinadas a nadie".

I. JOSÉ ÁNGEL VALENTE: HACIA EL SILENCIO DE LA VOZ

> *De lo que no se puede hablar*, mejor es callarse.
>
> Ludwig Wittgenstein

El propósito de estas líneas consiste en examinar las variables de constitución de la voz poética en José Ángel Valente en el período comprendido entre su primer libro, *A modo de esperanza* (1955) y *Treinta y siete fragmentos* (1972), período que abarca los ocho poemarios incluidos en su primera edición de *Punto cero.*[3] Nos detendremos específicamente en tres modulaciones que consideramos fundamentales en el dibujo de esta voz: un sujeto autorreferencial (centrado en la reflexión tanto metapoética como metalingüística), un sujeto histórico (individual y colectivamente constituido) y, participando de las anterio-

2.   Cfr. Carlos Altamirano y Beatriz Sarlo, *Literatura / Sociedad*, Buenos Aires, Hachette, 1985, pp. 53 y ss.
3.   Cfr. José Ángel Valente, *Punto cero (Poesía 1953-1971)*, Barcelona, Barral, 1972. De aquí en adelante citaremos directamente de esta edición.

res figuraciones, un voz desplazada de su centro subjetivo hacia formas oblicuas de enunciación, tales como la intertextualidad y el *collage* antipoético, representaciones sinecdóquicas, creación de "correlatos objetivos" (tanto de personajes como de situaciones), elaboración de "relatos" y construcción de diversos *alter ego*.

I.1. *El sujeto autorreferencial*[4]

La poética autorreferencial de Valente ha sido uno de los aspectos más estudiados por la crítica en torno al autor, generalmente en concurrencia con su producción ensayística en torno al lenguaje y la poesía. En general, los críticos de Valente coinciden en ver su concepción de la escritura como un retorno a la "tradición de la ruptura" de preguerra, asentada sobre una ideología trascendentalista respecto del lenguaje y del sujeto poéticos. Todas estas opiniones se encuentran de algún modo legitimadas por las ideas expresas del autor respecto de la poesía y de su propia poética en particular.[5] Nosotros hemos preferido centrar nuestro estudio en las reflexiones autorreferenciales generadas por el mismo corpus poético, con prescindencia de sus ensayos, en la convicción de que una escritura habla más en lo que *hace* (tanto en sus evidencias como en sus intersticios) que en lo que *dice que hace*. Poesía y ensayo son producciones discursivas que no necesariamente se complementan; antes bien, pueden contradecirse, porque las "intenciones" individuales de un autor son siempre excedidas, y, a menudo cuestionadas, por la "orientación" inevitablemente social de todo lenguaje.[6] En este sentido, la poética de Valente, si bien aspira a una palabra (o a una prepalabra) que remita a un orden trascendente, está transida, como veremos en las páginas siguientes, por la angustia posmoderna derivada de la constatación de la ineficacia de todo signo.[7]

4.   Puede verse una versión más pormenorizada de estas cuestiones en mi artículo "José Ángel Valente: notas sobre una metapoética", *Revista del CELEHIS*, en prensa.
5.   Véanse al respecto sus ensayos *Las palabras de la tribu*, Madrid, Siglo XXI, 1971; *La piedra y el centro*, Madrid, Taurus, 1982, y *Variaciones sobre el pájaro y la red / La piedra y el centro*, Barcelona, Tusquets, 1991. A modo de complemento recomendamos ver entrevistas realizadas al autor como "La poesía es mi forma de estar vivo", *Diario de Poesía* (verano de 1992): 29-31; y "Sin la experiencia del desierto no hay poesía", *El Ciervo*, XLII, 502 (enero 1993): 25-31.
6.   Cfr. Juri Tinianov, "Sobre la evolución literaria", en Juri Tinianov *et al.*, *Antología del formalismo ruso*, Buenos Aires, CEAL, 1971, pp. 41.
7.   Aquí coincidimos plenamente con Amparo Amorós Moltó cuando dice, en relación con la "retórica del silencio" valentiana: "Todo parece confluir hacia una tendencia que cuestiona la capacidad expresiva del lenguaje, que adopta una postura más modesta, menos enfática, ante la efectividad del decir y -acorde con el nihilismo y el desencanto de su momento histórico-, vuelve los ojos al callar, al insinuar, al aludir/eludir...". Cfr. Amparo Amorós Moltó, "La retórica del silencio", en *Cuadernos del Norte*, III, 16 (noviembre-diciembre 1982): 21.

En el cruce de diferentes y opuestos paradigmas, el programa de Valente expone las alternativas filosóficas e ideológicas de una década problemática, mediante la elaboración de una estética donde convergen, conflictivamente, las dudas frente a una palabra social e históricamente operativa, la nostalgia por una palabra "trascendente" (o, cuanto menos, jerárquicamente diferenciada) y la inminencia de una palabra sin función referencial, semióticamente nula, que rechaza, en un gesto de doble escepticismo, su estatuto "revelador" y "revolucionario".

La convicción sobre la eficacia de una poesía de transformación histórica cede un espacio protagónico en el escenario de las reflexiones metapoéticas de nuestro autor a la progresiva exhibición de un desencanto, en principio en relación con esta poesía "instrumental" y luego, más agudizadamente, en relación con el lenguaje mismo como signo.[8]

En su primer libro, *A modo de esperanza*,[9] plantea inicialmente un gesto autorreflexivo en el cual la palabra es presentada como un medio de comunicación y, por lo tanto, de relación transitiva con lo humano social. En "La rosa necesaria" aborda esta metáfora tradicional arrancándola de su contexto de consagración literaria para sumergirla en la cotidianeidad de la vida y convertirla, esta vez, en metáfora de la palabra comunicativa buscada. La voz, en este poema, abandona la hegemonía de la primera persona para presentarse, mayoritariamente, mediante giros impersonales que pueden, virtualmente, incluir la enunciación en otras (ajenas) voces: "La rosa que se da/ de mano en mano,/ [...] La convivida,/la que no debe ser/salvada de la muerte..." (37). La autocrítica a la propia poesía confesional aparece en el siguiente libro, *Poemas a Lázaro*, en "Primer poema" (61-62) que, a modo de pretexto, abre el volumen y en el cual un sujeto en primera formula la necesidad de un

<hr>

8.   En torno al problema de la metapoética valentiana, remitimos a los numerosos estudios dedicados al tema en Claudio Rodríguez Fer (ed.), *José Ángel Valente*, Madrid, Taurus, 1992; Santiago Daydí-Tolson, *Voces y ecos en la poesía de José Ángel Valente* , Lincoln, Universidad de Nebraska, 1984; Alejandro Duque Amusco, "El valor de la palabra", en Biruté Ciplijauskaité (ed.), *Tratados de crítica literaria. Novísimos-Posnovísimos-Clásicos*, Madrid, Orígenes, 1990, pp. 65-79; Anita Hart, *José Ángel Valente's search for poetic expression* (tesis doctoral inédita), Florida State University, 1986; Miguel Más, *La escritura material de José Ángel Valente*, Madrid, Hiperión, 1986; y la reciente tesis de Leopoldo Sánchez Torre, "Indagación y tanteo: la propuesta metapoética de José Ángel Valente" en *La poesía en el espejo del poema. La práctica metapoética en la poesía española del siglo XX*, Universidad de Oviedo, Departamento de Filología Española, 1993, entre otros.

9.   En lo sucesivo manejaremos las referencias a los textos del autor con las siguientes siglas: *ME* (*A modo de esperanza*, 1955); *PL* (*Poemas a Lázaro*, 1960); *MyS* (*La memoria y los signos*, 1966); *SR* (*Siete representaciones*, 1967); *BS* (*Breve son*, 1968); *PMM* (*Presentación y memorial para un monumento*, 1970); *EI* (*El inocente*, 1970); *37F* ("Treinta y siete fragmentos", incluido en *Punto cero* en 1972 y luego editado independientemente en Barcelona por Ambit Serveis Editorials en 1989); *NAC* (*No amanece el cantor*, 1992).

canto plural: "mi historia debe ser olvidada,/mezclada en la suma total/ que la hará verdadera". Incluido en esta serie, aunque editado en una primera versión en volumen separado, "Sobre el lugar del canto"[10] pone en acción poemática el programa dibujado en los textos ya citados, a través de distintas estrategias, entre las que destacamos la presencia de una voz cronística, descriptiva y anticonfesional, que sólo se desplaza al final hacia un sujeto plena y exclusivamente histórico, trascendido en su individualidad: "Ésta es la hora, éste es el tiempo/-hijo soy de esta historia-/ éste el lugar que un día/fue solar prodigioso de una casa más grande"(124).

MyS significa al mismo tiempo la afirmación y la puesta en crisis del programa "social" en la escritura de Valente.[11] "Con palabras distintas" (202) personifica la fuerza histórica de la poesía "social" que se impone por razón de sí misma -a través de un "correlato objetivo" en tercera persona-[12] en un escenario de gestos poéticos moribundos ("Huyó la poesía/ del ataúd y el cetro./Huyó a las manos/ del hombre duro, instrumental, naciente"), y su protagonismo dentro del libro sería decisivo si no fuera por el contrapeso de otros poemas, que ofrecen una mirada fracturada y abiertamente dudosa de la eficacia y pervivencia de tal palabra, como por ejemplo, los poemas homenaje (¿elegía?) a Vallejo y Machado (200 y 207 respectivamente). "No inútilmente" (228), pese a que sigue sosteniendo en parte la eficacia histórica de la poesía, introduce, en su estructura dialógica, dentro de los límites enunciadores del mismo sujeto (cifra, en su desdoblamiento, del debate intelectual de la época), la puesta en duda de dicha fe: "No hemos llegado lejos, pues con razón me dices/que no son suficientes las palabras/ para hacernos más libres". No es casual, entonces, que en dos de los libros siguientes la mirada sobre el lenguaje se vuelva irónica y revulsiva. Así, cobra mayor protagonismo la noción de poesía como "escándalo" que, anunciada

10.   Originariamente el poema integró con otros el libro titulado *Sobre el lugar del canto*, Barcelona, Literaturas, Colección Colliure, 1963, y fue luego absorbido en esta edición de *Punto cero*.

11.   Este libro ha sido estudiado por muchos como el punto de arranque de una poética valentiana en discusión y polémica superadora de su escritura anterior. Cfr. por ejemplo, Pedro Gimferrer, "La trayectoria de José Ángel Valente", en Francisco Rico y Domingo Ynduráin, *Historia y crítica de la literatura española. Época contemporánea: 1939-1980*, vol. 8, Barcelona, Crítica, 1980, pp. 282-286.

12.   Según T. S. Eliot "el único modo de expresar una emoción en forma de arte es encontrando un "correlativo objetivo"; en otras palabras, un grupo de objetos, una situación, una cadena de acontecimientos que sean la fórmula de esa emoción particular; tales que, cuando los hechos externos, que deben terminar en una experiencia sensorial, son dados, la emoción es evocada de inmediato". Cfr. T.S. Eliot, "Hamlet", en *Los poetas metafísicos y otros ensayos sobre teatro y religión*, tomo I, Buenos Aires, Emecé, 1944, pp. 184. Oportunamente ampliaremos las implicaciones de esta estrategia en la producción valentiana.

en *MyS* en el poema "Ahora" (215), es retomada en *BS-* en el poema "Bajemos a cantar lo no cantable" (290), donde un sujeto pluralizado -los poetas- ensancha los límites del lenguaje poético hacia las mismas zonas de transgresión que propone su temática ("y soltemos al gato con latas en el rabo/del coro al caño, del caño al coro/ del coro al caño"). El texto final del poemario "Segundo homenaje a Isidore Ducasse" (299) incorpora deliberadamente -al margen del texto de Lautréamont- un registro entre informativo y científico, encubriendo la voz de un sujeto desprendido de la primera persona, distanciamiento que redunda en un efecto final ambiguo, y que confirma a la vez que se burla de lo seriamente enunciado: "La poesía ha de tener por fin la verdad práctica./ Su misión es difícil". *PMM* rompe también, en este sentido, con la primacía de un sujeto autocentrado, con las fronteras entre la literatura y otros discursos sociales y con las fronteras entre géneros, pero esta oblicuidad discursiva sostiene la denuncia desde un lugar que se ha vuelto hermético para el receptor. Ello se debe a la incorporación intertextual de fragmentos de *Mein Kampf*, de discursos de Franco, de pastorales eclesiásticas en latín. Si bien la parodia es siempre un contradiscurso que pone al descubierto las trampas, en este caso, del discurso de poder, su función social y transformadora se ciñe aquí al gesto solitario de una palabra que teme volverse, como la ideología, masturbatoria.

Así, *EI* mostrará, ahora explícitamente, la liquidación del impulso "social" en un poema como "Un joven de ayer considera sus versos", título meramente informativo y distanciado, en contraste con la presencia emocional de un sujeto plural en el cuerpo poemático, de voz casi elegíaca, que involucra a toda la promoción. Por eso, en el contexto del libro, resulta ya agonizante como grito último de una fe "social" en vías de extinción "El poema" (372), armado enteramente con condicionales y cerrado por una letanía final, repetida tres veces ("cuándo podremos poseer la tierra"). "Poema" que, en su naturaleza de "objeto duro,/ resistente a la vista,/odioso al tacto,/incómodo al oficio del injusto" ha fracasado en su intento de modificar la historia en la boca, en los oídos y en la vida de un lector mayoritario.

En cruce permanente con las consideraciones metapoéticas en torno a la poesía "social", desde los libros tempranos de Valente está presente la reflexión sobre la poesía como un lenguaje específico, autónomo y jerarquizado dentro del sistema de los discursos sociales. Esta línea que, como veremos más adelante, no es sino un nostálgico intento de devolver a la palabra poética una función trascendente y simbólica, por encima de la referencial y contingente, arrastra consigo elementos provenientes de la "modernidad estética",[13] ideología que, en

---

13. Jürgen Habermas denomina así a un período que comenzó diseñándose "en la obra de Baudelaire [...], se desplegó luego en varios movimientos de vanguardia y finalmente

sus aspectos medulares, el programa "social" de la inmediata posguerra había puesto en crisis.[14] Una de estas pervivencias residuales, presente tanto en la producción poética como ensayística de Valente, es, según dijimos, la consideración de la poesía como una "forma" jerarquizada y superior en relación con las restantes hablas sociales y del poeta como un "iluminado", un "elegido" arrastrado involuntariamente hacia la verdad por aquélla revelada. Así en "La señal" (*MyS*, 139) la poesía es vivida por el sujeto despersonalizado, anonadado, como un proceso de inmersión no voluntaria en lo inconsciente ("dejarse ir, caer, ser arrastrado,/... tocar el fondo oscuro,/donde aún se debaten las imágenes") al mismo tiempo que su efectivización responde a un consentimiento de lo "alto", a partir de lo cual el "canto" es concebido como una palabra diferenciada de la comunicativa: el sujeto poético aguarda "sólo la señal del canto", desde una radical ignorancia respecto del mundo y de su propio ser. En "Como una invitación o una súplica" (*MyS*, 223-224) frente a las palabras viejas y desgastadas, esperan las palabras inminentes, "ininteligibles y puras", que conformarán un nuevo lenguaje, aún no nacido, cuyo "hilo perdido" es necesario encontrar en "el fondo incomprensible de la noche". Invitación o súplica que hace al sujeto expectante un lenguaje sin embargo esquivo, que se posee como un don, privilegiadamente, y no como una herramienta de uso cotidiano. En este contexto de cruces e interferencias entre poéticas, "Sobre el tiempo presente" (*EI*, 365), pese a su título, que lo situaría dentro de la producción "social" del autor, en tanto gesto "testamentario", expone sin embargo la búsqueda individual y solitaria de una voz específica para nombrar lo real y, por añadidura, profetizar su futuro: "Con lenguaje secreto escribo,/ pues quién podría darnos ya la clave/ de cuanto hemos de decir./ Escribo sobre el hálito de un dios que aún no ha tomado forma,/ sobre una revelación no hecha...".

La tematización autorreferencial de estos conceptos, todos ellos de cuño romántico o "moderno", no consiste sino en el intento desesperado de recuperar el sentido de un oficio, el de poetizar, que, ante el fracaso de una palabra que se pretendió históricamente operativa, se encuentra enfrentado al vacío y a la muerte de toda voz. A la abundante producción crítica en torno a la poesía venalizada, "en tiempo de miseria, en tiempo

---

alcanzó su culminación en el Café Voltaire de los dadaístas y en el surrealismo". Cfr. Jürgen Habermas, "Modernidad: un proyecto incompleto", en Nicolás Casullo (comp.) *El debate modernidad-posmodernidad*, Buenos Aires, Puntosur, 1991, pp. 132-133. El grupo de investigación al que pertenezco, "Semiótica del discurso", dirigido por la Dra. Scarano, está trabajando sobre la hipótesis de que, concretamente en España, este período abarcaría desde el romanticismo hasta la vanguardia del 27, dentro del cual se constituiría una poética "moderna" que los autores por nosotros estudiados pondrían en cuestión desde sus propias escrituras.

14. Véase la introducción de este libro.

de mentira y de infidelidad" (*MyS*, "Poeta en tiempo de miseria", 201) se incorporan poemas donde se pone en duda la capacidad ya no sólo transformadora, sino también representativa, de todo lenguaje en tanto institución social. Progresivamente, comienza a exhibirse la conciencia de un desencanto ante la palabra al mismo tiempo que una necesidad de purificación, desde un "punto cero", de la cual se hará cargo el siguiente libro, *37F*.

37F se abre con un "(Exordio)" (397) que, en su función de tal, oficia como apertura y cifra de cuanto despliegan los textos posteriores: "Y ahora danos/ una muerte honorable,/ vieja/ madre prostituida,/ Musa". "Muerte" de un oficio, el de poeta, y, también, liquidación por inversión de un arquetipo tradicional, la Musa, quien, lejos de ser la fuente vivificadora e inspiradora de la poesía, está hoy, para el sujeto, como la poesía misma, venalizada y envejecida. La "muerte" del sujeto "poeta" (pluralizado) aparece marcada, en lo sucesivo, en la arquitectura general del libro y en cada uno de sus textos: poética del "fragmento" (que remite más a su dispersión que a su pertenencia a un todo), de títulos ausentes o puestos entre paréntesis, de una extremada restricción conceptista. Poética que busca, en fin, a partir de todos estos procedimientos, el lugar de la innominación, del silencio, de la "omisión" (XXXVII, 433). Con la "muerte" del sujeto poético llega también la disolución del estatuto semiológico de la palabra, de su jerarquía como signo insustituible para nombrar la realidad, y de la búsqueda posterior (y ciertamente fallida, como lo demuestra el último libro de Valente, *NAC*), de una poesía sin lenguaje, o en los bordes del lenguaje: "De la palabra hacia atrás/ me llamaste/ ¿con qué?" (*XII*, 408).

Hemos visto en este apartado cómo la voz poética en Valente se constituye, en una primera flexión, en torno a un discurso autorreferencial que expone el desgaste de las poéticas "oficiales" y se enfrenta con los discursos del poder a través de una heredada (y por ello ya vacilante) fe en la función comunicativa y revolucionaria de la poesía. Esta reflexión se sustancia, llamativamente, a través de una voz escrituraria escasamente colectivizada, vuelta a su centro en un movimiento de meditación individual y de carácter elegíaco. Por ese entonces, la retórica "social" canónica ofrece al autor un modelo de acción verbal insuficiente para su práctica poética, que arrastra, como puntos de un arraigo cada vez más difuso, residuos de la confianza "moderna" en el productor "iluminado", representado aquí por una voz vacilante y sumisa frente a una expectativa que no alcanza a cumplirse. Así llega al "punto cero" del lenguaje, el lugar presígnico de la no creación y la inminencia absoluta, todavía en busca de una palabra, o de un silencio, extemporáneamente "trascendentes", donde el sujeto desaparezca, se anonade (en un sentido místico) para ser plenamente. Su misma práctica posterior intentará concretar por diversas vías estas aspiraciones hasta, finalmente, desmentirlas, en una crisis semiótica por la que la voz -el sujeto- se disuelve en un simulacro indescifrable y fragmentario, en cuya constitución el silencio se parece cada vez más, e irremediablemente, a la nada: "Siembras palabras y responden ecos, ecos de ecos en la bóveda vacía de la desolación" (*NAC*, 41).

I.2. *El sujeto histórico*

La recuperación de la temporalidad como dimensión constitutiva del "yo", tanto en sus flexiones individuales como colectivas, es una de las rupturas más visibles que la poesía de posguerra española realiza respecto del modelo precedente, rasgo que han destacado la mayor parte de los críticos del 50 y el 60.[15] Esta línea de reflexión no hace sino llevar a su completo desarrollo una preocupación que en la preguerra se había mantenido en los márgenes del sistema, centrifugado por la vanguardia y el programa de la "poesía pura", pero que domina en la producción poética y metapoética de autores como Antonio Machado primero y Miguel Hernández después.

En esta dirección la escritura de Valente elabora dentro del período que estudiamos un sujeto histórico al que podríamos llamar "existencial", centrado en sí mismo y en sus preocupaciones vitales, y otro sujeto histórico "crítico", que se abre al acontecer de la España de su tiempo.

En la primera de las modulaciones nos hallamos en presencia de un sujeto dominante en primera persona, cuyo protagonismo se encuentra en pugna con la necesidad de dar voz a un sujeto de naturaleza colectiva. Este sujeto autocentrado se diseña a partir de cinco ejes de reflexión fundamentales: el problema de la muerte, el sentido de la vida y la relación con la trascendencia, la memoria, la identidad y, según vimos en el apartado anterior, la tarea de la escritura. De todos estos aspectos elegimos el de la identidad en la medida en que atañe a la estructuración del sujeto poético como tal y nos permite observar sus fracturas y enmascaramientos.

La cuestión de la identidad como tópico abarca la totalidad de la

---

15.   Véanse específicamente para la promoción en que se incluyen los autores que nos ocupan la introducción que hace Antonio Hernández a la antología ya citada; Fanny Rubio, "La oleada de los sesenta", en Fanny Rubio y José Luis Falcó, *Poesía española contemporánea (1939-1980)*, Madrid, Alhambra, 1984, pp. 57-71; Pedro Provencio, "El grupo poético de los años 50", en *Cuadernos Hispanoamericanos*, 503 (mayo de 1992): 121-130. Una visión más generalizada del período puede encontrarse en los ya clásicos estudios de Carlos Bousoño, "Poesía contemporánea y poesía poscontemporánea", en *Teoría de la expresión poética*, vol. II, Madrid, Gredos, 1970, pp. 277-319; José Luis Cano, *Poesía española contemporánea. Generaciones de posguerra*, Madrid, Guadarrama, 1974; y el siempre polémico José María Castellet, *Veinte años de poesía española (1939-1959)*, Barcelona, Seix Barral, 1960.

producción valentiana y responde a la crisis del sujeto como centro fundador de sentido que recorre muchos de los debates epistemológicos y las prácticas culturales de la hoy llamada posmodernidad.[16] En esta crisis que, como veremos en el apartado próximo, involucra también a las formas de representación del sujeto escriturario, el concepto de "fragmento" constituye la clave deconstructiva a partir de la cual el "yo" instala sus relaciones con la propia historia, consigo mismo y con la alteridad.

En Valente la relación del sujeto con el tiempo (la propia historia vital) es la de un sujeto esquizofrénico, incapaz de reunir en una sola imagen coherente los sucesivos "yo" del presente, el pasado y el futuro. Poemas como "Los olvidados y la noche" (*PL*, 79) dan cuenta de esta discontinuidad: "Mientras escribo sobre/la resistencia de mi propio cuerpo/[...] *yo seré antepasado pálido/ de mi futuro olvido*" (el subrayado es nuestro). En el mismo libro, "Son los ríos" (95), la metáfora tradicional del agua corriendo pone en escena un sujeto aluvional, formado por experiencias fragmentadas, residuos muertos que no alcanzan a integrarse en una entidad única: "... mi cadáver de niño,/ un rostro entre la sombra,/ el caído silencio/ de aquel amor, aquella/ rota imagen del sueño".

La relación con el tiempo, entendido como discontinuidad y azar (donde también cabe la reflexión ya tópica sobre la brevedad de la vida y el destino mortal del hombre y de las cosas, asumida con especial atención por muchos autores del 60) configura, a su vez, la imagen que el sujeto forja de sí mismo, una imagen que es la escenificación material de ese discurrir aleatorio e inestable. De allí que la identidad se fracture en espejos, sombras de muertos familiares, *alter ego* diversos ("ángel", "alguien", "Agone"), espíritu y cuerpo, etc., hasta llegar a la propia disolución. Así, un poema temprano como "El espejo" (*ME*, 15) describe la ruta de un sujeto que se percibe desde la ajenidad hasta terminar desconociendo los límites entre su propia realidad y la imagen vacía que el cristal le devuelve, la cual, finalmente, se le impone: "Pero ahora me mira -mudo asombro,/glacial asombro en este espejo solo-/ y ¿dónde estoy? -me digo-/ y ¿quién me mira/ desde este rostro, máscara de

---

16.   Asi se refieren a este sujeto "posmoderno" Juan Oleza y José Luis Ángeles: "El mundo sólo puede ser concebido unitariamente por un sujeto persuadido de su capacidad para esa percepción. En algunos poetas de los 60 y en la mayoría de los 70 el proceso podría ser descripto así: el sujeto [su conciencia] interrelaciona con el mundo [la concepción que se tiene de él] de modo que ambos estallan y se dispersan [...] simultáneamente. La fragmentación de uno provoca la del otro y viceversa". Cfr. Juan Oleza y José Luis Ángeles, "La recepción de Miguel Hernández en la poesía española de los años 70 y 80", en *Miguel Hernández, cincuenta años después*, I Congreso Internacional Miguel Hernández, Alicante, Elche, Orihuela, 1992, p. 244.

nadie?". Del mismo modo en el ya citado "Los olvidados y la noche", el peso de los muertos familiares confunde la identidad presente del sujeto, incapaz de discriminar los límites entre aquellas existencias y la suya propia: "¿Soy yo quien pasa o sois vosotros?/ ¿quién está detenido?/ ¿quién abandona a quién?/ ¿quién está inmóvil o quién es arrastrado?". La imposibilidad de unir las dimensiones física y espiritual del "yo" es otro de los motivos más recurrentes en la poética valentiana, que se plasma, de una parte, en la objetivación independiente del "cuerpo" al que el sujeto contempla como una alteridad, próxima a la vez que distante: "Sólo esta sombra tengo, veraz, abrasadora,/ estas manos que habito y estos ojos que invade/ la vida como un río de impura certidumbre" ("Razón de estar", *MyS*, 176); de otra, en la construcción de diferentes desdoblamientos del sujeto, referidos en segunda y tercera persona, todos ellos de cualidades angélicas, a los que trataremos en el siguiente apartado. Baste decir aquí que tanto "alguien", como "el ángel" o "Agone" son la proyección agónica y finalmente trunca de un *alter ego* espiritual generalmente en lucha, o al menos distanciado, del sujeto poético, que se presenta a sí mismo como la materialidad de una existencia destinada a la muerte. Ante la imposibilidad creciente de "restaurar la imagen de lo único" ("Fragmentos fracturados", *BS*, 280), ese paraíso prenatal que da lugar a la formulación de una poderosa poética "femenina" en la producción más tardía de Valente (como bien lo ha notado Jonathan Mayhew),[17] la tercera persona se impone en "Biografía sumaria" (*EI*, 335) como la estrategia de figuración de la más completa y resignada ajenidad: "Hizo tres ejercicios/ de disolución de sí mismo/ y al cuarto quedó solo/ con la mirada fija en la respuesta/ que nadie pudo darle".

El problema del sujeto y su inestabilidad también se proyecta en la relación con lo "otro", especialmente en torno al "tú" femenino. En gran parte de la poética amorosa de Valente resuena la impronta salineana de la identidad construida a partir de la perspectiva excluyente de la alteridad. En este sentido, el tema de la mirada resulta una clave indispensable para entender la relación del sujeto con el mundo, esa otredad de la que forma parte también el "tú" amado. Así en "Carta incompleta" (*ME*, 38) la sensorialidad del "yo" permanece latente a la espera del objeto que la constituya: "Desnuda de tu forma/ mi pupila,/ desposeída así de ti,/ reposa ciega". La mirada del otro es la que

---

17.   En el período que estudiamos, la poética de lo femenino, unida a los significados de "madre, entraña, latido, vida" (*ME*, 100), se desarrolla primordialmente en el nivel tematológico. Más tarde invadirá las mismas matrices escriturarias de Valente. Recomendamos en este sentido el lúcido estudio de Jonathan Mayhew, "«El signo de la feminidad»: Gender and poetic creation in José Ángel Valente", en *Revista de Estudios Hispánicos*, XXV (mayo de 1991): 123-133.

configura la percepción   (sólo en este caso positiva) de la propia identidad: "Sé tú mi límite./ Y yo la imagen/ de mí, feliz, que tú me has dado" ("Sé tú mi límite", *MyS*, 179). A la inversa, la imagen que del otro se impregna en la memoria del sujeto resulta más cierta y segura que su existencia real: "Memoria de tu voz y de tu cuerpo/ mi juventud y mis palabras sean/ y esta imagen de ti me sobreviva" ("Esta imagen de ti", *MyS*, 175). Estos ejemplos no sólo dejan entrever que toda relación con el otro resulta una construcción de la subjetividad, sino que la misma identidad subjetiva es aleatoria y siempre redefinible en función de la mirada ajena, de un "tú" que a su vez es una imagen proyectada de nuestro "yo". Imágenes de imágenes que acaban con la certeza "moderna" del sujeto autosuficiente y exhiben la descomposición de toda fe racional, de toda verdad absoluta, imponiendo a cambio el imperio de la "mirada", una norma perceptual y, por ello, casual y discontinua, para construir/deconstruir un "yo" sumergido en el azar y en una temporalidad cada vez más carente de sentido.

Si el sujeto individual está puesto en cuestión, en la configuración del sujeto colectivo se trasladarán las mismas limitaciones. Hemos visto en el apartado anterior las vacilaciones que acechan a Valente en la elaboración de su propio programa de poesía "social", vacilaciones que exhiben los desgarramientos de una estética por entonces en vía de liquidación. Lo mismo acontece con el sujeto histórico de naturaleza colectiva. Más allá de que se impone en su poética un sujeto histórico crítico que recorre diversos aspectos conflictivos del mundo contemporáneo, este sujeto, lejos de continuar la fe revolucionaria de voces colectivas precedentes, como, por ejemplo, la de Blas de Otero, se revela antiutópico y desencantado, vencido ante una realidad difícilmente transformable.

Aun así, gran parte de su poética crítica temprana se construye en lucha con este desencanto. Así, en "Patria, cuyo nombre no sé" (*ME*, 31) la esperanza del sujeto se reduce a una desangrada interrogación sin respuesta en torno de la patria buscada: "... aunque tal vez no seas/ nada más verdadero/ que esta ardiente pregunta/ que clavo sobre ti". La solidaridad se afirma en el ya citado "La rosa necesaria" y adquiere tintes evangélicos (frecuentes en la producción valentiana) en el sujeto plural de "Hemos partido el pan" (*PL*, 98): "Hemos partido el pan/ trémulo de futuro./ Hemos partido el pan./ La mesa está cubierta/ de claridad". Más duramente, la impronta bíblica reaparece en la versión secularizada de la ira en *SR*, donde el restablecimiento de la justicia queda en la exclusiva decisión de los hombres: "... el día en que la cólera del mundo/ destruya el mundo, el día de la ira" (244). Por otra parte, los poemas de temática autorreferencial hacen visible la voluntad del sujeto de formar parte de una historia plural y de escribirla, en un empeño testamentario, ostensible y llamativamente individual, de dar cuenta del caos: "Escribo, hermano mío de un tiempo venidero,/ sobre cuantos estamos a punto de no ser,/ sobre la fe sombría que nos lleva./ Escribo sobre el tiempo presente" ("Escribo sobre el tiempo presente", *EI*, 367).

Construidos a partir de una voluntad de mayor distanciamiento, poemas como "Para oprobio del tiempo" (*MyS*, 226) recorren en una tercera persona un pasado de muertes colectivas, cuya función crítica desborda y complementa las elegías a los muertos personales del sujeto autobiográfico ("Lucila Valente", "Aniversario", *ME*, 14 y 20, entre otros): "A ciertas horas, frecuentando el reverso/ pálido de los álamos.../ un muerto insuficiente/ asomaba aún su torso acribillado". Aún más oblicuos e irónicos, los poemas que reconstruyen, a partir de la memoria, los días de la guerra civil y la primera posguerra, permiten, de manera más desplazada, otra forma de crítica que apunta por resonancia al presente. En "Tiempo de guerra" (*MyS*, 193), la descripción cuasicronística, distanciada y burlona del imaginario de provincias y sus tipos sociales exhibe, con laconismo, las alternativas de esa "sorda infancia irremediable": "Gritos de excomunión./ Escapularios./ Enormes moros, asombrosos moros/ llenos de pantalones y de dientes".

La perspectiva antiutópica y el nihilismo frente a toda empresa de naturaleza colectiva se imponen, finalmente, de diversos modos. La automarginación de los nuevos poetas frente al mercado de palabras gastadas y venales es el tópico dominante en "La mentira" -"Entonces comprendimos/ que al igual que la tierra huérfana de cultivo/ debíamos dar fruto en soledad"(*PL*, 122)- y este apartamiento grupal de un sujeto pluralizado-"Porque es nuestro el exilio./ No el reino" (*PMM*, 326)- se acentuará progresivamente en la decisión de un sujeto cada vez más autista y críptico de abandonar, a través de una aventura poética personal y contradogmática, el autoritarismo del "lenguaje de la tribu".[18] Por ello, *PMM* constituye el gesto escriturario de despedida, irónica y lúdica, al discurso institucionalizado, aquí encarnado en sus voces más despreciables, las del poder autoritario: un único polo de acción enunciativa desplegado en un coro polifónico donde confluyen el dictador falangista y el nazi, la obsecuencia eclesial y la Inquisición, presentados a través de su propio lenguaje, de su propia lógica fanática y triunfante.[19] En este sentido, el exilio de la palabra resulta al sujeto

---

18. La "no palabra" valentiana (ligada con las filosofías místicas) ha sido pensada por muchos autores, incluido Valente, como la única posibilidad heroica de resistencia política. Así Miguel Más opina: "En contra de la ley del intercambio, la palabra se vuelve contra sí misma y se convierte en un decir que se resiste a decirse [...] De ahí el hermetismo evidente de la última poesía del autor, un hermetismo que no busca ser desentrañado, porque su finalidad se agota en el puro acto de la escritura [...], manifestación máxima de la libertad en contra de los contenidos dirigidos" (12). Véase en la misma línea Mayhew, 127.

19. Según Daydí-Tolson "en la ingenuidad del hablante está implícita la crítica, ya que su raciocinio representa el proceso absurdo típico de toda forma de fanatismo que desde

más operativo que el político, que lleva al exiliado a la tarea solipsista -y por lo mismo inoperante históricamente-de convertir el pasado en una imagen sublimada e improductiva: "Lo peor es [...]/esperar que la historia devane los relojes/ y nos devuelva intactos al tiempo en que quisiéramos/ que todo comenzase" ("Melancolía del destierro", *MyS*, 196). Junto al recuerdo sublimado aparece también la nostalgia irremediable ante lo no vivido por una generación fracturada por la guerra y la represión: "Y me pregunto qué queda / [...] del pertinaz recuerdo de lo nunca vivido,/ pero sobrevivido a golpes/ de violenta luz/ contra el aire vacio" ("Ramblas de julio, 1964", *MyS*, 205). Esta nostalgia se convierte al final del período en un gesto masturbatorio y mecánico, que compulsivamente abre "las ventanas contra un cielo tapiado" (XXX, *37F*, 426) y exhibe la futilidad de toda lucha. O, lo que es lo mismo, el fracaso de la subjetividad colectiva y de la utopía como respuestas históricas a una realidad donde el paradigma totalizador del "relato"[20] ha sido desplazado por el del fragmento y la discontinuidad de un sujeto imposibilitado ya de significar.

I.3. *El sujeto diseminado: oficio de máscaras*

Perdido el lugar del sujeto como centro significante y proveedor autosuficiente de sentido, la voz se dispersa y enmascara en múltiples ecos. El rol hegemónico del sujeto moderno es desplazado ahora por una polifonía enunciativa que, más allá de su materialización en el nivel tematológico, surca los textos valentianos encarnada en diversas estrategias: procedimientos de intertextualización (que incluyen tanto la apropiación de textos de la tradición culta literaria como el *collage* antipoético), "correlatos objetivos", desplazamientos sinecdóquicos, efectos de narratividad a partir de la creación de "relatos", y construcción de diversos *alter ego*.

La intertextualidad constituye un procedimiento preferencial en la poética de Valente, y es, en gran medida, la causa del creciente hermetismo alrededor del cual van generándose sus textos. A veces explícita y las más encubierta, trae a la superficie de los poemas el bagaje de las tradiciones literarias y místicas cultas a las que frecuentemente apela el autor, así como los registros sociales más estigmatizados por esas mismas tradiciones.

---

un estado mental enajenado desarrolla juicios aparentemente lógicos y aceptables..." (Daydí-Tolson, 136). Justamente es el subrayado de esa "ingenuidad", constante a lo largo de todo el texto, lo que genera el efecto paródico que invierte completamente el sentido natural de estos discursos.

20.   Cfr. Jean-François Lyotard, *La condición posmoderna. Informe sobre el saber*, Buenos Aires, Rei, 1989.

La apropiación (y consecuente reorientación) del discurso de la cultura erudita abarca un extenso repertorio que incluye la literatura del Siglo de Oro (Quevedo y, especialmente, Juan de la Cruz), la lírica galaico-portuguesa,[21] los poetas místicos sajones (John Donne), Shakespeare, Homero, François Villon, Flaubert, Goethe, Lezama Lima y gran parte de la modernidad europea (Baudelaire, Lautréamont, Artaud). Las "resonancias"[22] bíblicas constituyen una presencia más que relevante en los poemas valentianos, siendo protagónicas en la construcción del sentido de poemarios enteros, como *PL*, o bien diseminados en concurrencia con otras presencias intertextuales.

En general, todo préstamo es reorientado dentro de la lógica particular de cada poema, y en función de su plan de escritura específico, generando efectos generalmente disímiles respecto de los del hipotexto original.[23] Obviamente, el efecto de extrañamiento presupone el cumplimiento de un pacto de lectura que requiere de un lector hipercodificado y rechaza, por tanto, al receptor masivo, en un retorno de la poesía al circuito minoritario característico de la tradición poética moderna. Como dijimos, algunas veces las presencias de otras voces textuales en los poemas valentianos resultan obvias y fácilmente reconocibles. Pero otras se presentan encubiertas de muy diversos modos: mezcladas, sin distinciones gráficas, con los propios textos del autor ("Segundo homenaje a Isidore Ducasse", *BS*, 299); como traducciones no explicitadas en cuanto tales (así los textos de Artaud en "Crónica II, 1968", *BS*, 379); bajo la forma de títulos y epígrafes (que cifran el desarrollo del texto posterior) sin mención de fuentes o autores ("Sobre el tiempo presente", *EI*, 365; "Ce cheval qui ne galope que pendant la nuit", *BS*, 286), etcétera.

Otra forma de apropiación intertextual consiste en la elaboración de un programa "antipoético", en el sentido de anticanónico, que toma como materiales de trabajo discursivo formas rechazadas por la norma culta: textos políticos, periodísticos o de tono narrativo, registros orales,

---

21. Santiago Daydi-Tolson ha estudiado estas formas tradicionales en relación con las propuestas metapoéticas del autor en "*Breve son*: clave interpretativa de la obra poética de José Ángel Valente", en *Hispania*, 66, 3 (1983): 376-384.

22. Daydi-Tolson denomina de este modo "los diversos procedimientos expresivos que, aunque difieren bastante entre sí, comparten al menos una característica común: la capacidad de suscitar ecos y correspondencias múltiples dentro del texto literario mismo o entre éste y sus posibles contextos". Cfr. Santiago Daydi-Tolson, "Los efectos de resonancia en la poesía de José Ángel Valente", en Rodríguez Fer, 280. Este concepto abarcaría tanto la intertextualidad como la intratextualidad, así como todos los procedimientos de coherencia textual o isotopías.

23. Este efecto de reorientación por "extrañamiento" lo ha observado con especial detenimiento Andrew Debicki en "Intertextuality and reader response in the poetry of José Ángel Valente, 1967-1970", en *Hispanic Review*, 51 (verano 1983): 251-267. La versión en español del mismo artículo puede verse en Rodríguez Fer, 54-73.

léxico "vulgar". Ahora bien, dentro del plan escriturario de Valente, este *collage* no tiene como finalidad dar cabida en su poesía a los discursos de la calle, en un gesto "democrático" de dar voz a los que no la tienen, como lo pretendió, a su manera, Blas de Otero.[24] El objetivo -formulado con especial virulencia hacia fines de los 60, en los comienzos de su escritura desencantada- es exhibir la no especificidad del discurso poético mismo, su posibilidad de ser constituido a partir de los deshechos del lenguaje (XXVII, *37F*, 423) o del absurdo ("Fragmento de composición coral", *EI*, 374).[25] Así ingresan como gestos escépticamente lúdicos registros ensayístico-periodísticos ("Una inscripción", *ME*, 48), policiales ("El crimen", *ME*, 52), formas de apelación orales ("Tiempo de guerra", *MyS*, 193), giros procedentes del mundo de los *mass media* ("El suceso", *BS*, 285) y del refranero popular picaresco ("Bajemos a cantar lo no cantable", *BS*, 290), el discurso protocolar escrito ("Week-end", *EI*, 350), el léxico de lo cotidiano (XXVII, *37F*, 423). Según ya vimos, una serie privilegiada en este sentido es la parodia del discurso del poder autoritario efectivizada en *PMM*, donde aparecen, reorientados con un afán manifiestamente crítico, textos en alemán extraídos de *Mein Kampft*, fragmentos de discursos de Franco y de la pastoral redactada por los obispos españoles en apoyo a la gestión falangista.

El empleo de "correlatos objetivos" es, por su parte, otro de los procedimientos más frecuentes como estrategia de desplazamiento de la voz poética hacia formas menos subjetivas y más ásperamente críticas de enunciación. El mismo se presenta en dos modalidades básicas: de situaciones y de personajes -segunda modalidad que puede ser denominada específicamente "monólogo dramático"-.[26] En el primer caso trae a la luz preocupaciones del presente, cuyas miserias son exhibidas de modo diferido, en un pasado remoto en tiempo y lugar. Así el ya citado "Una inscripción" señala el problema de las desigualdades sociales de la antigua Roma, a través de un léxico de procedencia marxista que instala la crítica en el presente: "Fue en Roma,/ donde había en aquella época grandes concentraciones de capital/ y masas obreras con escasas posibilidades de subsistir". Con la misma orientación "Las legiones romanas" (*BS*, 294) transfiere su crítica al poder imperial de Estados

---

24. Cfr. al respecto Laura Scarano, "Cruce intertextual y discurso polifónico en la poesía de Blas de Otero", en *España Contemporánea*, VI, 1 (primavera de 1993): 7-22.

25. Cfr. en relación con el último poema citado y el cruce entre sistemas artísticos diversos el ensayo de Margaret Persin, "La imagen del / en el texto: el ékfrasis, lo postmoderno y la poesía española del siglo XX", en Ciplijauskaité, 123-145.

26. Juana Sabadell Nieto, recogiendo opiniones de distintos autores, define dicho procedimiento como aquel por el cual "el poeta da voz y crea un personaje para mostrar los hechos desde dentro, es decir, para producir un efecto de inmediatez y objetividad manteniéndose, a la vez, distante". Cfr. Juana Sabadell Nieto, "El monólogo dramático: entre la lírica y la ficción", en *Tropelías. Revista de Teoría de la Literatura*, 2 (1991): 178.

Unidos y la guerra de Vietnam: "Arriban nuevas águilas que manda/ remoto el Capitolio, gomitas pompeyanas/ para mascar (costumbre de este pueblo/ de sutiles colosos)...". En este sentido también los préstamos intertextuales actúan como disparadores críticos ante un presente insatisfactorio: "La ciudad destruida" (*PL*, 125), por ejemplo, resitúa Babilonia en la España franquista, a partir de la visión apocalíptica de Juan, y "Reaparición de lo heroico" (*EI*, 370) retoma el episodio de los Pretendientes para ejemplificar la venalización de las prácticas poéticas contemporáneas al autor. Por su parte, un ejemplo ilustrativo de la forma "monólogo dramático" es el texto "Macquiavelo en San Casciano" (*MyS*, 210), recreación casi literal de la carta del político a Francesco Vettori durante uno de sus exilios, donde se exalta la libertad de pensamiento por encima de las contingencias del momento, situación muy en consonancia con el presente de la comunidad intelectual española: "Se apaciguan las horas, el afán o la pena./ Habito con pasión el pensamiento./ Tal es mi vida en ellos/ que en mi oscura morada/ ni la pobreza temo ni padezco la muerte".

Otra forma de desplazamiento de la voz subjetiva menos frecuente es la utilización de representaciones sinecdóquicas del sujeto, algunas de las cuales fueron referidas en el apartado anterior de este trabajo. Una de ellas es la tradicional del "corazón" como sede espiritual del sujeto, que aparece sobre todo en la producción temprana de Valente, en poemas como "Serán ceniza" y "El corazón" (*ME*, 13 y 22 respectivamente): "El corazón/ tiene la sequedad de la piedra/ y los estallidos nocturnos/ de su materia o de su nada" (13). El "cuerpo", objetivado fuera del sujeto, es, según dijimos, otra de las modulaciones de distanciamiento: "Durante toda la noche/ contemplé un cuerpo ciego./ Un cuerpo,/ nieve de implacable verdad" ("Destrucción del solitario", *ME*, 24).

Un procedimiento objetivador por excelencia, y a menudo concurrente con los otros ya descriptos, se encuentra constituido por los discursos de tono narrativo y las formas en tercera persona y verbos impersonales. En este sentido son frecuentes los "relatos" con desarrollo argumental de distintas historias ("El adiós", "El santo", *ME*, 40 y 46; "La víspera", "La concordia", *MyS*, 166 y 203, entre muchos otros). Al respecto resulta sumamente ilustrativo el poema "El crimen" (*ME*, 52), en el cual la presentación en primera persona de la víctima origina un particular efecto de distanciamiento respecto del sujeto, a causa de la ficcionalización del mismo, exhibida ostensiblemente, a partir de su condición de "muerto", como un artilugio textual: "Hoy he amanecido/ como siempre, pero/con un cuchillo/ en el pecho". Este ejemplo pone en escena ciertos interrogantes en torno de la enunciación, porque demuestra que, como en este caso, la primera persona no siempre constituye un deíctico de subjetividad. Del mismo modo su ausencia no elimina de por sí la subjetividad en el discurso, como bien se advierte en los poemas fuertemente modalizados de SR que, en una dominante tercera persona, dejan translucir, a través de su léxico valorativo, el juicio agazapado del sujeto textual.[27]

La última estrategia de distanciamiento a que nos referiremos aquí se encuentra conformada por los distintos desdoblamientos del sujeto a partir de la creación de tres *alter ego* fundamentales, conectados entre sí por sus cualidades angélicas y espiritualizadas: "alguien", "el ángel" y el deliberadamente oscurecido "Agone". Los tres nacen de la escisión en cuerpo y alma experimentada por el sujeto condenado a la temporalidad y su unificación no resulta jamás posible, como parecen confirmarlo los últimos poemas de Valente, en NAC, donde Agone reaparece para desaparecer. "Alguien" es presentado a través de una segunda o tercera persona en lucha con el sujeto poético y, habitualmente, en relación de superioridad respecto de éste, arrojado a la incertidumbre del no saber: "Aguardo./Alguien puede llegar, venir de pronto,/no sé quién, conociendo/más que yo de mi vida" ("El testigo", *MyS*, 143). Su presencia inquietante lo configura como un adversario con quien se libran luchas terribles, en una relaciòn de amor y de odio ("El odio", PL, 87) llevadas a cabo siempre en un espacio y una hora donde la irrealidad (en relación permanente con la idea de "representación" teatral) constituye la nota dominante: "Así por fin nos contemplamos/ (después de tanto tiempo, tú encarnado, visible)/ en aquel paraje escondido, como siempre solíamos,/ un poco en las afueras de la vida" ("Extramuros", *MyS*, 146). Con el "ángel" el combate se libra sobre una mesa de juego: "Oscuro jugador,/ frente a mí el ángel/ con su terrible luz,/ su espada/ su abrasadora verdad" ("El Ángel", ME, 17). "Luz", "espada", "alba", "delicado cuello", "inocencia", "rubio cabello", "niñez furtiva", tales los atributos de esta construcción angélica que en la figura de Agone desarrolla su espiritualización más acabada. En esta serie (constituida por los poemas "Agone", "Lo sellado", "A los dioses del fondo" y "La batalla", EI, 357 a 360) el "yo" y su ángel dejan de lado la lucha y se solidarizan en la batalla (perdida de antemano) contra las fuerzas oscuras que cercan al sujeto: "Mas yo estaba a tu lado/ experto al fin en todas las derrotas" (360). Pero Agone se presenta aquí, también, como el poeta vidente, el otro "yo" iluminado al que aspira el sujeto en su búsqueda de la verdad del mundo. Agone encarna, en este sentido, "el espíritu de lo poético" (de filiación ostensiblemente romántica) que el locutor, limitado y empequeñecido, no puede ni podrá revelar. La creación del *alter ego* ha puesto una vez más en evidencia, en este

---

27. Dicho matiz fue advertido asimismo por Daydí-Tolson, 1984, pp. 105. Para una profundización de estas cuestiones, ver Catherine Kerbrat-Orecchioni, *La enunciación. De la subjetividad en el lenguaje*, Buenos Aires, Hachette, 1980.

sentido, el movimiento compulsivo y siempre trunco del "yo" hacia una palabra que se sabe, de antemano, inhallable: "Hay un lenguaje roto,/ un orden de sílabas del mundo./ Descífralo./ Porque alguna de sus palabras/ asaltarán tu sueño, Agone..." (359).[28]

II. ÁNGEL GONZÁLEZ: LA VOZ EN DESCONCIERTO.

> *Que las palabras dejen de ser armas,*
> *medios de acción, posibilidades de salvación.*
> *Encomendarse al desconcierto.*
> *Cuando escribir, no escribir, carecen*
> *de importancia, cambia entonces la escritura*
> *-tenga o no lugar-; es la escritura del desastre.*
>
> Maurice Blanchot

El propósito que anima esta segunda parte es analizar las variables de constitución del sujeto poético en la producción de Ángel González, contenida en las dos sucesivas ediciones de *Palabra sobre palabra* (de 1968 a 1986) y que comprenden la totalidad de los poemarios editados hasta 1984, incluido *Prosemas o menos*.[29] Dicha categoría, que en la escritura de González surge al mismo tiempo en solidaridad y distanciamiento respecto del poeta visto anteriormente, se encuentra edificada en torno a tres modalidades específicas: un sujeto metapoético o autorreferencial, un sujeto histórico (individual y colectivo) y, finalmente, un sujeto al que llamaremos irónico, haciendo extensivo el uso de este calificativo a los diversos usos oblicuos y superpuestos de la voz poética que, al margen de la ironía pero dependiendo de ella, configuran una textualidad hojaldrada y en permanente contradicción, a partir del despliegue intertextual (que incluye, como veremos, diversas modalidades) y los juegos verbales, que desmantelan los sentidos construidos desde el saber común.

II.1. *El sujeto autorreferencial*

Existe en primera instancia en Ángel González un sujeto autorreferencial que se diseña en el cruce de preocupaciones metapoéticas de órdenes diferentes pero coadyuvantes entre sí. De una parte,

28. El tópico del "ángel" ha sido trabajado específicamente por Julian Palley en su artículo "The angel and the self in the poetry of José Ángel Valente", en *Hispanic Review*, 55, 1 (1989): 59-77.

29. Hasta *Tratado de urbanismo* (1967), trabajaremos con la primera edición de *Palabra sobre palabra* (Barcelona, Seix Barral, 1968) que incluye éste y los poemarios anteriores de Ángel González, a los que nos referiremos, de aquí en adelante, con las siguientes siglas:

encontramos un sujeto autoconsciente de su práctica escrituraria, que construye un programa de poesía "temporal", reactualizando así, con nuevos aires sesentistas, la propuesta machadiana contenida en la "Poética".[30] La "pretensión referencial"[31] de la misma entra en conflicto, obviamente, con los cánones de las poéticas evasivas de todo signo, cuya demoledora crítica constituye la segunda línea de reflexión metapoética del autor. Una tercera modulación, finalmente, se encuentra dibujada en torno a las relaciones entre el lenguaje y lo real, y deriva, en lo específicamente autorreferencial, en la conciencia cada vez más aguda de la inutilidad de la palabra poética como tal y en la construcción, en respuesta a esta misma conciencia escéptica, de una propuesta "antipoética" donde cabrán, indiscriminadamente, multiplicidad de discursos y de voces.

A partir de Machado primero, y como una resonancia, aun cuando crítica, de la escritura de los "sociales" canónicos después, la metapoética "temporal" de González atraviesa tempranamente la producción de este autor, ligada a un sujeto también temporalizado en su existencia individual y colectiva. Un poema temprano como "Me falta una palabra" (*AM*, 20) expone la tensión entre el hombre histórico y un poeta concebido dentro de los márgenes de un canon lúdico. Dos voces (materializadas en grafías diversas) cuyo contrapunto tiene por objeto exhibir las limitaciones de una escritura trazada a espaldas de las necesidades colectivas: "Una palabra dadme, una sencilla/palabra que haga juego con.../ *Qué torpes/ mujeres sucias me interrumpen/ con su*

AM   (*Áspero mundo*, 1956);
SECC (*Sin esperanza, con convencimiento*, 1961);
GE   (*Grado elemental*, 1962);
PSP   (*Palabra sobre palabra*, 1965);
TU   (*Tratado de urbanismo*, 1967).

Para los textos posteriores, tomamos la edición última de *Palabra sobre palabra* (Barcelona, Seix Barral, 1986), la cual no incorpora el último libro del autor, *Deixis en fantasma* (Madrid, Hiperión, 1993). Los mismos serán aludidos del siguiente modo:

BAB   (*Breves acotaciones para una biografía*, 1971);
PN   (*Procedimientos narrativos*, 1972);
MPN   (*Muestra de algunos procedimientos narrativos y de las actitudes sentimentales que habitualmente comportan*, 1976); y
POM   (*Prosemas o menos*, 1984).

30. En desacuerdo con los postulados vanguardistas, que estima ahistoricistas y "deshumanizados", Machado argumenta: "... las ideas del poeta no son categorías formales, cápsulas lógicas, sino directas intuiciones del ser que deviene, de su propio existir; son pues, temporales, nunca elementos acrónicos existencialistas, en las cuales el tiempo alcanza un valor absoluto. Inquietud, angustia, temores, resignación, esperanza, impaciencia que el poeta canta, son signos del tiempo y, al par, revelaciones del ser en la conciencia humana...". Cfr. Antonio Machado, "Poética", en *Poesías completas*, Madrid, Espasa-Calpe, 1980, pp. 72.

31. Véase el cap. I de este libro.

lento/ llorar...". En el libro siguiente, el sujeto "poeta", Quijote abatido frente a un interlocutor imaginario del futuro, pone al descubierto una mirada desesperanzada y áspera de la propia existencia individual, de la cual su palabra, en tanto "canto", resulta una proyección: "... estoy aquí/ insomne, fatigado, velando/ mis armas derrotadas,/ y canto/ todo lo que perdí: por lo que muero" (SECC, 69). En GE, la intuición individualizada y pesimista del tiempo es desplazada por el proyecto utópico en "Nada es lo mismo", donde un sujeto colectivizado confiere a la palabra la facultad insustituible de operar sobre lo real y transformarlo históricamente: "Habrá palabras nuevas para la nueva historia/ y es preciso encontrarlas antes de que sea tarde" (148).

Esta alternancia entre una resolución individual y otra social del tiempo histórico demuestra, según vemos, la discontinuidad en el armado de un sujeto en constante expansión y retracción en torno a dos direcciones: por un lado, el proyecto frustrado de una palabra colectiva -así los "Dos homenajes a Blas de Otero" (POM, 373-374), paradigma de una poética ejemplar pero en las vísperas de su liquidación- y por otro su cara inversa, cifrada en la convicción, progresivamente dominante, de la inutilidad de todo lenguaje. En este contexto, la "Introducción a unos poemas elegíacos" (pre-texto de la sección "Poemas elegíacos", de MPN) funciona, justamente, como despedida a toda pretensión del sujeto de trascender su temporalidad a partir de una palabra jerárquicamente superior, la cual, "en su inutilidad/ -lo mismo que las rosas enterradas/ con un cuerpo querido...", alcanza sólo a ser un pálido testimonio "de la piedad" del hombre que la escribe (269). Más explícita, esta propuesta reaparece dentro del mismo libro en la sección "Metapoesía". En el poema "POÉTICA a la que intento a veces aplicarme" (291), la voz impersonal refiere la tarea de la escritura como una praxis en su esencia temporal y perecedera, una función perceptual y, por lo tanto, evanescente y casual: "Escribir un poema: marcar la piel del agua". La misma remite, como un espejo, al propio rostro -porción relativa y cambiante de lo real y de un "yo" constituido como tal dentro de las fronteras de esa escritura azarosa- o, más contundentemente, a la "transparencia pura" de la nada.

Aun cuando persista y se profundice esta mirada pesimista sobre el acto de escribir, los textos de González se despliegan también, hasta entrada la década de los 80, en franca confrontación con las poéticas del ornamento y la evasión "celestial" [32] y culturalista. Un poema de AM, sin

---

32.   El adjetivo alude a un poema de José Agustín Goytisolo titulado precisamente "Los celestiales", que condena las poéticas oficiales de la posguerra, tanto las garcilacistas como las de orientación evasivamente religiosa, opuestas a las de "los poetas locos, que, perdidos/ en el tumulto callejero, cantan al hombre" (cfr. "Los celestiales, de *Salmos al viento*, citado por Fanny Rubio y José Luis Falcó, 270-272).

embargo, presenta tempranamente su crítica a una retórica "social" por ese entonces desgastada y vuelta de espaldas a sus lectores: "Nadie se para a oiros. Y mañana/ proseguiréis llorando. Día a día./ ... Impura, inútil, honda es vuestra pena" ("Soneto a algunos poetas", 48). Pero los dardos más filosos son lanzados por un sujeto poético poderosamente irónico contra los escritores seudoesencialistas del "Tiempo", ajenos a la "historia": "Los poetas prudentes,/ como las vírgenes -cuando las había-,/ no deben separar los ojos/ del firmamento" -"ORDEN (POÉTICA a las que otros se aplican)", MPN, 292-.[33] Esta crítica se extiende hasta POM, en el poema "Tanto universalizar...", que expone, en una falsamente distante tercera persona, las limitaciones de una escritura ahistórica cuyo fruto es el aplanamiento desencarnado de lo real a través de una palabra concebida como mera "convención" y no como signo vital: "Imagen de la vida diminuta,/ impresa a dos tintas,/ plana" (365). En esta línea de reflexión la enunciación autorreferencial distingue claramente los conceptos "poeta" y "versificador", este último aplicado peyorativamente a los poetas de perfil esteticista: "Nada te importa la verdad,/ y eso no basta para ser poeta" ("A un joven versificador", POM, 362). Pero la voz irónica se agudiza con mayor precisión y compromiso en el poema "Oda a los nuevos bardos" (MPN, 310), con el ataque frontal a la estética neoparnasianista de los novísimos, dominante en los 70, con su retórica del ornato y su culto por el minoritarismo poético: "Detrás de las cortinas,/ en el lujo en penumbra de los viejos salones/ que los brocados doran con resplandor oscuro,/ sus adiposidades brillan pálidamente/ un instante glorioso". Del exceso verbal como incontinencia comparada de modo oblicuo con las fisiológicas y criticada, como en Valente, en tanto actividad infértil inútilmente prolongada en el tiempo ("Viejo poeta incontinente", POM, 364), la enunciación se desplaza, finalmente, al poeta banalizado reducido a la gestualidad obsecuente de un perro: "Seguro de la gracia/ irresistible de su breve aullido/ [...] con ojos zalameros y saltones/ nos sigue reclamando más azúcar" ("S.M. nos contempla desde un daguerrotipo", POM, 370).

La escritura en torno a la capacidad referencial del lenguaje y su relación con lo real, por último, transcurre entre dos reflexiones: por una parte, la percepción de la inutilidad de todo lenguaje, embarcado, como el mundo, en un destino final de muerte y de silencio; por otra, y complementariamente con lo anterior, la consideración de aquél como un sucedáneo ineficaz de la experiencia humana, refractaria, en esencia,

---

33.   En este sentido, la crítica de González se convierte en "homenaje" en el caso de Jorge Guillén, en quien se valora el proceso esencializador operado sobre lo real en los márgenes de una estética humanamente "pura": "Vistas así las cosas,/ iluminadas por amor tan claro/ cómo van a negarse?/ Dóciles, entregadas a su más alto vuelo,/ se demoran, esperan, se eternizan." ("Glosas en homenaje a J.G.", I, POM, 375).

de ser referida. Ambas consideraciones llevan a González a formular su programa "antipoético". En la convicción de que la palabra poética, inútil en tanto lenguaje, lejos de toda situación de privilegio representativo, se construye lúdica y azarosamente en el cruce de las voces propias y "ajenas", la escritura de González -a partir de GE- se arma en torno a materiales imprevistos, marginales, en *collages* donde confluyen las tradiciones y los géneros de la literatura consagrada -en su mayor parte parodiados- junto con los discursos del poder, el espectáculo, la calle.

Las especulaciones acerca de la inutilidad de la palabra continúan la relación temporalidad-lenguaje que atraviesa fundamentalmente la producción temprana del autor y que se encuentra, según vimos, íntimamente vinculada con la construcción -paralela- de un sujeto histórico que, en lo personal, no hace sino contemplar "la cruel retirada de las cosas" ("Mundo asombroso...", SECC, 73). En dicho poema, la amenaza de disolución afecta también las mismas posibilidades de nombrarla: "¿Y qué ejército es éste que me lleva/ envuelto en su derrota y en su huida [...]/ hacia la sombra donde van las luces,/ hacia el silencio donde la voz muere?". En la medida en que esta constatación se hace visible, se acentúa en la escritura de González la emergencia de una mirada escéptica en torno a las vinculaciones entre el lenguaje y lo real. Poemas como "Palabra muerta, realidad perdida" (SECC, 117) otorgan a la palabra el poder -aun cuando clausurado- de configurar lo real en el recuerdo ("cuando un nombre no nombra, y se vacía,/ desvanece también, destruye, mata/ la realidad que intenta su designio"). En esta línea, "La palabra" (PSP, 183) continúa esta reflexión en la percepción de la imposibilidad de imaginar el mundo fuera de la versión que de él suministra el lenguaje: "Retrotraerse a un sentimiento puro, imaginar un mundo en sus prenombres, es imposible ahora". Pero en "Lecciones de cosas" (GE, 143) la evidencia de lo real se impone sobre el nombre, que se convierte, en este caso, en un sucedáneo mendaz de la naturaleza y de la historia ("Sucede entonces,/ que si habla, el hombre, aunque no quiera, miente"). Lo mismo ocurre en "Las palabras inútiles" (PSP, 192) respecto de la experiencia del amor: "... busco aquellas palabras/ que no existen [...]/ cuando lo que quisiera/ es llegar a tu cuello/ con mi boca...". En todos estos textos, según puede advertirse, se presenta en escena el conflicto entre un sujeto constructor de lo real desde el lenguaje -el yo "poeta"- y otro que experimenta, o intenta experimentar, lo real sin mediaciones, infructuosamente. Esta pugna, siempre irresuelta, surca la producción entera de Ángel González hasta sus poemarios más tardíos y se instala, justamente, en el núcleo medular de aquella primera inflexión metapoética que, en sintonía con Machado, denominamos "temporal": las relaciones entre la escritura y la vida, entre la estética y la ética. En este sentido, "Preámbulo a un silencio" (TU, 234), una voz desquiciada, que se proyecta al sujeto empírico ("Ángel,/ me dicen,/ y yo me levanto,/ disciplinado y recto/ con las alas mordidas"), exhibe su derrota, resignadamente, ante los límites de un rol que antes se suponía insustituible: "... y sonrío, y me callo porque, en último extremo,/ uno tiene conciencia/ de la inutilidad de todas las palabras".

Llegada a este punto, la voz escrituraria termina por perder, ahora deliberadamente, su ubicuidad específica y se enreda en el murmullo caótico e indiferenciado de otras voces. Si las palabras son inútiles, inútiles también resultan las fronteras genéricas y discursivas que las separan y clasifican. Derribarlas, para González, es exponer ante nuestros ojos su arbitrariedad, arbitrariedad del canon que dirime caprichosamente entre "lo poético" y lo "no poético", y arbitrariedad de la práctica verbal, del lenguaje mismo sobre el cual la institución canónica se edifica. La "antipoesía"[34] de González resulta, como en Valente, de la puesta en escena de una crisis semiótica, a partir de la cual la función específica del lenguaje -crear mundos o versiones del mundo- empieza a ser cuestionada.

Desde este postulado ideológico podemos comprender los alcances funcionales del juego verbal, del distanciamiento irónico, de la irreverencia. En "A veces" (*BAB*, 237) la escritura aparece configurada como un asedio sexual a las palabras ("les levanto las faldas con mis dedos") que asocia a la vez libido e impotencia: "Escribir un poema se parece a un orgasmo:/ mancha la tinta tanto como el semen,/[...] y pese a todo, ved:/ no pasa nada". En la sección "Metapoesía" de *MPN* la

---

34. Para la definición de este concepto, que emerge de la producción autorreferencial del chileno Nicanor Parra, seguimos, en el ámbito de los estudios críticos sobre el tema, la clasificación de Paul Borgeson, heredera, a su vez, de la de Fernández Retamar. Borgeson distingue "antipoesía", "poesía conversacional" y "poesía exteriorista", y aplica el primer concepto a Parra y el tercero al nicaragüense Ernesto Cardenal. Ambos, según el autor, comparten su preferencia por la "poesía conversacional", el desprecio por la metáfora, el apartamiento respecto del canon literario y la inmersión en la oralidad. Pero mientras Cardenal sostiene el valor de utopía de la palabra poética, en Parra "la presencia de lo mundano, hasta de lo nimio, si bien funda la estética de su verso, se hace en última instancia una trampa que se traga su propia creación. Es la creación que no puede aceptarse a sí misma, que acaba por destruirse, negando su propio valor en la autoburla" (cfr. Paul Borgeson, "Lenguaje hablado/lenguaje poético: Parra, Cardenal y la antipoesía", en *Revista Iberoamericana*, 118-119 (enero-junio 1982): 25. Dentro de la misma línea situamos el artículo de Federico Schopf, que concibe el antipoema como una instancia de deconstrucción superadora dentro del proceso de la poesía contemporánea, en tanto que sus múltiples modulaciones establecen "una incongruencia entre hombre y mundo" (cfr. Federico Schopf, "Estructura del antipoema", en *Atenea*, XL, 149, 399: 140-153). Ricardo Yamal, finalmente, en su estudio sobre Parra, define en este sentido al sujeto antipoético como aquél que "se debate entre el sentimiento romántico que lo urge y la perspectiva escéptica, que lo previene de éste, pero que termina por dejarlo tristemente vacío". (Cfr. Ricardo Yamal, *Sistema y visión de la poesía de Nicanor Parra*, Valencia, Albatros Hispanófila, 1985, 19.) En las alternativas de esta mirada, autoparódica, crítica y escéptica, parece fundarse también la "antipoesía" de Ángel González.

propuesta antipoética se diseña como una estética de la basura, del residuo biológico, del "escombro", de la marginalidad, consecuencias fatales de "la indeformable estolidez del tiempo": "Esto es un poema./ Mantén sucia la estrofa./ Escupe dentro" ("CONTRA-ORDEN. (POÉTICA por la que me pronuncio algunos días", 293). La nueva exigencia de indiferenciación discursiva convoca también, en el seno de la práctica antipoética, las jergas del poder, la política, el protocolo, la publicidad, el espectáculo, la canción popular, el grafiti, la enciclopedia: "Poesía eres tú,/ dijo un poeta/ -y esta vez era cierto-/ mirando el Diccionario de la Lengua" (*MPN*, "Poética Nº 4", 294). Como consecuencia de esta mixtura, el oficio del poeta, perdida su especificidad, es puesto a un pie de igualdad respecto de otras prácticas sociales ("Debajo del poema/ -laborioso mecánico-,/ apretaba las tuercas a un epíteto...", *POM*, "JRJ", 369), y llevado a la calle en "A la poesía" (*MPN*, 297), texto que reinserta en la reflexión metapoética un tono optimista y confiado que los poemas contemporáneos y posteriores se encargarán de desmentir, como veremos más adelante: "Y sacarte a las calles,/ despeinada,/ [...] tu cabello sombrío/ como una larga y negra carcajada".

Como hemos analizado a lo largo de estas páginas, la escritura autorreferencial de González arriba, por vías diferentes pero igualmente operativas, al mismo puerto de reflexión que la de José Ángel Valente. Sostenida en la búsqueda de una poética "temporal" donde confluyan arte y vida y embarcada en la denostación feroz de todo esteticismo, tras la paulatina comprobación de la ineficacia del signo no ya para modificar sino para dar nombre a lo real, esta escritura se convierte, progresivamente, en una especulación contrautópica y desesperanzada respecto del lenguaje, el hombre, la vida, el mundo. Si en Valente la salida -fallida- es la de una poética del silencio, en González lo será una voz irónica, espesa y desconcertada que, según veremos más adelante, intentará decirse y justificarse en un entramado balbuceante de ecos y resonancias.

II.2. *El sujeto histórico*

En consonancia con el diseño de una metapoética "temporal", la escritura de González se mueve, como la de Valente, regida por una enunciación también temporalizada, en la figuración de un sujeto histórico individual y colectivamente constituido. En principio elegíaco y más tarde casi excluyentemente irónico,[35] este sujeto se perfila, en su

---

35.   Este tránsito lo ha observado más acotadamente Tino Villanueva en "*Áspero Mundo*, de Ángel González: de la contemplación lírica a la realidad histórica", en *Journal of Spanish Studies Twentieth Century*, 8, 1-2 (1980): 161-179. En la misma línea, Stacey Parker,

individualidad, en torno a la pareja identidad-alteridad, enancadas ambas en una concepción nihilista del tiempo y de la historia humanos.

En el dibujo de la identidad del sujeto escriturario está presente, de modo especial, el correlato autobiográfico del sujeto autoral, a instancias del cual se origina, en el proceso de la lectura, el efecto de "verdad" al que, según vimos, apunta programáticamente esta poética.[36] Si en Valente esta presencia aparecía mediada, implicitada pudorosamente en el recuerdo de los muertos familiares o de los días trágicos de la guerra y la posguerra, en González se hace ostensible, y compromete al lector en una tarea que desplaza oblicuamente el texto producido hacia su contexto de producción vital. Así el poema "Para que yo me llame Ángel González..." (AM, 15), que describe el tránsito de un sujeto en descomposición, hecho del material residual de sus propios ancestros ("fruto... podrido", "escombro tenaz") y resultado de una temporalidad implacable: "Para que yo me llame Ángel González,/ para que mi ser pese sobre el suelo,/ fue necesario un ancho espacio/ y un largo tiempo...". La contundente materialidad de este "yo" se atenúa en el poema siguiente, con la translación de la primera a la tercera persona, pero no desaparece, pues continúa presente en el dato empírico que asimila, en el pacto de lectura, el tiempo y el lugar de la enunciación a los del enunciado: "Aquí, Madrid, mil novecientos/ cincuenta y cuatro: un hombre solo" ("Aquí, Madrid, mil novecientos...", 17). En la misma línea, la procedencia ovetense del autor se implicita dentro del mismo libro en "Capital de provincia", mediante la referencia sensorial a su paisaje

------

centrándose en *BAB*, *PN* y *MPN*, destaca el pasaje de una "sensibilidad lírica" temprana a una "visión ingeniosa", resumible en el concepto de "desfamiliarización" de Víctor Shklovsky. Cfr. Stacey Parker, "Desfamiliarización en la poesía de Ángel González", en *Inti*, 21 (primavera de 1985): 75-82.

36.   Gonzalo Sobejano desarrolla este concepto en relación con el prosaísmo que cruza con insistencia la escritura de González: "[Los] efectos de prosismo son efectos de verdad en la medida en que hallar en un texto poético en verso significados y significantes propios de los textos no poéticos en prosa acerca al lector al mundo de la realidad práctica donde discurre la mayor parte de su existencia, en la cual, y por muy cultivado que el lector sea, el arte es la excepción" (cfr. Gonzalo Sobejano, "Salvación de la prosa, belleza en la necesidad en la poesía de Ángel González", en Susana Rivera y Tomás Ruiz Fábega [ed.], *Simposio-homenaje a Ángel González*, Nuevo México, Universidad de Nuevo México, 1987, pp. 23-55). Lo mismo puede decirse de la presencia del correlato autoral en los textos poéticos, en especial dentro del programa de las poéticas de "pretensión referencial". En la búsqueda de tal "efecto de verdad" la presencia simulada del sujeto empírico en los textos es un indicio de la intencionalidad autoral de borrar los límites que separan los actos de habla "reales" de los "fingidos", aun cuando en la lírica, según apunta Walter Mignolo, esos límites están puestos permanentemente en cuestión desde las convenciones del género, en "la configuración de la institución literaria misma" (cfr. Walter Mignolo, "La figura del poeta en la lírica de vanguardia", en *Revista Iberoamericana*, 118-119 [enero-junio 1982]: 131-148).

urbano y campesino, envejecido y húmedo: "Ciudad de sucias tejas soleadas:/ casi eres realidad, apenas nido,/ sólo un rumor, un humo desprendido/ de las praderas verdes y asombradas" (45). En "Me basta así" (*PSP*, 190) el sujeto plenificado y justificado a partir de la experiencia del amor propone la fusión de escritura y vida no sólo a partir de la introducción del correlato autobiográfico sino también del registro prosaico, quebrando, por tanto, las convenciones de "lirismo" sostenidas por la tradición de la poesía amorosa: "... ya no sé si me explico, pero quiero/ aclarar que si yo fuese/ Dios, haría/ lo posible por ser Ángel González/ para quererte tal como te quiero...". En el ya citado "Preámbulo a un silencio" (*TU*, 234), la confusión entre el "rol textual" y el "rol social" (Mignolo) está signada por la referencia a la actividad de la escritura y la inexorabilidad de su fracaso ("Ángel,/ me dicen,/ [...] y sonrío y me callo porque, en último extremo,/ uno tiene conciencia/ de la inutilidad de todas las palabras"), y permite, concurrentemente, a partir del nombre del sujeto empírico y de sus resonancias semánticas, exponer la crisis de orden religioso que atraviesa la poética del autor: "Eso es cierto, tan cierto/ como que tengo un nombre con alas celestiales,/ arcangélico nombre que a nada corresponde". En un tono completamente diferente, "Así parece" (*POM*, 390) juega irónicamente con las mismas ideas desde una escritura prosaica y emocionalmente distanciada, en esencia antiheroica: "Acusado por los críticos literarios de realista,/ mis parientes en cambio me atribuyen/ el defecto contrario;/ afirman que no tengo/ sentido alguno de la realidad...".

Más indirectamente, el correlato autoral aparece, como en Valente, dibujado en la experiencia común de estos "niños de la guerra", experiencia del pasado que cruza dolorosamente la identidad presente del sujeto y que apunta a su reconfiguración crítica a expensas de una voz colectiva. Así "Ciudad cero" (*TU*, 259) exhibe el pasado vivido y evocado desde una mirada infantil que sin embargo introduce el horror -"... uno de los muchos/ prodigios cotidianos: el hallazgo/ de una bala aún caliente,/ el incendio/ de un edificio próximo..."- y se proyecta en la insatisfacción existencial de la adultez -"este miedo difuso,/ esta ira repentina,/ estas imprevisibles/ y verdaderas ganas de llorar"-.

Cruzada en los pliegues del discurso por una configuración imaginaria e histórica y en su estatuto temporal por el pasado y el presente, la identidad del sujeto se construye también en la superficie de otra dualidad, la de "cuerpo" y "yo", en consonancia con la escisión subjetiva que analizamos en Valente. En "Miro..." (*AM*, 24) el desgajamiento corporal del sujeto es producto de una mirada desmanteladora que transforma el propio cuerpo en un objeto de análisis y observación: "Miro/ mi mano [...]/ Ahora es como un pájaro/ bruscamente caído/ desde mi cuerpo hasta/ ese sitio...". En "Cumpleaños de amor" (*SECC*, 99) esa mirada atraviesa el sujeto diacrónicamente, y reconstruye la sucesividad de cuerpos del amor en los que pervive, sin embargo, un único e inmutable sentimiento: "Mis sucesivos cuerpos [...]/ se pasarán de mano en mano,/ de corazón a corazón,/ de carne a carne...". La división se profundiza en "Yo mismo" (SECC, 72) hasta dar lugar, ya no a la escisión mirada-cuerpo, sino a la creación de un cuerpo otro paralelo al primero, independiente de él y, por añadidura, antagónico: "Yo mismo/ me encontré frente a mí en una encrucijada./ Vi en mi rostro/ una obstinada expresión, y dureza...".

Con respecto a los vínculos entre sujeto y alteridad, encontramos en el discurso de González presupuestos comunes con José Ángel Valente, específicamente en la constitución de un "tú" femenino que introduce una nueva flexión en la configuración de la identidad azarosa del hablante. Dentro del "acariciado mundo" del amor (presencia especialmente insistente en AM), trascendentalizado como absoluto en oposición con el "áspero mundo" de la contingencia y la muerte, la enunciación construye un sujeto también trascendentalizado, pero sólo a partir de la mirada demiúrgica y fundante de la mujer. Así en "Muerte en el olvido" (23), el "tú" opera en el sujeto una suerte de purificación: "Yo sé que existo/ porque tú me imaginas./ Sol alto porque tú me crees/ alto, y limpio porque tú me miras/ con buenos ojos...". La momentánea o definitiva ausencia de la amada no sólo modifica el espesor existencial del "yo" sino que desarticula la percepción de éste respecto del mundo: "Me dejas naufragando en esta nada/[...] Cómo desaparece el monte/ [...] se hunde el río/ [...], se desintegra la ciudad" (36). Establecida en la dialéctica absoluto-vacío, la relación yo-tú es tanto espiritual como corpórea, y en esta complementariedad el sujeto asiste a la propia desintegración, materialmente percibida: "Me he quedado sin pulso y sin aliento" (42). En tal sentido, el componente sensorial resulta determinante en la constitución de esta alteridad. Si en poemas del mismo libro como "Te tuve..." (11) el contacto del sujeto con el mundo en fuga es referido transversalmente, en la refiguración táctil y concreta del desencanto espiritual ("Ahora te siento nuevamente/ no por tu luz, sino por tu corteza"), en aquéllos cuya materia del enunciado es el amor el procedimiento de representación es similar, aunque su campo de sentido sea el opuesto. En "Alga" (46), por ejemplo, el deseo de ser naturaleza para acompañar permanentemente a la amada da cuenta de una identidad que se deconstruye y reconstruye excluyentemente a partir de esa relación, a través de un juego encadenado de figuraciones sensoriales diversas que exponen tanto la absolutización del "tú" como la atomización del "yo": "Todo quisiera ser, indefinido,/ en torno a ti: paisaje, luz, ambiente,/ gaviota, cielo, nave, vela, viento...". Pero, al igual que en Valente, el "tú" es, a su vez, una construcción del "yo" a través de la mediación de la mirada, o bien de la memoria, representación a su vez idealizada de esa primera mirada referencial con la que el sujeto da forma al objeto de su deseo: "Pero tú nada temas:/ pese a tanta belleza,/ el deseo/ de hallar la paz en el olvido/ no prevalecerá contra tu imagen" ("Texas, otoño, un día", *MPN*, 318).

Imagen, mirada, percepción sensorial, en suma, recorren la poética de González y establecen el modo preferencial con el que el sujeto se conecta con la alteridad a lo largo de toda su producción. De ello resulta también la constitución de una escritura a menudo "ekfrástica",[37] en cuya superficie se cruzan y recodifican a expensas de su vecindad (y más allá de sus entramados temáticos) diversos sistemas semióticos y sus signos específicos. La palabra, la pintura ("Palabras desprendidas de pinturas de José Hernández", *PN*, 261; la serie "American Landscapes", *POM*, 375 y ss.) y la música (la sección "Intermedio de canciones, sonetos y otras músicas", *TU*, 239-254; "Quinteto enterramiento para cuerda en cementerio y piano rural", *PN*, 253, entre otros) se recontextualizan, así, como códigos anfibios de representación, auténticamente posmodernos, que, al tiempo que constituyen universos heterodoxos, confirman, junto con lo que ya hemos visto, la emergencia de un modo de mirar verdaderamente ex-céntrico y en constante desplazamiento. Detrás de ellos, a partir de ellos, la diseminación de una voz subjetiva que, en conflicto con toda posibilidad de figuración ideológica, encuentra en lo perceptual el modo de significar el fragmento, paradigma a la vez de su propia identidad y de la imagen del mundo por ella edificada.

Con respecto a la voz plural, a través de la cual ingresan en la escena escrituraria de González un sujeto histórico colectivo y las preocupaciones en torno a la peripecia social, encontramos, protagónicamente, una enunciación antiheroica y crítica en torno a tres blancos fundamentales: los horrores de la guerra, la modernización capitalista y el poder autoritario. Esta voz aparece organizada a expensas de un discurso en su mayor parte distanciado que se compromete a medias con lo enunciado e interpela al lector a través de un sistema de presuposiciones que van desde la ironía a la parodia feroz de los discursos del poder, pasando por los juegos verbales que con incisividad desmantelan el habla cotidiana. Estos principios constructivos (que serán tratados en profundidad en el apartado siguiente) resultan claves para comprender

---

37. Remitimos nuevamente a Persin, 1990: 43-63, quien retoma el concepto de "ékfrasis" de Diane Chatte, definible como "la transformación de un arte visual en otra forma verbal, causando así una confrontación única entre el tiempo y el espacio, entre la palabra y la visión, dentro de una sola experiencia sensorial". Esta hibridación de códigos es, según Persin, el signo de los discursos culturales de la posmodernidad, que es exhibido protagónicamente por la escritura autorreferencial:

> El o la poeta, al reflejar oblicua o directamente otro texto de otro medio artístico en el suyo, invariablemente hecha luz sobre el simultáneo proceso generador y destructor de la creación artística, sea cual fuere el medio [...], pone en cuestión la definición monolítica de un texto...

la naturaleza del sujeto colectivo y su relación no sólo con el contexto de enunciación sino, y principalmente, con el lenguaje poético que incorpora ese contexto para decir y hacer algo con él. Si en la década precedente prevaleció la confianza en la eficacia de la palabra como arma de lucha y transformación de un presente insatisfactorio, en función de un futuro cuyo motor era la utopía, la ideología poética de González -y, según vimos, también la de Valente- exhibe los agrietamientos de esa fe, aun cuando su escritura esté efectivamente todavía surcada, en palabras de Luis García Montero, por "un sedimento de paciente vitalismo".[38] Y los exhibe, justamente, en los modos a partir de los cuales se articula esa voz que ironiza, distante y desencantada, sobre la existencia ubicua del autoritarismo y el triunfo del mercado y la modernización en medio de los residuos de una posguerra que no acaba nunca de irse.

En el apartado anterior habíamos analizado la presencia de lo colectivo en la configuración del correlato autoral a partir de los relatos de la guerra y la posguerra. Si el poema "Campo de batalla" (*SECC*, 77) remite tanto a esta situación histórica puntual (a través de una primera personal plural "generacional") como, translaticiamente, a la dureza de la existencia humana, en el libro siguiente, *GE*, "Penúltima nostalgia" (149) evoca las noches juveniles, signadas por la música, junto con el costado atroz de la historia de España que, esta vez, no se duplica en metáfora alguna: "Olvidamos, en cambio,/ los cadáveres,/ los campos de batalla,/ el hambre de los campos,/ las razones del hambre". Más lúdico y coloquial, "La paloma" (*TU*, 254) juega con el prosaísmo y el montaje intertextual (logrado por la inclusión de una canción popular hispanoamericana) para hablar de la guerra en un sentido más universalizado, confrontada con una esperanza "paloma" que, pese a su resistencia, acaba muerta: "... unas plumas mancilladas,/ halladas entre sangre/ cerca de un arrozal, en el Sudeste/ asiático...". El transfondo irónico de estos poemas se coloca en primer plano en un poemario más tardío de González, *PN*, donde la crítica a la guerra se presenta contenida y, por lo mismo, mediatizada emocionalmente, dentro de un género de la literatura -"Fábula y moraleja" (260)- expuesto como tal en su condición de artificio (como, por lo demás, el mismo título del libro lo indica): "Dos soldados se amaban tiernamente./ Grababan en las balas las iniciales de sus nombres propios/ elegantemente entrelazadas./[...] Intentaban de este modo llevar su amor al corazón de todos los hombres...".

El gesto distante de la ironía preside como estrategia estructuradora por excelencia el libro *TU*, donde González vertebra su crítica a la modernización y el materialismo de la ciudad contemporánea. En el mismo,

---

38.   Cfr. Luis García Montero, "Impresión de Ángel González", *Ínsula*, 553 (enero de 1993): 25-26.

distintos poemas permiten la expansión de una enunciación mordaz que busca demoler las instituciones edificadas por esta sociedad neoburguesa, tales como la censura moral, el matrimonio, la riqueza, el consumo indiscriminado. Así el polifónico título "Inventario de lugares propicios al amor" (que remite tanto al motivo abordado como a la forma discursiva que lo constituye) contrasta su estilo explicativo y pretendidamente neutral con su materia enunciativa, el amor, cercado por la censura social de un "tiempo hostil", aludida metonímicamente desde el campo de la "mirada": "Por todas partes ojos bizcos,/ córneas torturadas,/ implacables pupilas,/ retinas reticentes,/ vigilan, desconfian, amenazan" (291). En "Lecciones del buen amor" (218) la enunciación, que simultáneamente oculta y exhibe, se desdobla en dos voces (el cuerpo central del poema y sus anexos en "notas") para desnudar la hipocresía de la institución matrimonial a partir de la narración en tercera persona de una historia repetida: "... parecía que toda su historia/ conyugal sólo era/ un largo ensayo general, pensando/ en la ovación final de las visitas...".

La "perfección" estética de las clases altas es, por su parte, motivo de burla en "Zona residencial" (215). Allí un sujeto demoledor impone sobre sus víctimas una mirada cosificadora, a través de la incorporación, por ejemplo, de registros de la jerga comercial, que transforman a las personas en los mismos objetos de consumo con que adornan la oquedad de sus vidas: "... niños/ (bicicletas y risas niqueladas),/ [...] adolescentes/ (de agradable formato, encuadernados/ en piel de calidad insuperable)...". Por su parte, en poemas como "Centro comercial" (225) y "Civilización de la opulencia" (229) la voz irónica pone en escena la deificación de las cosas, que desplaza el "firmamento caído" de la auténtica trascendencia por el "cielo de neón" de la publicidad, nuevo dios entronizado por el consumo, cuyas "catedrales" se edifican, ahora, en los "zapatos" de mujer expuestos, como imágenes de culto, en las vidrieras.

Los ataques al poder autoritario se centran, finalmente, en dos procedimientos: la parodia de sus discursos (menos frecuente que en Valente) y la carnavalización de sus actores. De este modo, en el temprano poema "Discurso a los jóvenes" (SECC, 119), aparecen reapropiados los clisés del franquismo ("paz y patria feliz/ orden/ silencio") para orientar la crítica hacia una concepción de la historia política de España que en la profundidad enunciativa se entrevé momificada y estéril, desde un presente de represión y desigualdad social: "Fuego para quemar lo que florece./ Hierro para aplastar lo que se alza".[39] Pero el perfil más devastador de esta voz crítica lo encontra-

---

39. Tino Villanueva atribuye a la ironía contenida en este poema un efecto de distanciamiento para esquivar la censura franquista, recuperando el concepto de "retórica del posibilismo" que, según Juan Goytisolo, consiste en "self-censorship,

mos en *MPN*, en la esperpentización del gobernante protagonista de
"Horóscopo para un tirano olvidado" (286), definido a través de sus
máscaras y de su vestimenta (como en "Antífrasis a un héroe", 304), que
cifran la teatralidad vacía y camaleónica del poder: "Ni Marx/ ni Venus:/
sólo/ Marte de carnaval,/ sórdido Eros de café cantante...". En la misma
línea "Yarg Nairod" (303) pone el acento en el contraste entre la imagen
oficial del tirano -"su retrato marcial, joven, erguido"- y su rostro
verdadero, definitivamente muerto -"él se llena de arrugas y de lacras/
oculto en su palacio"-. La carnavalización de Augusto Pinochet en "Otra
vez" (287) -"un general con nombre de payaso"- aparece, sin embargo,
obsedida por el torrente expresionista de un discurso fuertemente
modalizado, que da voz a un sujeto esta vez embarcado, comprometido
desde sus emociones con el acontecer violento de la historia chilena:
"Sangre: no sangres más./ ¡Cómo decirte que no sangres, sangre!/
¿Nunca ha cesado de correr la sangre?". Pese a este último ejemplo, y
de acuerdo con lo que hemos visto, el sujeto histórico colectivo es en
González la suma de unas voces críticas situadas en una instancia
emocional completamente neutralizada, donde el decir exhibe su naturaleza de "versión", imponiéndose como discurso no necesariamente
en relación de transitividad con el contexto. Ironía, parodia,
esperpentización, empujan a la voz a hablar en transversal, a diseminarse
en direcciones encontradas, a crearse y anularse simultáneamente. A
expensas de ellas, un sujeto distante y escéptico juega con las palabras,
porque lo real escapa a su voluntad, se resiste a ser significado, y lo
único seguro es el espejo solipsista del texto, vuelto sobre sí mismo en
un gesto de autonominación permanente e históricamente inoperante.

II.3. *El sujeto irónico: desandando sentidos*

Finalmente, analizaremos en este último apartado las matrices de
conformación de un sujeto "irónico", al cual ya aludimos en páginas
anteriores, y que representa el perfil casi excluyente de la voz poética en
los últimos libros del autor. La primera cuestión que debemos resolver
es de qué hablamos cuando hablamos de "ironía", y en qué medida
comprometemos el estatuto de la enunciación en esa definición. Nos
resulta operativa, al respecto, la siguiente reflexión de Wayne Booth, que
estudia el procedimiento dentro del marco de la retórica, en la relación
autores-lectores: "El proceso de lectura de la ironía se representa mejor

---

elliptical prose, allegory, vague allusions...". Citado en Tino Villanueva, "Censura y
creación: dos poemas subversivos de Ángel González", en *Hispanic Journal*, V, 1 (otoño
1983): 49-72.

con la metáfora de la reconstrucción de todo un edificio donde cualquier mensaje formulable sería sólo una especie de tejado, o quizá de albardilla, de toda una colección de proposiciones que constituyen una estructura más sólida que la implicada por la afirmación manifiesta original".[40]

Dentro de los alcances de esta metáfora teórica, el sujeto "irónico" es, para nosotros, aquél cuya voz se manifiesta a través de la oblicuidad, en una dinámica de cruces e interferencias donde lo significado no se agota, ni mucho menos, en lo dicho por la superficie del texto, sino que se ahonda en él, dando lugar a un discurso hojaldrado y polifónico que lo dispersa y fragmenta. Esta enunciación espesa es irónica porque requiere una reconstrucción "de segundo grado" (Booth) por la cual los sentidos primeros son desinstalados de su convención y llevados vertiginosamente hacia sus opuestos, hacia sitios impredecibles o, en el más extremo de los casos, hacia ningún sitio.[41]

En la escritura de Ángel González la voz irónica se despliega, en este sentido, a través de tres formulaciones principales: la ironía propiamente dicha, la intertextualidad (que incluye la parodia de la literatura, la fusión y borramiento de géneros y tipos discursivos, la apropiación y refuncionalización de hablas sociales diversas) y los juegos verbales (presentes a través de procedimientos como la deslexicalización y las asociaciones impertinentes, entre otros posibles).

Los ejemplos de ironía son abundantísimos especialmente a partir de su libro de 1962, *GE*.[42] Allí encontramos poemas como "Prueba" (158) y "Predicador injustamente perseguido" (175) que se valen de la translación irónica para manifestar el escepticismo radical que, según dijimos, recorre la obra del autor en torno al tema de Dios y la vida trascendente. En "Prueba" la voz irónica gira en torno a la creación divina, ejemplificada en la mano del "poeta", en contraste con aquella otra que "roba, incendia, mata". La estrofa final emite su sentencia lapidaria e inesperada: "Por lo tanto,/ se prueba una vez más,/ como decía,/ el orden natural y preexistente,/ la armónica armonía de las cosas". Esta concepción heterodoxa y agresiva respecto de Dios se despliega tardíamente en libros como *POM*, en el cual el desengaño religioso es expuesto en un poema como "Deseaba una muerte..." (353): "Deseaba una muerte, lo confieso / pero/ cuando al fin comprendí que/

---

40. Cfr. Wayne Booth, *Retórica de la ironía*, Madrid, Taurus, 1986, p. 69.
41. Ver al respecto el interesante estudio de Andrew Debicki, "Transformation and perspective in the poetry of Ángel González", en *Revista Canadiense de Estudios Hispánicos*, VI, 1 (otoño de 1981): 1-23.
42. Douglas Benson ve este recurso como "la clave de [la] cosmovisión" de toda la producción del autor, en su excelente estudio "La ironía, la función del hablante y la experiencia del lector en la poesía de Ángel González", en *Hispania*, 64, 4 (diciembre de 1981): 570-581.

-por pura coincidencia con designios más altos-/ el cumplimiento de ese deseo mío/ estaba asegurado...". En esta línea, en el mismo libro se retoman los motivos del tiempo y de la muerte, que acosaron la escritura de González especialmente en sus poemarios más tempranos, ahora abordados en su reverso, con un tono desmitificador que resulta impertinente respecto de la seriedad que supone su tratamiento: "... puesto que estoy abocado/ a la descomposición y al olvido-// [se comprende] que pregunte angustiado en mis noches de insomnio:// ¿Dónde estarán las muelas y los dientes/ que me arrancó el dentista cuando niño?" ("Menos mal que aún conservo el esqueleto", 395). Junto con esta disonancia, por la cual el tema (serio) y su tratamiento (cómico) se presentan en desequilibrio, otro de los juegos irónicos más frecuentados por González es el contraste entre título y desarrollo poemático. En *GE*, por ejemplo, "El pensador" (169) desautomatiza la expectativa del lector que, preparado para la recepción de un poema con sentido alegórico o filosófico a partir de su título, se encuentra con la minimalista historia de un lechero y su acreedor. Totalmente ironizado se presenta al personaje central de "Nota necrológica" (171), paradigma del burócrata reducido por la obsecuencia, cuyas supuestas virtudes (con la enumeración, como clave constructiva de estos géneros apologéticos) son desmentidas por la intencionalidad burlona de la enunciación: "... caligrafía,/ una puntualidad tan bien lograda,/ un temblor tan notorio ante los jefes,/ no podían quedar sin recompensa". En *TU* la crítica se exaspera para demoler las instituciones de la burguesía y la alienación urbana, en textos ya citados como "Zona residencial", "Lecciones del buen amor", "Civilización de la opulencia". En "Parque con zoológico" (207), por ejemplo, donde domina el motivo de la naturaleza enfrentada con la ciudad, el procedimiento irónico opera por reducción valorativa, en la conversión paródica del paraíso genesíaco en parque urbano, y del hombre en mera entidad fiscal: "Vegetación y ocio, cachorros/ de cocodrilo y de contribuyente:/ he aquí la Creación/ municipal".

Los modos de apropiación intertextual, por su parte, resultan protagónicos a lo largo de la producción del autor y exhiben deliberadamente la naturaleza "artificiosa" de la voz, en cuyo seno se alojan las resonancias de la institución literaria, en su mayor parte parodiada, las alusiones a sus géneros y formas canónicas, así como los ecos de la calle, el espectáculo, el poder, la oralidad, en sus diversas facetas.

Vimos que en Valente la escritura insiste en darse un lugar, fundamentalmente, a partir de las voces de la cultura erudita, de presencia elusiva y a menudo implícita en los textos, lo cual genera la necesidad de un lector altamente competente para su correcta decodificación. En González, en cambio, la apropiación de intertextos literarios funciona como un engranaje de contacto con formas procedentes en su mayoría de la literatura tradicional, lúdica y didáctica. Así lo demuestran los títulos de sus libros, secciones de libros y poemas: "*Tratado* de urbanismo", "Breves acotaciones para una *biografía*", "Procedimientos *narrativos*", "Poemas *épicos y narrativos*", "*Canciones*", "*Égloga*", "*Elegía* pura", "*Adivinanza*", etc. No debemos exceptuar en esta enumeración, por otra parte, la parodia de formas cultas consagradas por la institución literaria, en títulos como "*Monólogo interior*", "*Realismo mágico*" (los subrayados son nuestros). En todos estos casos, sin embargo, la información suministrada al lector respecto de estas tipologías genéricas resulta peligrosamente engañosa. En primera instancia porque esta voz, que esconde arteramente la falsedad de su "transparencia", a partir de la cual muchos han clasificado la poética del autor como "realista", se mueve sigilosamente al compás de su condición de artificio literario, de mediación cultural:[43] así lo demuestra la insistencia en precisar géneros y tipos discursivos, a partir de los cuales la enunciación se vuelve un acto solipsista y lúdico, cuya transitividad con lo real aparece permanentemente entorpecida. En segunda instancia y a diferencia de Valente, quien a menudo omite deliberadamente, según vimos, mencionar fuentes, préstamos, "plagios", en González encontramos una voz que hace ostensible, marcada, la incorporación de los hipotextos pero, al mismo tiempo, los falsifica y disuelve en la ironía y la parodia, la confusión genérica, el montaje antipoético, todo lo cual moviliza al destinatario hacia procesos de lectura más complejos y en absoluto inocentes.[44]

La parodia es uno de los procedimientos deconstructivos más utilizados por González y recorre tanto el sistema de la literatura consagrada y religiosa como, según analizamos anteriormente, los discursos del poder.[45] Dentro de las formas de la literatura, títulos como "Fábulas

43. Este aspecto resultante del cruce de la voz poética con los "esquemas" de la institución literaria ha sido tratado por Martha Lafollette Miller en "Literary tradition versus speaker experience in the poetry of Ángel González", en *ALEC*, 7, 1, (1982): 79-95.
44. La actividad cooperadora del lector es destacada como uno de los ejes fundamentales de la poética irónica de Ángel González por autores como Andrew Debicki ("Poesía como un acto de conocimiento. El texto, la intertextualidad y la experiencia de lectura en la generación de los 50", en Susana Rivera y Tomás Ruiz Fábega: 55-70) y Douglas Benson, en 1981, y en "Linguistic Parody and reader response in the worlds of Ángel González", en *ALEC*, 7, 1 (1982): 11-29.
45. Tanto Bajtín como Julia Kristeva conciben la parodia como un "contradiscurso" enfrentado a los códigos dominantes, cuyo sentido este procedimiento pretende revertir. Para Bajtín, en la parodia, "igual que en la estilización, el autor habla mediante la palabra ajena pero, a diferencia de la estilización, introduce en tal palabra una orientación de sentido absolutamente opuesto a la palabra ajena [...] Por eso en la parodia es imposible una fusión de voces [...] La palpabilidad deliberada de la palabra ajena en la parodia debe ser sobre todo ostensible y marcada..." (cfr. Mijaíl Bajtín, *La poética de Dostoievsky*,

para animales" (*GE*, 167 y ss), propugnan una lectura invertida del género tradicional, en este caso la fábula, cuyo destinatario natural es el hombre, reducido, por el efecto paródico, a su condición bestial, esencialmente antihumana. Más agudamente, el poema "Égloga" (*PN*, 251), al convertir "monjas" en "ovejas", desmitifica, cruzándolas, tres convenciones, como en parte lo ha advertido Lafollette Miller (87-91): la primera, el género literario ("égloga"); la segunda, el género didascálico (la alegoría bíblica del pastor y las ovejas); la tercera, la institución religiosa (la vida conventual). En el mismo libro, "Monólogo interior" (256), entre otros ejemplos, juega desde el título para destruir la expectativa trasladándola del mundo literario al mundo de la sexualidad: "Manolo go/ interiormente za/ cuando su mujer dice *fornica* por *formica*". La parodia asedia también textos procedentes de la Biblia. Así "Centro comercial" (*TU*, 225) se apropia del discurso bíblico profético para referir la deificación de la publicidad contemporánea: "Los dínamos generan nebulosas/ de inflamable neón,/ asteroides bifásicos,/ cometas con su ardiente cabellera/ de bombillas fugaces...". Del mismo modo el monólogo dramático contenido en "Palabras del Anticristo" (*POM*, 346), donde el nombre alude no a Lucifer, sino a un Cristo invertido (mejor, un "Contracristo" acorde con la ideología religiosa del sujeto) se sostiene en el reverso de las frases bíblicas atribuidas a este personaje: "Yo soy/ la mentira y la muerte/ (es decir, la verdad última/ del hombre)". Asimismo, junto con la literatura y la religión, cae también bajo el filo paródico la institución académica de las universidades, cuyo imaginario discursivo y cultural es desafiado en poemas como "Empleo de la nostalgia"(*PN*, 247) y "Eruditos en campus" (*POM*, 371): "... fertilizan la tierra/ con clásicos detritus:/ *alma mater*" (371).

Finalmente, nos referiremos aquí a las estrategias de confusión deliberada de fronteras entre géneros y tipos discursivos, que permite la entrada del lenguaje prosaico y los materiales de la "antipoesia". En primer lugar, interesa destacar la tarea de borramiento consciente que la escritura de González opera sobre los géneros literarios convencionales. Un procedimiento interesante resulta, como ya se habrá adver-

---

México, FCE, 1975, pp. 270). La última afirmación de Bajtín puede ser complementada con estas palabras de Wayne Booth: "Toda parodia se refiere en todos y cada uno de sus puntos a un conocimiento histórico que en cierto sentido está 'fuera de sí mismo' -es decir, obras literarias anteriores [u otros sistemas discursivos] y por lo tanto a géneros más o menos probables [...] Al leer las parodias, utilizamos la referencia exterior a otros autores para comprender la forma en que la parodia ataca a esos mismos autores..." (169). Unas páginas antes el autor citado amplía los alcances problematizadores de esta categoría: "[En la parodia] hay que rechazar el significado superficial y encontrar, mediante la reconstrucción, otro significado incongruente o 'superior'. Los cimientos en que se basa la reconstrucción no tienen que ser necesariamente estilísticos; las buenas parodias suelen parodiar las creencias tanto como el estilo"(111).

tido, el criterio de elaboración de los títulos de libros, secciones y poemas, referidos a determinados tipos textuales, especialmente ensayísticos y narrativos ("Tratado de urbanismo", "Procedimientos narrativos", "Nota necrológica"), que luego los corpus desmienten y confirman alternativamente. El título "Prosemas o menos", por ejemplo, alude al mismo tiempo a "prosa" y "poema", lo cual queda confirmado por el tono tanto lírico como prosaico que domina en el desenvolvimiento del poemario. La prosa y la oralidad ingresan en diversos registros considerados "antipoéticos", como el periodístico ("Noticia", GE, 162), el comercial ("Zona residencial", TU, 215), el expositivo ("Hay tres momentos graves, más el cuarto", POM, 354), la canción popular ("Canción, glosa y cuestiones", POM, 380), etc. A ello debemos sumar la impronta de coloquialismo que recorre numerosos poemas, estrategia que pone en conflicto la pretendida oposición oralidad-escritura y desmitifica, junto con los otros recursos, la idea de que la praxis poética se erige como una actividad encumbrada y diferencial en el sistema de los discursos sociales. Esta desmitificación lleva, por lo mismo, a una lectura irónica, de capas superpuestas, a través de la cual las convenciones institucionales del funcionamiento de los discursos son cuestionadas en la razón de su existencia misma.

Idéntica funcionalidad adquieren los juegos verbales, que desautomatizan el lenguaje y lo desnudan de sus anquilosamientos. Así los procedimientos de deslexicalización (de los que surge, a menudo, la creación de neologismos), exhiben la obviedad de los cánones y el saber lingüísticos mediante usos sorprendentes e impensados, a partir de la estrategia de remetaforización: "los *nadapoderosos*, los mendigos, los débiles" ("Noticia", GE, 162); "*Meriendo algunas tardes*:/ no todas tienen pulpa comestible" ("Meriendo algunas tardes", BAB, 240); el título "Teoelegía y moral" (POM, 340); etc. (los subrayados son nuestros). Lo mismo ocurre con las asociaciones impertinentes, de cuño surrealista, que en el plano semántico y sintáctico reúnen unidades jerárquica o funcionalmente distanciadas, cuyo apareamiento, desde la lógica racional, resulta impensable: "Jardín público con *piernas particulares*" (TU, 203); "... cachorros de *cocodrilo* y de *contribuyente*" ("Parque con zoológico", TU, 207); "Nada es lo mismo, nada/ permanece./ Menos/ la *Historia* y la *morcilla* de mi tierra" ("Glosas a Heráclito", MPN, 302); "Un gallo *canta piedras*" ("Palabras desprendidas de pinturas de José Hernández", PN, 261); "*Artritis metafísica*" (POM, 394) (los subrayados son nuestros). La funcionalidad de estos juegos de palabras es vorazmente demoledora: redistribuye las jerarquías convencionales, iguala opuestos que la norma separa tajantemente, intenta poner al mundo del revés a través de una/s lectura/s heterodoxa/s de la realidad y del lenguaje. En conjunto con las restantes modulaciones del hablante irónico, exhiben la diseminación, la fractura del sentido, la relatividad de los

dogmas y las verdades consagradas, a través de un sujeto que, a fuerza
de dividirse, y lejos de colectivizarse, acaba por ser una "voz rota".[46]

* * *

A lo largo de este estudio hemos intentado recorrer las alternativas
de configuración de la voz enunciativa en dos poetas del 60, José Ángel
Valente y Ángel González que, a nuestro juicio, ofrecen un panorama
modélico respecto del posicionamiento que dentro de la serie comporta
la mayoría de los autores del grupo. La escritura de ambos se presenta,
según advertimos, transida por la tensión de una mirada bifronte, que
no termina por abandonar la ilusión de un arte históricamente operativo,
como lo creyó y teorizó el grupo precedente, pero que apunta, simultáneamente, a la puesta en cuestión del lenguaje como tal, en su
categoría misma de signo, crisis que afecta no sólo a la literatura, sino
a la totalidad de las prácticas discursivas de la posmodernidad, en sus
distintos campos intelectuales. Retórica del silencio, retórica de la
ironía, son los eslabones con los que Valente y González se enlazan, en
su reflexión y en su praxis poética, con las voces de la década siguiente.

Ambos hacen de la especulación metapoética un punto de inflexión
dominante dentro de sus escrituras. En Valente, la meditación
autorreferencial se sitúa, movedizamente, en los territorios de un
programa "social" agonizante, de una palabra de aspiración simbólica
hace tiempo desplazada y de la viva y creciente teorización, cada vez más
protagónica, en torno a una escritura del silencio, como posible alternativa al desgaste experimentado por el género, pero que terminará por
cuestionarse como tal en la conciencia tardía de su fracaso: "Ni la
palabra, ni el silencio. Nada pudo servirme para que tú vivieras" (NAC,
71). González, por su parte, estructura su programa poético como un
verdadero "contraprograma". En la búsqueda de una poesía "temporal"
a la manera de Machado, su práctica metapoética se enfrenta a las
limitaciones del decir y del representar para terminar formulando, en un
gesto escéptico, una propuesta "antipoética" donde voces fragmentadas
e irónicas reproducen, como una Babel, la dificultad de comunicar.

Tanto uno como otro devuelven a la poesía la dimensión del tiempo
histórico, a partir de hablantes asediados por preocupaciones de índole

---

46.   A propósito del "narrador lírico" de Parra dice Yamal: "A la omnisciencia del narrador
de la épica se corresponde un hablante narrador que tiene una visión fragmentaria del
mundo [...] Dentro de este mundo el yo termina perdiéndose. Si bien [...] se multiplica y
convierte en el espejo de las cosas, la misma fragmentación en voces heterogéneas hace
que su identidad se pierda. Esta pretendida poesía colectiva está compuesta de voces
rotas..." (74-77).

existencial, social, política. Sin embargo, estos sujetos experimentan la disgregación de sus identidades, puestas en cuestión como tales en las fronteras de la escritura misma: en Valente, a través de una relación esquizofrénica con el tiempo, la propia imagen y la alteridad, construidos azarosamente desde la impresión perceptual; en González, mediante los contrastes -sin resolución- entre un hablante imaginario y otro histórico, entre uno presente y uno pasado, entre un ojo que mira y un "cuerpo" mirado, y la sospecha, al igual que en Valente, de ser la construcción de una alteridad a la vez diseñada por la propia percepción subjetiva.

Idénticas limitaciones encuentra en su constitución el sujeto histórico colectivo. Valente, según vimos, intenta en principio proseguir, ya con una fe vacilante, el mandato "social" que confería a la poesía una función transformadora de la historia, pero la metáfora del "exilio" va cercando sus textos hasta conseguir desviar la escritura hacia el silencio, como el único modo de resistencia posible y, como advertimos, trunco. González, por su parte, acepta igualmente la herencia de sus mayores, pero hace de ella un uso desconfiado y crítico, en la construcción de un hablante que aborda los problemas sociales a través de una voz despiadada e irónica cuyo distanciamiento emocional pone de manifiesto el temor de decir y de comprometerse existencialmente con lo dicho.

En la profundidad de estas grietas, uno y otro poeta polemizan con la hegemonía de la voz autocentrada y única a través de la cual habló la modernidad. Por lo mismo, sus escrituras no pueden ser sino la explosión de las máscaras, la dispersión polifónica, los ecos superpuestos. Así, el discurso de Valente acude a las voces "galimáticas" de la literatura erudita y también a las por ella desechadas, en la desencantada convicción de que no son necesarias ya las jerarquías ni las fronteras genéricas porque el valor y el sentido son asuntos del pasado. Del mismo modo, el "yo" se fractura en el disfraz aséptico del correlato objetivo y la tercera persona, la reducción sinecdóquica, el *alter ego* aspirado y definitivamente en fuga, en una fiesta de carnaval donde los verdaderos rostros resultan ser las máscaras. En esta línea, González desmiente el triunfo del sentido a través de la constitución de un hablante irónico que establece lecturas encimadas y contradictorias en torno a lo real y al lenguaje. Así, acude a los intertextos de la cultura y de la calle que, como en Valente, desalojan al poeta de su lugar de privilegio pero también de toda certeza y seguridad en torno al estatuto y función específicos de su rol en la sociedad. La parodia, la fusión genérica, los juegos de palabras, son, en este sentido, la expresión de esta mirada crítica pero escéptica que juega con el lenguaje, sus convenciones, sus categorías, porque se percibe imposibilitada de actuar operativamente con él sobre lo real.

Retórica del silencio, retórica de la ironía. Dos modos de decir lo que el debate epistemológico contemporáneo a ambos poetas ha planteado como signo de esta posmodernidad: la crisis del sujeto y de la significación. En este proceso de borramiento, la producción de Valente coquetea peligrosamente con el silencio hasta asomarse al abismo sin retorno de su propio suicidio. Ángel González, con la maza de la ironía, acosa los "tejados" (Booth) del sentido, destruye las paredes del edificio, intenta arribar hasta los cimientos, al tiempo que se pregunta: "¿Existen?". Mientras tanto, en los límites de sus estéticas terminales, ambos siguen escribiendo. Aun cuando *a media voz*.

CAPÍTULO V

EL SUJETO Y SUS MÁSCARAS:
LA MEDIACIÓN CULTURALISTA EN DOS POETAS DEL 70:
PEDRO GIMFERRER Y GUILLERMO CARNERO

Marta Beatriz Ferrari

> *Charolados y oscuros y encendidos mis versos como en el teatro Kabuki o en una obra griega maquillajes y máscaras siempre máscaras. "Personae", dijo Pound.*
>
> Pedro Gimferrer[1]

Al enfrentarnos al modo de constitución del sujeto textual en estas escrituras del 70, advertimos claramente la presencia de múltiples -y muchas veces, complejos- procedimientos de ocultación de la voz enunciante. Con frecuencia comprobamos cómo se torna de difícil identificación el lugar de la enunciación. Esto se debe, en parte, a la inclusión de voces "otras" en el corpus del poema, a la disolución del sujeto como entidad unificada y, fundamentalmente, a los diversos enmascaramientos del yo.

En este trabajo partimos del presupuesto de que el tan referido culturalismo de estos poetas "novísimos" parece funcionar -en lo que respecta al modo de articulación del sujeto- como máscara o discurso de intermediación a través del cual se expresa la voz del yo. Dicho "culturalismo" suele ser entendido como la incorporación de personajes, situaciones, o intertextos que el poeta toma de la serie cultural y que recrea para hacerlos portavoces de sus propias intenciones.[2] Más allá de que el culturalismo haya sido interpretado y hasta "justificado" como un apetito insaciable por lo cultural para paliar la pobreza expresiva de la literatura española, cerrada al resto del mundo tras la contienda civil, la incorporación al poema de la serie cultural apunta a que sea otro

---

1.   Pedro Gimferrer, *Poemas 1962-1969*, Madrid, Visor, 1988. Todas las citas de poemas pertenecen a esta edición.
2.   Cfr. la definición dada por José Olivio Jiménez en Lila Perrén de Velasco, "El tiempo de los Novísimos, un tiempo polémico", *Actas del II Congreso Argentino de Hispanistas*, tomo III, mayo 1989, Universidad Nacional de Cuyo.

hecho cultural, frecuentemente artístico, el referente del poema. Gimferrer ha afirmado: "Escribo poesía por mimetismo", pero aclara: "mímesis no de la realidad sino de la cultura".[3]

Es en el contexto de una escritura problematizadora del propio código lingüístico que proponemos hablar de la cultura como máscara del sujeto. Si estos discursos poéticos no verbalizan el "afuera extra-textual" sino otros sistemas culturales de representación, la enunciación de los mismos será necesariamente, también, mediatizada.

I. LA CONSTITUCIÓN DEL SUJETO
EN LA ESCRITURA DE PEDRO GIMFERRER

I.1. *El sujeto y el discurso autorreferencial*

La escritura de Gimferrer oscila entre un discurso impersonal -poemas en los que el sujeto explícito está ausente- y un discurso saturado de índices que sitúan y definen la actividad enunciativa desde una subjetividad deliberadamente marcada.

Los libros iniciales del autor -*Malienus* y *Mensaje del Tetrarca*- muestran una figura de sujeto que se presenta como un vacío; sólo la voz ocupa ese espacio en blanco dejado por la ausencia de una figura explícita de poeta. Si intentamos unir las marcas personales del sujeto no logramos construir a partir de ellas a una persona sino literalmente a una "voz": "De antiguas horas *digo* de sepulcros o héroes", "Qué os *diré* de su estirpe dinastía de halcones" (13-14). De aquí que el sujeto, en estos primeros libros, no aparezca como una entidad acabada, totalizante y constructora del discurso poético sino que, más bien, surja como producida por ese mismo discurso, como un sujeto que se conforma a sí mismo en el acto de enunciar. Cabría hablar, entonces, del "sujeto como discurso", de un "yo" en proceso de constituirse por el lenguaje y que exhibe dicho proceso por medio de una exacerbación de los *verba dicendi*.

Se trata en *Malienus* de la fundación en la palabra del origen y la historia de un pueblo. "El título es nombre propio o topónimo de invención mía sobre obvia raíz latina, y nada quiere significar", aclara Gimferrer en el prólogo. Se trataría, entonces, también de una fundación del sujeto *en* el lenguaje.

De su segundo libro, *Mensaje del Tetrarca*, se puede afirmar que su "principio constructivo" [4] es el viaje iniciático, un itinerario poético que

---

3.   Pedro Gimferrer, "Discurso en el Ateneu Barcelonés (1989-90)", en *Anthropos* ,140 (enero 1993), 21.

4.   Para Juri Tinianov, "principio constructivo" es, ante todo, "el factor estructurador del discurso poético" y en este sentido lo tomamos para nuestro trabajo, de "La noción de construcción" en *Teoría de la literatura de los formalistas rusos*, antología preparada por

culmina en exilio y muerte. La sucesión de poemas va definiendo el dibujo del "exilio" ya preconceptualizado por el epígrafe de Saint-John Perse. Efectivamente, el título "Peregrino" que encabeza uno de los poemas presenta la imagen del "hombre desterrado" que se expresa, en ocasiones, a través de registros discursivos que vinculan al texto con la modalidad de los monólogos trágicos y, en otras, a través de tópicos comunes a la épica homérica: "Es el Tetrarca quien tal cosa dijo / y muy alto está el borde de su orla" (39). El viaje iniciático protagonizado por el "yo/poeta" no es sino un viaje y descenso a los avernos, metáfora de una búsqueda interpretativa del mundo. Este viaje de iniciación que realiza el "yo" textual encarnando siempre la voz del poeta -"nunca creí ser menos que profeta" (45)- culmina en el fracaso de la experiencia poética, en la imposibilidad de transmitir la "Palabra", en la impotencia y hasta la confusión lingüística:

> Verdad es que por veces el crepúsculo
> alienta pensamientos, voces, actos,
> y uno quisiera ser, no sé, haber sido,
> cómo os diré, nacer, vivir, ser algo,
> escribir, no, tampoco, tantas cosas
> os quisiera explicar,
> hay tanto y tanto
> por recorrer, quién sabe, todavía, podría ser,
> quizá, aunque ya el carro
> por la senda da tumbos... (46).

La tarea poética entendida como "mandato", "misión" o "empresa" acabará siendo una "misión no cumplida" (14), "una empresa fallida" (17) y el propio acto del "decir" resultará arrasado : "la parietaria estéril sepultando los muros/la marea del tiempo nuestras voces o actos" (13). Del mismo modo hasta la concreta posibilidad física del acto poético se anula: "se resisten mis manos" (14), "los guantes de ceniza que cubrirán mis dedos" (16) , "el salitre que entumece mis dedos" (14). El sinsentido de la empresa poética queda claramente confirmado con las adversativas: "pero ahora ya es tarde nadie escribe la historia/ nadie recuerda el nombre ni el lugar ni los hechos" (14).

Desde el título, *Mensaje del Tetrarca*, la existencia manifiesta de un "mensaje" que debe ser transmitido y de allí la emergencia clara del "yo textual" en tanto transmisor del mismo -como "anunciador" o como "heraldo"- habla de la constitución de un "yo mesiánico" portador de "palabras de verdad", de "palabras de justicia"; de una concepción, si

---

T. Todorov (Buenos Aires, Siglo XXI, 1976). En un artículo previo define: "La función constructiva de un elemento de la obra literaria es la posibilidad de entrar en correlación con otros elementos del mismo sistema y con el sistema entero", "La evolución literaria", en *Formalismo y vanguardia, Eikheinbaum, Tinianov y Shklovski*, Madrid, Maribel, 1970.

se quiere, trascendentalista del poeta en tanto la palabra poética es al mismo tiempo "el verbo", "la Palabra". Pero del mismo modo que en *Malienus* , este "decir poético" se malogra frente a la imposibilidad de "transmitir" algo a través del lenguaje. Coincidimos en este punto con las afirmaciones de Fanny Rubio acerca de los alcances de esta postura, "perdida la fe en el valor activo de la palabra poética, la única realidad referencial posible del poema será la realidad dada en el propio lenguaje";[5] veremos así en los siguientes textos de Gimferrer cómo el poema se vuelve sobre sí mismo en una clara actitud autorreferencial. Señalemos, sin embargo, que dicha modalidad se viene gestando desde sus más tempranos textos.

En *Arde el mar* subyace, también en continuidad con postulaciones anteriores, la problematización de la escritura poética: "Tanto he escrito, y entonces tanto escribí. No sé/ si valía la pena o la vale" (59). La reflexión metapoética halla en este libro pleno desarrollo. "Primera visión de marzo" constituye una descripción del itinerario del "yo" en busca de la plasmación del poema. Desde la duda inicial acerca de la veracidad de sus experiencias vitales y la desconfianza en la entidad misma del sujeto, pasando por el acto de convocar, a través de la memoria los elementos -"su gruesa artillería"- con los cuales hacer un poema, y la búsqueda de la inspiración, hasta llegar a su inmediata desmitificación: "sin duda vine a esto, /y no llamado por un rito o mística / revelación; sabiendo y aceptando/que nada iba a hallar sino en mí mismo". El discurso autorreferencial es constitutivo de esta escritura. En los poemas finales de *Extraña fruta y otros poemas*, se aborda esta problemática en el poema "Recuento", una suerte de retrospectiva visión del quehacer poético: "Ensayos he escrito desvaídos borradores esbozos /a la luz de una lámpara/apenas un valor decorativo" (134). Sin embargo, la duda acerca de la validez de la tarea del poeta persiste: "cuánto quise decir que mis versos no dicen". Persiste la denuncia sobre la ineficacia del lenguaje poético y el profundo escepticismo lingüístico.

Si examinamos los predicados atribuidos al sujeto textual podremos extraer como primera conclusión que las referencias vinculadas al "yo" son portadoras de connotaciones de índole claramente negativa que apuntan a diseñar una imagen de sujeto textual cuyos rasgos constitutivos son la inestabilidad y la extrañeza de sí mismo.

Las escasas predicaciones del "yo" nos permiten, sin embargo, privilegiar de entre todas las partes de un "yo" fragmentado y nominado metonímicamente, un sector corporal recurrente: las manos y los dedos. Directa vinculación con la tarea y el acto de la escritura en su fase

---

5.   Fanny Rubio y José Luis Falcó, *Poesía española contemporánea* (1939-1980), Madrid, Alhambra, 1984.

manual que nos remite a pensar la identificación "sujeto textual"/ "poeta-escribiente".

La ausencia de verbos de acción directa atribuibles al "yo" contribuye también a reforzar esa imagen de sujeto contemplativo vinculado al quehacer poético.

Pero corresponde asimismo indicar que este sujeto así concebido (cuyo ámbito de pertenencia puede fácilmente asociarse al de cierta jerarquía aristocrática) preside el acto de la nominación poética desde una constitución que dista mucho de la concepción romántico-simbolista del "yo" carismático y omnipresente. El sujeto textual aparece, en esta escritura, esencialmente descentrado; sujeto de una trayectoria que comienza en el desdoblamiento, pasa por el fracaso y acaba en la aniquilación. De allí la insistencia en la "humanidad" en detrimento de la "divinidad" tradicionalmente asociada al poeta: "De carne y hueso soy" (32), "Un hombre soy y por hombre me reputo" (37) y las frecuentes predicaciones negativas del sujeto: "nada poseo", "nada supe", "no fui", "no dije nada" (31).

En *Arde el mar* el énfasis puesto en el lado humano reaparece ligado a la intrascendencia de la existencia personal del sujeto: "Tened piedad de mí, hombre soy, he vivido,/ Agrippa D'Aubigné, séme benigno, que tu Dios acepte/ la derramada rosa de mi sangre mortal" (67). Trágica conciencia del destino humano que subraya, por contraste, el frustrado deseo de trascendencia: "Voluntad de púrpura/ sobre mis hombros y voluntad de ser/ más que yo mismo" (80).

Si atendemos a los paratextos, veremos por un lado que el título que da nombre a todo el libro es, a su vez, un intertexto de Rafael Alberti: "(¡Ardiendo está todo el mar!)"[6] por otro, se podrá concluir que la casi totalidad de las composiciones de este libro tienen connotaciones musicales: "mazurca", "oda", "canto", "himno", "arpa", "invocación", "cascabeles", "nota musical", "band". Pero esta música, asociada al "decir poético", acaba en el silencio. "El arpa en la cueva" es el título de la composición final y en ella, el fin del canto, el acabamiento de la música, la instauración del silencio, están configurados en el símbolo del "fuego" aniquilador y purificador: "La muerte va vestida de dorado/ dos serpientes por ojo. Qué silencio" (90) , "Y un resplandor se acerca. Así ha callado/ el naranjo en la huerta, y el murmullo/ de su brisa no envía el hondo mar" (91). Del análisis de los paratextos surge, en parte, la clave explicativa del texto. Entre el "mar" de Alberti, motivo de nostálgica evocación, referente constante de su *Marinero en Tierra*, y el "mar" de Gimferrer media la relectura de los presocráticos junto con la voluntad de sintetizar en una sola expresión dos elementos opuestos,

---

6.   Rafael Alberti, *Marinero en tierra*, Barcelona, Seix Barral, 1985. Cfr. "Mala ráfaga", p. 75.

pero también complementarios; las imágenes del fuego y de la luz asociada a éste hablan de la regeneración periódica del mundo por acción del fuego: "¿Llegarán las lenguas/y la ira del fuego, quemarán/ desde la base el muerto maderamen, /abrirán campo raso donde hubo /cerco de aire y silencio?" (90).

I.2. *La diseminación de la voz*

Uno de los procedimientos más frecuentes a los que apela Pedro Gimferrer para plasmar la existencia de un "yo" disociado es el del desdoblamiento. Se trata, en muchos casos, de la búsqueda del sujeto como objeto: "mis azores dan caza en la arboleda a un hombre / aquel hombre que fui que seré que voy siendo" (18). Disociación que culmina con la muerte figurativa del sujeto: "Y la infinita noche que ha invadido mi sangre" (17), "Y la calma glacial de mis ojos vidriados" (17). Pero cabe asimismo considerar en esta escisión del sujeto una segunda lectura del desdoblamiento, la disociación: hombre/poeta. La muerte del poeta a manos del hombre, la supervivencia de éste y de allí la insistencia en la "humanidad" en detrimento de la "divinidad" tradicionalmente asociada al poeta.

Junto con la pérdida de la confianza en el valor "efectivo" y "trascendente" de la palabra, se da la pérdida de la fe en la estabilidad y consistencia de la realidad en sí misma. Podemos rastrear este planteo a través de ciertos procedimientos discursivos elegidos por Gimferrer como es el de la contaminación de los niveles de realidad. Mencionemos solamente con el fin de ejemplificar lo afirmado el tratamiento que recibe el tema en "Singladuras". En este poema estamos ante uno de los procesos de "ficcionalización" que cataloga Woods (citado por Walter Mignolo):[7] se trataría de la "ficcionalización del acto mismo de hacer referencia": "Los monteros del rey a veces cuentan / cómo una tarde gris de bruma baja, /el pantano de North, en su calina / inmemorial..." (34). En este mismo sentido, Italo Calvino habla del "desdoblamiento o multiplicación del sujeto"[8] y analiza las distintas capas de subjetividad y ficción que se pueden distinguir debajo del "yo". "Esto hace -afirma para concluir- que el primer sujeto de la escritura aparezca cada vez más lejano y confuso y que hasta dudemos de que se trate de un lugar vacío, de una ausencia". Este distanciamiento del

---

7.   Walter Mignolo, "Sobre las condiciones de la ficción literaria", *Escritura*, VI, 12 (julio-diciembre 1981), 263-278.
8.   Italo Calvino, "Los niveles de la realidad en literatura", *Punto y Aparte*, Barcelona, Bruguera, 1983.

sujeto respecto de la historia se vincula directamente con el montaje "narrativo" de los poemas.

Este planteo nos conduce directamente a un triple cuestionamiento: el del concepto de "yo", el de "lenguaje" y el de "realidad". Nos enfrentamos así a un modelo poético que coloca en situación de "crisis" los ejes fundamentales de reflexión poética: al cuestionar los conceptos tradicionales socava, al mismo tiempo, su credibilidad.

Son varios los poemas de *Arde el mar* en los que Gimferrer opera con la alternancia de distintos planos espacio-temporales (tiempos y espacios no cotidianos ni contemporáneos para el lector, a diferencia de los hábitos de la poesía de posguerra). Cabe, sin embargo, la aclaración de que no se trata de un "mero afán de exotismo", y en esto coincidimos con García de la Concha,[9] sino de un procedimiento alternativo para plasmar los múltiples contrastes barrocos y las fuertes tensiones que dominan todo el libro, como modos de vehiculizar la construcción de un yo escindido. Asimismo la constitución gradual de un sujeto "elegiaco" habla claramente de la disociación existente entre un "yo" pretérito y un "yo" presente, así como de la elaboración artística -la poetización- del recuerdo. Este sujeto elegiaco es motor del mecanismo poético del "recuerdo" que activa a través de la memoria las vivencias pasadas del "yo".[10] Esta convivencia de planos disímiles supone, en algunos casos, un neto corte en el hilo expositivo que conlleva una aparición marginal del "yo": "Vellido Dolfos, mató al rey /a las puertas de Zamora" [...] "Dios, ¿qué fue de mi vida?" (56). En este libro, el sujeto textual se manifiesta en el proceso mismo de su conformación a través de la memoria.

La constitución de un sujeto elegiaco adquiere rasgos dominantes en *La muerte en Beverly Hills*. El libro recrea un nostálgico sentimiento de pérdida y un intento de recuperación a través de la figuración poética: "Y en los locales refrigerados basta un pincel de plata magnética sobre unos ojos para encontrar en ellos las horas perdidas de nuestra infancia" (105), pero acaba con la comprobación de la evanescencia del recuerdo: "Así son estas horas de juventud, pálidas como ondinas o heroínas de ópera,/ tan frágiles que mueren no con vivir, no: sólo con soñar" (102). A la superposición de planos -espacios y tiempos evocados

9.   Víctor García de la Concha, "Primera etapa de un novísimo: Pedro Gimferrer, *Arde el Mar*", *Papeles de Son Armadans*, CXC (enero 1972), p.12.

10.   Así, en la composición inicial, "Mazurca en este día", se superponen y/o alternan la Zamora del siglo XI y un patio de la universidad del siglo XX; en "Oda en Venecia ante el mar de los teatros", de una Venecia mítica asociada al tiempo perfecto de la adolescencia saltamos a un presente de adultez del yo; en "Invocación en Ginebra", pasamos de la infancia escolar en Barcelona a la mayoría de edad en una plaza de Ginebra. Idéntico distanciamiento proponen los versos de "Primera visión de marzo": la confluencia en el espacio del poema de dos instancias vitales diversas, asociadas por el mecanismo de fusión de la memoria poética.

conviven con espacios y tiempos reales- se le incorpora la superposición de códigos expresivos, así las técnicas cinematográficas y televisivas irrumpen en el discurso poético, letras y tonadas de canciones pasan a formar parte del cuerpo del poema.

Reaparece en estos textos la técnica -ya señalada en *Malienus* y *Mensaje del Tetrarca*- del desdoblamiento del "yo", abordando, en algunos casos, la problemática del estatuto ontológico del sujeto textual: "¿Es más verdad, /copos que os diferís en el parque nevado, /el que hoy acoge así vuestro amor en el rostro/o aquél que allá en Venecia de belleza murió?" (58). La presencia de un sujeto desdoblado -o, quizá, multiplicado en virtud de un acto de "transustanciación" con la naturaleza, con otros hombres- domina la construcción de "Primera visión de marzo". Un "yo" que acaba perdiendo entidad existencial: "Visión, sueño yo mismo" (71). La verificación de este "sujeto escindido" -que venimos rastreando desde los primeros poemas del autor- se da aquí de una manera explícita; se trata de una "vida interpuesta", no de una vida real sino de una existencia como "engaño" o "arte". Ese "yo-otro" no es más que aquel creado en el poema, instaurado a partir del lenguaje y, consecuentemente, también como él, ficticio. Un sujeto que se diluye en la irrealidad, que es "visión", que es "sueño". A partir de este seguimiento en la construcción del sujeto, llegamos al planteo subyacente que gira en torno al núcleo realidad/ficción y por consiguiente a la insistencia en la categoría de lo "verdadero" : "dime [...] que es verdad el color de la magnolia, el grito del ánade a lo lejos" (70) y la necesidad de verificación empírica: "¿No me mentís? " o "yo fui el que estuvo en este otro jardín/ ya no cierto, y el mar hecho cenizas/ fingió en mis ojos su estremecimiento" (70). La indiferencia e independencia juanramoniana de la naturaleza respecto de la existencia humana adquiere en estos poemas carácter paradigmático. Al deseo de totalidad, de plenitud y trascendencia por parte del "yo" se contrapone la negación de la existencia misma y la vida emerge como "presea para el rubio Azrael", una entrega a la muerte. La presencia acuciante de la muerte choca, una y otra vez, contra la voluntad de trascendencia: "Duró más que nosotros aquella rosa muerta" (82).

La imagen del espejo refuerza la presencia del doble, duplicación o repetición que anula la ilusión de recuperar a través del poema ese pasado perdido : "Y perseguirnos hoy por las salas vacías / en ronda de jinetes que disuelve un espejo / negando, con su doble, la realidad de este poema" (59).

Tanto la técnica del desdoblamiento del sujeto como la modalidad de la diseminación del mismo proceden de una misma conciencia: la de la divisibilidad y fragmentación del ser que postula la destrucción del "yo" monolítico y omnipresente de las poéticas modernas.

Analizar el diseño del sujeto textual en la escritura de Gimferrer supone considerar también los diversos procedimientos a los que se apela para construir una figura de sujeto enmascarada ya sea en una tercera persona singular, ya sea en una primera persona plural o en la figuración de la muerte del sujeto, recurso frecuente en las poéticas de corte social. Señalemos también que la artificiosidad del castellano como lengua poética equivale al disfraz de la personalidad en varios de los poemas. Muchos son los críticos que han alertado sobre este doble artificio de la suplantación, el de la persona a través de la máscara y el de la lengua, por medio de la adopción del castellano.[11]

En el poema "Cascabeles" el "yo textual" se identifica con una figura de artista, el novelista español decimonónico Hoyos y Vinent de la Torre y O'Neil, una suerte de *alter ego* del sujeto. Para aludir a estos procedimientos indirectos de expresión del "yo", Guillermo Carnero propone la denominación de "poemas de personaje histórico analógico",[12] haciendo referencia, obviamente, a la analogía que preside la composición de estos poemas entre el "yo" y un "otro" .

Este recurso de apelación a las "máscaras" -las *personae* de Ezra Pound o los poemas de "personaje analógico" sobre los que teoriza Guillermo Carnero- reconoce una larga tradición literaria que comienza con la técnica del llamado "monólogo dramático". La escritura "novísima" explota paradigmáticamente esta técnica objetivadora del sujeto. El empleo del "monólogo dramático" obliga -en todos los casos- a replantearse la problemática de la subjetividad en los poemas líricos.

Importa también mencionar aquellos -escasos- poemas en los que la primera persona no aparece de un modo explícito, sino que hay que sobreentenderla implícitamente en una forma de analogía aún más compleja. Tal es el caso de "Sombras en el Vittoriale" donde el personaje

11.   A. Munné, "Función de la poesía y función de la poética", *El Viejo Topo*, 26 (noviembre 1978), p. 40.

12.   Guillermo Carnero, "Culturalismo y poesía novísima. Un poema de Pedro Gimferrer: 'Cascabeles' de *Arde el Mar* (1966)", en *Novísmos, Postnovísimos, Clásicos. La poesía de los 80 en España*, edición de Biruté Ciplijauskaité, Madrid, Orígenes, 1991, p. 22. Esta técnica está claramente emparentada con la del "monólogo dramático", género poético de sello angloamericano que se extendió a la poesía victoriana a través de la obra de Tennyson y Browning. Luis Cernuda lo introdujo en la tradición de la lírica hispánica por primera vez en su libro *Las nubes* (1937-1940). Los supuestos del mismo son "Un hablante no identificable con el autor, un interlocutor contextual, un lenguaje dialogístico, un discurso de inspiración epistolar...". Cfr. Akram J. Thanoon, "El monólogo dramático en la obra poética de Manuel Mantero", *Hora de Poesía*, 79-80 (enero-abril de 1992), p. 57 y ss.

Por su parte, Stephen Summerhill en *Luis Cernuda and the Dramatic Monologue* (manuscrito inédito del autor facilitado por Laura Scarano) traza un itinerario histórico en la aparición del "monólogo dramático" desde Browning y Yeats, pasando por Eliot hasta Cernuda. También Juana Sabadell Nieto en "El monólogo dramático: entre la lírica y la ficción" (*Tropelías* 2 [1993], p. 177-186) señala algunos aspectos constitutivos de dicho artificio literario.

histórico es Gabrielle D'Annunzio. Observemos que esta identificación del "yo" con el "otro" se verifica bajo la constante de un "otro literario": Hoyos y Vinent, Gabrielle D'Anunzzio, Oscar Wilde, Hölderlin, Agrippa D'Aubigné.

Es quizá innecesario, en los casos estudiados, advertir sobre los límites o las verdaderas motivaciones del llamado "culturalismo". La incorporación de la serie cultural lejos de apuntar a fines puramente ornamentales está aquí utilizada como medio ante la imposibilidad de transmitir las emociones del "yo" de manera directa.

Guillermo Carnero teoriza acerca de esta imposibilidad: "Si se parte de la convicción en la putrefacción del lenguaje de estirpe romántica, no hay más remedio que utilizar procedimientos indirectos de expresión del yo lírico" y señala los límites del tan referido "culturalismo": "Nuestro redescubrimiento del modernismo hispanoamericano, y del parnaso y el simbolismo francés se debía a la búsqueda de medios con los cuales decir a uno mismo sin nombrarse ni utilizar la primera persona".[13] De esta manera, la incorporación de la serie cultural adquiere pleno significado y legitimidad.

La voz del "yo" subsumida en una enunciación plural es recurso frecuente en toda la obra de Gimferrer. El sujeto escritural desaparece del primer plano para incorporarse a una enunciación colectiva. Este "nosotros" desde el cual el "yo" se expresa, engloba significativamente a un "otro/s" contemporáneo del sujeto a través del cual entra el contexto epocal del "yo": "Vivimos tiempos de discordia y sangre [...]. Sabemos que la muerte está en la calle" (42). Esta primera persona plural colectiviza la experiencia individual del fracaso -"Nuestros actos,/ nuestras palabras, huesos, huesos, huesos" (44)- haciéndola extensiva a toda la especie: "Es doloroso y dulce / haber dejado atrás la Venecia en que todos / para nuestro castigo fuimos adolescentes" (58).

En un intento por homogeneizar toda posible diferencia, el "yo" se identifica con el "hombre de su tiempo" cuyo entorno está definido por las condiciones que la época les impone. Así lo leemos en un sugestivo paréntesis: "(En este tiempo estamos obligados a escribir sólo esbozos de poemas)" (143).

---

13. Guillermo Carnero, "Poética" en *El estado de las poéticas*, monografía nº 3, Oviedo, Los Cuadernos del Norte (1986). Las múltiples modalidades de enmascaramiento del sujeto textual parecen suscribir las conocidas afirmaciones de T.S. Eliot acerca de la expresión necesariamente mediatizada de la emoción: "El único modo de expresar una emoción en forma de arte es encontrando un «correlativo objetivo»; en otras palabras, un grupo de objetos, una situación, una cadena de acontecimientos que sean la fórmula de esa emoción particular; tales que, cuando los hechos externos, que deben terminar en una experiencia sensoria, son dados, la emoción es evocada de inmediato", en T. S. Eliot, *Los poetas metafísicos y otros ensayos sobre teatro y religión*, tomo I, Buenos Aires, Emecé, 1944, p. 179-186.

Todas estas modalidades de presentación del sujeto textual se hacen más visibles en *La muerte en Beverly Hills* debido a su temática amorosa. La imposibilidad de expresión directa del "yo" adquiere mayor dramatismo en estos poemas. De la misma manera, en *De extraña fruta y otros poemas*, la presencia de la "máscara" como motivo de ocultación adquiere carácter emblemático: "charolados y oscuros y encendidos/ mis versos/como en el teatro Kabuki o en una obra griega / maquillajes y máscaras/ *Personae* dijo Pound" (135). La postulación de la existencia misma como ficción, del sujeto como "actor", apunta a construir una imagen distanciada y enmascarada del sujeto. Si bien muchos de los tópicos aquí recreados son de raigambre claramente romántica, como la temática del amor teñido de melancolía y vinculado con la nostalgia y la muerte, la quiebra fundamental respecto de los postulados ro-mántico-simbolistas se da en el nivel de las técnicas enunciativas. Muy lejos está este sujeto de poder -o querer- expresar los sentimientos, las emociones y las pasiones del corazón de manera confesional. La incorporación de la serie cultural en los primeros textos así como la presencia del imaginario del cine en los últimos apelan a mediatizar la expresión del "yo" y a poner en cuestión la efectividad del lenguaje para la transmisión directa (y no problemática) de contenidos de conciencia.

II. LA CONSTITUCIÓN DEL SUJETO
EN LA ESCRITURA DE GUILLERMO CARNERO

> *La sordidez es nuestro pan,*
> *origen del discurso que llamamos poema,*
> *origen del discurso de la carne*
> *en que creemos estar vivos,*
> *envueltos en palabras como velos.*
>
> Guillermo Carnero[14]

II.1. *Sujeto/lenguaje*

Al referirnos al modo de constitución del sujeto en Gimferrer señalábamos la oscilación existente entre un grupo de poemas en los que el "yo" textual estaba ausente y aquellos poemas enunciados desde una figura de sujeto altamente reconocible. Lo mismo ocurre en la escritura de Carnero. Ahora bien, dentro de este último grupo de poemas de sujeto explícito, cabe también realizar una distinción entre aquellas composiciones en las que el "yo" emerge encarnando la figura de poeta -de fuerte impronta desmitificadora en cuanto al

14. Guillermo Carnero, *Ensayo de una teoría de la visión. Poesía 1966-1977*, Madrid, Hiperión, 1979. Todas las citas pertenecen a esta edición.

trascendentalismo del arte y la concepción del lenguaje- y aquellas otras en las cuales el sujeto adquiere diferentes modulaciones, ya sea que la voz se disperse en otras voces, se enmascare detrás de otras identidades o bien apele a la figuración de la muerte del "yo".

Nos centraremos, en primer lugar, en aquellos poemas enunciados por un sujeto textual que se identifica con una figura de "poeta".

A través de Orfeo, encarnación mitológica de la figura del poeta, este último emerge -en continuidad con las tesis platónicas- como un fabulador de segundo grado: "Nunca cupo virtud al traficante / que traslada sus males al espejo / admira la pureza de esos seres segundos/ y su diversidad taxonomiza" (137), cuyo oficio consiste en paralizar y clasificar a través del discurso poético la dinámica variedad de lo real.

En varios poemas de *El sueño de Escipión* el ejercicio de la memoria aparece como mecanismo activador de la creación poética. Sin embargo, ese pasado recuperado en la palabra, lejos de captar la esencia de lo real y lejos también de revivir esa experiencia, se transforma en materia inerte disecada por el lenguaje: "Hay colores o músicas / que llevan hacia noches en que el calor de un cuerpo era toda razón: motivo ahora / de construcción poética, entonces estaciones..." (140). La poesía es entendida como un producto artificialmente constituido; el poeta será el "constructor de frases" (141). Esta noción del poeta y del poema se vincula directamente con la idea del poeta como "alquimista" y de la poesía como alquimia. Ya en el epígrafe de Baudelaire a "Chagrin d'amour principe d'ouvre d'art" se habla de "le plus triste des alquimistes". Si la poesía es entendida como el arte de transmutar lo vivo en otra cosa, de convertir lo real en materia poética, el poema será el producto resultante de múltiples operaciones combinatorias; estos conceptos parecen guiar la concepción poética de Carnero. La incorporación de recursos intertextuales, la yuxtaposición de sistemas semióticos en el cuerpo del poema, responden a esta concepción alquímica del arte poético.

El carácter circular y, por ende, clausurado del discurso poético en Carnero se advierte claramente en el poema que da título al libro, "El sueño de Escipión". En él, el sujeto intenta obtener una definición acerca del "ser" del poema : "Poema es una hipótesis sobre el amor escrito/por el mismo poema" (152). Desde el momento en que el signo no remite a nada fuera de sí mismo e, incluso, lo exterior al signo está puesto en duda, el poema vuelve a definirse como una ficción de segundo grado.

La ficción inherente al arte en general afecta, de este modo, al arte poético que surgirá en su dimensión de simulacro y de convención socialmente instituida: "Las estatuas sugieren/ un alma a este jardín, no su pasado mismo/sino la vaga realidad que me complace ahora/ inventar en su honor, y la emoción poética / más que de sabia precisión da fe / de una cierta ignorancia convenida / a modo de verdad" (129).

El sujeto que construye la escritura de Carnero es un sujeto eminentemente perceptivo. Esto nos remite al ámbito de pertenencia de una "teoría de la visión", a una descripción del modo cómo opera el ojo y a un análisis de aquello que hace posible estimar distancias, tamaños, colores. Señalemos aquí que el título bajo el cual se agrupa la casi totalidad de la obra poética de Carnero, *Ensayo de una teoría de la visión* es, a su vez, un intertexto berkeliano, *An Essay Towards a New Theory of Vision*.[15] La filiación del pensamiento poético de Carnero con las tesis filosóficas de George Berkeley es evidente más allá de esta cuestión paratextual. La defensa de la percepción -y de ahí la insistencia en una "teoría de la visión"- como principio de todo conocimiento y el papel fundamental que en ella representan las expresiones lingüísticas por medio de las cuales se estiman las cosas vistas son ideas vastamente desarrolladas por el discurso de Carnero.

Esta capacidad perceptiva que supone la aprehensión directa y concreta de "lo visible" sin intermediación lingüística -"donde todo es presencia como el yute o el cáñamo" (163)- se erigirá en un deseo dominante en su escritura: "El discurso poético /fueran haces de signos surgidos en el aire, /emanación/ de la presencia pura de volúmenes juntos / o colores o masas" (162). Un deseo cuya consecución se revela imposible: "no hay palabras ni cuerpos nacidos en el aire" (163). La idea, por tanto, del lenguaje como materia impura -"La sordidez es nuestro pan, / origen del discurso que llamamos poema" (162)- será el tema de la primera variación: "Domus aurea". En él, un hablante plural aboga por la inmaterialidad del lenguaje, un lenguaje hecho sólo de significantes, un lenguaje que nada signifique; deseo que ya había sido manifestado en "Rodéanos de rápidos desnudos": "escritura o deseo: escoger un lenguaje/con que nunca nombrar: su función íntima" (145). La opacidad e impureza del lenguaje derivan de su inevitable carga semántica, de su pretensión por significar:

> ... la roca
> es una arista dócil a la mano
> tan irreconocible que carece
> de partes, a lo sumo es un color
> extenso, que ante el mar no significa
> y sonoro en las olas que no tienen historia,
> no así el poema: viejos estandartes
> llamados a contar siempre la misma hazaña
> intentando la música que los cuerpos omiten
> y enturbian las palabras con su fango. (163)

La segunda variación, "Queluz", es un ensayo de conceptualización; un intento de definición de lo "real" prescindiendo del lenguaje que lo

15.   George Berkeley, *An Essay Towards a New Theory of Vision* (1709), en José Ferrater Mora, *Diccionario de filosofía*, tomo I, Buenos Aires, Sudamericana, 1971, p. 203.

nombra. La propuesta del sujeto es, entonces, expresar la cosa a partir de la enunciación de sus cualidades -volumen, distancia, color-. Si "ser es percibir y ser percibido", la esencia de lo real estará contenida en las propiedades visibles al ojo humano: "luz sin forma aún, luego es esfera/ de color: y si define en luz, no tiene nombre" (165). Luego aclarará: "el sol no tiene nombre". Se aboga así por una percepción directa del objeto, sin mediación del lenguaje: "Si llegaste a advertir lo que no tiene nombre", pero esto se revela como otra imposibilidad: "regresas luego a dárselo". Aquí reside la paradoja del discurso de Carnero: luchar contra el mismo instrumento con el cual se ataca y se lucha. El lenguaje se revela como único modo posible de acceso a lo real y el único también con el que se puede cuestionar dicho modo de conocimiento: "Porque el mar no termina / ni es mar ni tiene fin ni existen *dónde* / ni *mar* ni *fin*" (166). La escritura de Carnero coloca en situación de extrema tensión la capacidad significadora del lenguaje. Este sólo puede ser metalenguaje, por lo tanto, esta escritura se volverá sobre sí misma, hablará de sí misma, se convertirá en "metapoesía" al hacer continua referencia a la creación poética ("Discurso del método"), al lenguaje ("Domus Aurea") y al propio poema ("Dad limosna a Belisario").[16]

Todo el pensamiento poético de Carnero parece articularse sobre una concepción del lenguaje fundada en la azarosa relación existente entre signo/cosa. A partir de esta comprobación el sujeto textual se debatirá entre diversos intentos por buscar "esa evidencia/con que un objeto atrae a la palabra propia/y el uno al otro se revelan" (177); búsqueda infructuosa de un lenguaje "motivado" y "esencial" en el sentido de poseer la capacidad de captar la esencia última de la cosa que nombra, "Y el que entonces fuimos ofrece/en las manos de entonces, alzadas, esa palabra justa" (177). La no consecución de este deseo define la paradoja de la escritura carneriana. No es la "cosa" la que atrae necesariamente a la palabra que la nombra, sino que las palabras se atraen entre sí tejiendo una red sonora que a nada remite: "No así; gravitan las palabras y su rotunda hipótesis/ ensambla su arquitectura; más allá es el desierto" (177). Si el lenguaje es incapaz de referir nada

16.   Laura Scarano propone que la autorreferencia en Carnero edifica una contraestética o estética de la negatividad, en su artículo "La poesía de Guillermo Carnero: una estética de la negatividad", *Anales de Literatura Española Contemporánea* 16 (1991), p. 321. Cabe asimismo considerar dentro de este nivel metatextual del discurso poético carneriano el recurso del *mise en abyme*. Este concepto, acuñado por la crítica francesa a partir de un texto de André Gide (quien, a su vez, lo toma de la heráldica para hacer referencia a la inclusión de un blasón dentro de otro), pone en evidencia la reflexión del texto sobre sí mismo produciendo un encadenamiento infinito de reflejos. El estudio del funcionamiento de este recurso y de su carácter icónico puede rastrearse en Leopoldo Sánchez Torre, *La poesía en el espejo del poema. La práctica metapoética en la poesía española del siglo XX*, Oviedo, Departamento de Filología Española, 1993, pp. 61-64, quien lo toma del célebre estudio de Lucien Dallenbach de 1977 (*El relato especular*, Madrid, Visor, 1991).

exterior a sí mismo, se destruye la idea del arte en tanto representación de lo real.

Simultáneamente se intenta una aproximación a lo real desde otros sistemas de conocimiento; la enunciación seguirá las formas de las postulaciones físico-matemáticas, hablará de masa, peso específico, materia, densidad, convexidad, solidificación, y apelará a las deducciones silogísticas -"ergo efectuando medio giro sobre el diámetro de su diafragma" (187)-, eliminará rotundamente a la primera persona singular y recurrirá a la asociación azarosa de imágenes.

La escritura de Carnero muestra de este modo a un "yo-poeta" definido por un radical desconocimiento: "No sé hasta dónde se extiende mi cuerpo/no sé hasta cuándo cayera el más lejano cuerpo de muralla; no sé" (80); una concepción del arte y del artista que niega rotundamente los postulados modernos acerca de la poesía como indagación en lo real y como vía de conocimiento.[17]

II.2. *El sujeto y el borramiento de las fronteras*

II.2.1. *Intertextualidad/intratextualidad*

En la obra de Carnero se verifican, asimismo, encadenamientos intratextuales que remiten a poemas anteriores. Esta manipulación de textos propios a través de la incorporación de versos de un poema en otro pone de manifiesto otro procedimiento que apunta a la disociación del sujeto así como a la ruptura del poema en tanto universo cerrado.

En este sentido opera la irrupción de la profecía apocalíptica: "y un día han de invadir los bulevares/de la ciudad desierta, amenazando / la arquitectura fácil del triunfo/y el gesto de la mano que acaricia/la mansedumbre impávida de animales pacíficos" (185). En este libro -*El azar objetivo*- se pone de manifiesto el juego de manipulación textual que ejerce el sujeto.[18] Este diálogo textual -apropiación de versos no sólo

---

17.   No compartimos, sin embargo, las tesis principales de Sánchez Torre en lo concerniente a la interpretación que este autor hace del empleo de la metapoesía en el discurso "novísimo" y en Guillermo Carnero en particular. Dice Sánchez Torre: "La práctica novísima de la metapoesía [...], enunciando sus limitaciones, manifiesta su misma potencialidad, su radical accesibilidad a la complejidad del mundo, su valor gnoseológico. La metapoesía se muestra decididamente capaz de indagar en la complejidad de la realidad poética, de explorar su ininteligibilidad mostrándola como tal. Así, manifestar la ineficacia del lenguaje no es sino un medio de explorar y, a fin de cuentas, reafirmar su poder gnoseológico" (133).

18.   En el poema "De la inutilidad de los cristales ópticos" leemos: "un día han de invadir a medianoche/los bulevares de la ciudad desierta /aterrando con su agilidad a los animales pacíficos, en una conjunción única que consagre el azar" (194).

ajenos sino también de su propia autoría- conduce a procesos de intratextualidad en los cuales los discursos se amplían y refunden creando nuevos campos significantes. En este mismo sentido operan las notas al pie de página -"Oda a Teodoro, Barón Neuhof (1694-1757), rey de Córcega" o "Chagrin d'amour Principe d'ouvre d'art"- son claros ejemplos de lo que venimos señalando -en las que el sujeto se dirige veladamente al lector en un afán didáctico o en un intento revelador de los códigos de su propia producción poética- al tiempo que apela a convenciones ajenas al arte literario y próximas a disciplinas de naturaleza científica.

Estos ejercicios de reescritura o *collage* propio diseñan a la vez, un complejo entramado estructural que constituye y sostiene el discurso carneriano. Esta técnica, presente ya en la escritura de algunos representantes de la posguerra, pone en evidencia una voluntad de ruptura de los rígidos límites que tradicionalmente enmarcaban un poema.

Por su parte, la idea de la yuxtaposición de distintos sistemas artísticos y el intento de sobrepasar los límites entre un arte y otro representa, a su vez, un intento por borrar o enmascarar las fronteras entre arte y vida, entre el signo y lo que el signo representa. Al mismo tiempo, esta intersección de discursos, este diálogo entre el texto poético y los demás textos pone en cuestión el propio discurso y sus métodos de comunicación. Se instaura así un juego especular intertextual con profundas connotaciones en el nivel compositivo. Esta estructura especular y clausurada de los poemas posee diversas implicaciones en el nivel formal: por un lado, son poemas que remiten a un referente ficcional, es decir, vinculan con otros sistemas semióticos. La escritura de Carnero se postula como una lectura no ya de lo real sino de otros lenguajes. El significado de un poema residiría en la vinculación de éste con esos otros sistemas de significación (lenguaje literario, pictórico, escultórico, musical, etc.). Por otro lado, la circularidad en la construcción a partir de las frecuentes reiteraciones de palabras, frases o versos enteros refuerza dicho carácter cíclico. Finalmente, plasman la idea de la "repetición" como nota dominante de la existencia humana.

Los poemas de Carnero surgen, entonces, como un segundo lenguaje redundante, como una reduplicación de una experiencia estética ya plasmada en una obra artística previa. El referente del poema vuelve a ser un producto cultural; se crea así un circuito cerrado, un círculo de referencias indefinidas que no logra trascender los límites de un universo definido estéticamente. La vinculación con lo real parece, si no imposible, al menos no declaradamente necesaria. Afirma al respecto Antonio Gracia: "Carnero construye catedrales verbales vacías, máscaras sin rostro ni carne, largos significantes poemáticos donde el referente parece estar definitivamente elíptico o ha desaparecido como materia de memoria reconquistable".[19]

II.2.2. *Enmascaramiento y ficcionalización del sujeto*

Uno de los procedimientos frecuentemente utilizados por Carnero para enmascarar al sujeto textual consiste en la incorporación de personajes históricos tales como Oscar Wilde, Watteau o Brummel; personajes que, además de reforzar el "culturalismo" harto denotado de estos poemas, actúan como máscaras detrás de las cuales se oculta el sujeto. A través de estos "correlatos objetivos", auténticas figuras de intermediación, se enmascaran los sentimientos y las emociones del "yo". Así en "Melancolía de Paul Scarron, poeta burlesco" leemos: "Zumban las mariposas en mi oído/ y ante los ventanales apagados" (90) y en "Oscar Wilde en París" : "porque sólo el perfume, si el criado / me tiende sobre plata una blanca tarjeta de visita, /me podría evocar una humana presencia" (100). En esta misma línea podemos leer las figuras de George Bryan Brummel, Juan Sforza o Ausonio. Pero, como bien advierte Carlos Bousoño, "estos personajes estetas no aparecen positivamente mencionados y utilizados (lo que equivaldría al asentimiento admirativo ante su esteticismo) [sino que] aparecen presentados en la soledad (Watteau), en la decadencia, la persecución y el exilio (Wilde) o en la frustración (Brummel)".[20]

La identidad del sujeto se enmascara frecuentemente tras personajes ficticios: "Nada vuestro me es oculto, personajes de fábula, porque soy uno mismo con vosotros" (99). Se borran así las fronteras entre arte y vida, entre realidad y ficción. En este intento por "afantasmar" al sujeto humano a través de la ficción artística adquiere fundamental relevancia la conformación de un sujeto elegíaco: "Todos estos recuerdos que renacen/ venid conmigo, siento vuestra mano". En esa apelación al vosotros se convoca a esa galería de fantasmas -"Galería de retratos" es el título-, personajes de fábula, meros simulacros del mundo ficticio del arte.

II.2.3. *La voz y las voces*

La incorporación de "otras voces" al poema, aunque infrecuente, aparece señalizada tipográficamente por la bastardilla que encierra "lo

19. Antonio Gracia, "Guillermo Carnero: más allá del poema" en *Ínsula*, 451, XXXIX (junio de 1984), p. 22.
20. Carlos Bousoño, "La poesía de Guillermo Carnero", en *Poesía poscontemporánea*, Madrid, Júcar, 1984, p. 258.

dicho". En estos poemas se distingue claramente entre el enunciado del "sujeto textual", hablante básico, que se convierte en mediador al dar entrada al sujeto protagónico y el "otro enunciado", el del personaje. Citemos la "Oda a Algernon Charles Swimburne" en la que se incorpora la voz de otro poeta a través de los versos de "Song of Italy": "No me atañe el amor de esa membruda/ni seré bardo de la nueva Italia" (150) o la figura titulada "Décimo Magno Ausonio, poeta de la decadencia latina" en la que se introducen versos enteros del epigramista y retórico romano. En estos casos, la presencia del discurso o la narración enmarcada ponen en evidencia, por un lado, ciertos desplazamientos de las funciones tradicionales del poeta al colocarlo en una posición limítrofe con la narrativa y, por otro, la constitución de este poeta "cronista" o "narrador" conlleva también un cambio en la función monopólica ejercida hasta el momento por el sujeto escritural en tanto poeta para dejar lugar a la voz de otros personajes.

II.3. *Figuración de la muerte del sujeto*

También en la escritura de Carnero es dable advertir la figuración de la muerte del "yo" tan tematizada por los poetas anteriores: "quiero llevar mi muerte hacia la noche", "quiero dejar mi muerte a orillas de la noche", afirma el sujeto en "Muerte en Venecia" (89). Del mismo modo, la renunciación con función catártica por una causa estética nos recuerda la exclamación de otro "novísimo": "Duró más que nosotros aquella rosa muerta", afirma Gimferrer, y Carnero exclama: "Todos estos brillantes candeleros y telas han de prevalecer sobre nosotros, quizá será la muerte/la única certeza que nos ha sido dado alzar sobre la tierra" (117).

La de Carnero es una escritura que va trazando literalmente el "dibujo de la muerte"; la poesía es, para el autor, la plasmación de ese mismo dibujo. Los poemas de *El sueño de Escipión* retoman esta misma imagen: "No así el poeta que sus versos ama / (Natura insegna a noi temer la morte)/ aunque consiga en lo retrospectivo/ posesión de su amada por el canto; /al no mirar atrás, cuanto en arte edifica / goza sólo dibujo de la muerta" (137). La escritura de Carnero habla del fracaso del lenguaje como vehículo de representación de la realidad y de la imposibilidad del arte de captar y retener la vida en la obra. La belleza implícita en las manifestaciones artísticas es del orden de lo inerte; su vida es una vida fingida.

Pero esta ficción del arte involucra también la existencia misma del sujeto que surge, a su vez, como otra ficción, como un mero simulacro: "... es triste/ no tener ni siquiera un puñado de palabras, un débil recuerdo tibio, para aquí, en la noche,/ imaginar que algún día podremos/ inventarnos, que al fin hemos vivido" (79). En "Watteau en Nogent-sur-Marne" el sujeto asume su carácter ficcional: "Nada vuestro me es oculto, personajes de fábula, porque soy uno mismo /con vosotros" (99). La escritura de Carnero va desdibujando paulatinamente los límites entre arte y vida no para asimilar aquél a ésta sino para disolver la vida en la omnipresencia ficticia del arte; ficción y realidad van interpenetrándose hasta convertir todo en una única superficie afantasmada. El estribillo de "Capricho en Aranjuez":"Raso amarillo a cambio de mi vida" (104) al tiempo que recuerda una renunciación semejante en Gimferrer -"Os doy mi vida a cambio de un pendiente de plata"-[21] habla claramente de este proceso de vacía estetización de lo real.

La palabra entendida como cárcel del objeto será una de las ideas que hegemonizan el discurso poético de Carnero. En *Variaciones y figuras sobre un tema de La Bruyère* leemos: "Las palabras nos envuelven en su manto de plomo, nos inmovilizan las manos con su cetro" (174). La palabra -parece decir el sujeto textual- es la muerte de la cosa. El objeto nombrado se convierte en "un brillante simulacro" (173) y el artificio del lenguaje sólo ofrece "una ilusión de vida/coloreada y presente como un Museo de Cera" (173).

II.4. *La ilusión del poema sin sujeto*

La escritura de Guillermo Carnero presenta -así como lo señalábamos en el caso de Gimferrer- numerosos poemas en los que el sujeto personal está decididamente ausente. Se trata de poemas enunciados por una voz que se niega a involucrarse en el discurso poemático. Esta voz impersonal revela una clara actitud de alejamiento así como una pretendida falta de compromiso con la materia del enunciado.

En el poema que abre *Variaciones y figuras sobre un tema de La Bruyère* la frialdad de la enunciación, la total ausencia de sentimentalismo emerge de una voz -como indica el título- cartesiana y analítica. El buscado prosaísmo -la imitación de las modalidades del discurso técnico o filosófico sin rastros del lenguaje convencionalmente denominado "poético"- contrasta con la definición que se da en el primer verso : "En este *poema* se evitará..." (157), la afirmación de que, a pesar de estar frente a un texto que roza con el antipoema, se trata, de todos modos, de poesía. Asimismo, el lenguaje -dirá Carnero- surge como una serie de signos -"la articulación dudosa /entre el plano de la expresión y el plano del contenido" (157)- con los cuales se pretende hablar "acerca de" lo real; signos que nunca son portadores de la cosa en sí. Este poema introductorio postula un programa que adquiere el carácter de un arte

21. Pedro Gimferrer, *Poemas (1962-1969)*, Madrid, Visor, 1988, p. 123.

poética, de una estética personal. Sin embargo, la enunciación impersonal y el uso de la primera persona plural subrayan la ausencia del hablante único, del "yo" omnipresente. Llegados a este punto es interesante tener en cuenta algunas declaraciones del propio Carnero al respecto: "El horizonte de expectativas del lector español de poesía hacia 1970 constaba de dos elementos fundamentales: 1) el uso directo del "yo" confesional y confidencial que parte del concepto de lenguaje como medio no problemático de comunicación para la transmisión de mensajes, y 2) un concepto de "texto" como vehículo para la transmisión de mensajes críticos sobre el entorno sociopolítico".[22] Estas ideas -la de un lenguaje no problemático y transparente y un referente identificable de modo automático, contemporáneo y cotidiano- son las que, efectivamente, entran en crisis en la escritura de los novísimos.[23]

Paralelamente el poema va diseñando la figura del lector potencial de estos versos: "quien pueda leerlos en su verdadero sentido/tendrá igualmente presente su contexto". Se dibuja así el perfil de un lector competente, especializado. El mismo Carnero afirma respecto de las escrituras "novísimas": "Estos procedimientos reducen el campo de posibles lectores; esto exige del lector la posesión de un repertorio cultural semejante al del autor, o bien un esfuerzo de documentación previa a la lectura (Carnero: 16). Esta pose erudita y culturalista, sin embargo, es defraudada por el mismo sujeto al dar como producto un encadenamiento poemático que burla las expectativas de ese lector "competente" que cada uno de estos textos construye. El cuestionamiento a la capacidad del lenguaje poético -"Estéril todavía más que la dicha misma acaso/este poema" (141)- reviste, en algunos casos, la forma de la ironía. Se reconoce entonces, un sentimiento de tristeza "(la sensación de culpa)/ de hablar un arte viejo, con vocación escasa/ para el triunfo" (129), o se banaliza sobre el carácter puramente ornamental que define al ser del poema. En "Erótica del marabú" el hablante establece una analogía entre el "pájaro sagrado" y el poema: "su digerir es una ontología, /plumas negruzcas, en plumonpoemas, /el valioso plumón para el aposteriori/ y exhibiciones-de-las-damas" (136). Clara Arranz advierte en este poema el intento del sujeto "por crear -ante la insuficiencia del lenguaje- en un acto deísta sus propios signos: plumón-poema".[24]

En otras ocasiones se asimila la poesía a una experiencia lúdica. En

22. Guillermo Carnero, 1990: 11-12.
23. Si bien el grado de problematización de dicho "lenguaje referencial" comienza a ser cuestionado en los mejores representantes de la poesía del 40 al 60. Cfr. la tesis doctoral de Laura Scarano, *La poesía de Blas de Otero, Gabriel Celaya y José Hierro: una escritura en diagonal. (La constitución de una nueva práctica poética en la España de postguerra)*, Universidad de Buenos Aires, 1991, inédita.
24. Clara Arranz Nicolas, "Neopositivismo y culturalismo en la obra de Guillermo Carnero", en *Cuadernos para la Investigación de Literatura Hispanoamericana*, 8 (1987), p. 138.

"Las ruinas de Disneylandia", la idea del juego (Disneylandia) emerge como la contraparte del juego lingüístico de las vanguardias poéticas. Allí se traza una auténtica alegoría sobre la poesía que se somete al experimentalismo : "Muchachita taimada (tan sin malicia) entonces, / propensa sólo a nuestros juegos lúgubres" (148).

* * *

Hemos trazado la trayectoria de un "sujeto textual" que comienza siendo una ausencia o un vacío, que se insinúa constituido por el propio lenguaje -con las consideraciones sobre el lenguaje que son propias a partir del posestructuralismo-, que emerge desdoblado, diseminado, escindido, enmascarado detrás de la figura del "exiliado" o del sujeto "elegíaco". Una trayectoria que acaba con la figuración de la muerte del sujeto.

Esta experiencia del extrañamiento supone un proceso de disociación que rompe con la categoría de sujeto como entidad única y acabada. Esta escritura comienza a sugerir la fragmentación de un sujeto unificado y a cuestionar la estabilidad mítica del "yo".

Por otra parte, señalábamos el carácter paradójico que reviste la meditación de Carnero, una especulación que intenta poner en cuestión la esencia misma del material con el cual trabaja. Su escritura coloca así en situación de extrema crisis la capacidad referencial del lenguaje. El lenguaje reducido a metalenguaje sólo puede conducir inevitablemente al silencio.

Estas escrituras parecen retomar los lineamientos del modelo poético que la poesía social comienza a diseñar en su carácter deconstructor del modelo "moderno" tradicional. La ideología del arte y del artista implícita en esta escritura "novísima" parece continuar la dirección abierta por aquella, a pesar de sus aparentes diferencias. En los casos estudiados, dicha continuidad se verifica esencialmente en una concepción desacralizada del arte; un arte cuya materia lingüística ha perdido su capacidad simbólica para presentarse en su ambigua condición de signo precario, insuficiente y arbitrario incapaz de referir la realidad: "Producir un discurso", afirma Carnero en el poema que cierra *Ensayo de una teoría de la visión* , "ya no es signo de vida, es la prueba mejor / de su terminación" (208).

Ahora ya es tarde y temo que las palabras no sirvan
para salvar el pasado por más que braceen incansablemente
hacia otra orilla donde la brisa no derribe los toldos de colores...
                                                    Blas de Otero

... y sonrío y me callo porque, en último extremo,
uno tiene conciencia e la inutilidad de todas las palabras.
                                                    Ángel González

Estéril todavía más que la dicha misma acaso este poema.
                                                    Guillermo Carnero

Los itinerarios que trazan estas voces de la poesía española parecen diluirse y refractarse hacia sus márgenes, inscribiendo en el discurso poético contemporáneo una enunciación diseminada que confusamente nos interroga y a la vez nos representa. Sujetos de una escritura finisecular que parece legarnos -en amargas palabras de Fredric Jameson- únicamente "ese juego puro y azaroso de los significantes que llamamos posmodernidad", la paradoja de la literatura sin embargo nos atraviesa.

Con este libro hemos intentado abrir una brecha: promover preguntas y suscitar cuestiones que juzgamos centrales en el debate teórico contemporáneo; contribuir, en fin, un poco a pensar la identidad de nuestras voces, sin pretensiones totalizadoras. Aspiramos además a que nuestro discurso crítico no resuelva sino contenga y acoja la proteica diversidad de nuestras poéticas actuales.

Finalmente, y a pesar de saber con Blas de Otero que "las palabras no sirven para salvar" o descubrir con Ángel González la desgarrada "conciencia de la inutilidad de todas las palabras", que parece volvernos -en cifra carneriana- "estéril todavía más que la dicha misma acaso" la poesía, esta escritura, inexplicablemente se obstina en existir. Quizá porque en su terca disponibilidad nos constituye.

De guerras, héroes y cantos
Una introducción a la poesía
épica tradicional

Susana G. Artal

Los poemas épicos, llegados hasta nosotros superando el filtro implacable de los años y el olvido, no sólo nos convocan a explorar el pasado sino que nos proponen también entablar un diálogo vivo: el que nosotros, hijos del siglo XX, podemos entretejer con esos antiguos cantos de guerras y de héroes.

Pero, para el lector de nuestro tiempo, el contacto con este tipo de composiciones no deja de resultar complejo. Habituado a identificar casi inconscientemente poesía y lírica, la épica le pone por delante su realidad de poema narrativo. Inmerso en la relación individual del lector con el libro, la epopeya tradicional lo enfrenta con una literatura transmitida oralmente, con el apoyo de recursos dramáticos y de un elemento musical. Una literatura cantada, una literatura-espectáculo, unida por complejos lazos con la historia y ajena a la búsqueda de originalidad. Elementos suficientes para desconcertar al lector de nuestros días.

Este libro reseña algunos problemas centrales del género y aporta una actualizada bibliografía orientadora.

ISBN 950-786-023-1

Escritura y desconstrucción
Lectura (h)errada con Jacques Derrida

Roberto Ferro

"Mi intento de tejer una urdimbre, que con-figure mi mirada (h)errada con los textos de Jacques Derrida, exhibe, creo, impunemente, los mútiples hilvanes que con-fabulan su trama, los desacoples, los desajustes, las citas injertadas sin discreción en su corpus textual, de todo intento de totalización sistemática, correlativo a la operación de museificación que celebre un autor magistral, cuyo nombre sea suficiente emblema de identidad y título de posesión la originariedad del pensamiento." [R.F.]

ISBN 950-786-017-7

IMPRESIONES AVELLANEDA S.A.
Manuel Ocantos 253, Avellaneda, Bs. As.
Fecha de Impresión: OCTUBRE DE 1994